충청남도교육청

교육공무직원

소양평가(인성검사 및 직무능력검사)

충청남도교육청

교육공무직원

소양평가(인성검사 및 직무능력검사)

개정3판 발행   2025년 1월 24일
개정4판 발행   2025년 10월 13일

편 저 자	|	공무원시험연구소
발 행 처	|	(주)서원각
등록번호	|	1999-1A-107호
주 소	|	경기도 고양시 일산서구 덕산로 88-45(가좌동)
대표번호	|	031-923-2051
팩 스	|	031-923-3815
교재문의	|	카카오톡 플러스 친구 [서원각]
홈페이지	|	goseowon.com

충청남도교육청 교육공무직원은 충청남도교육청과 그 교육지청 소속으로 각급 학교에서 근무하며 교사들의 교육 업무와 행정 업무를 지원하는 공무직원이다.

교육공무직원은 정년연령이 만 60세이고, 교육청과 무기 계약을 맺어 학교에서 근무한다는 점에서 안정적인 직업으로 각광받고 있다. 충청남도교육청에서는 소양 평가(직무능력검사와 인성검사)와 면접을 통해 교육공무직원을 선발하고 있다.

본서는 충청남도교육청 교육공무직원을 희망하는 수험생들을 위한 소양평가 및 면접 대비 기본서로, 실제 수험생들의 후기를 바탕으로 한 기출복원문제 2회분을 싣고 있다. 또한 인성검사의 개요부터 인성검사 문항까지 엄선하여 수험생들이 직무능력검사뿐만 아니라 인성검사까지도 폭넓게 대비할 수 있도록 하였다.

[이 책의 특징 및 구성]
1. 최신 기출문제를 복원하여 실제 시험유형을 파악할 수 있도록 구성하였습니다.
2. 직무수행능력에 출제가 예상되는 문제를 구성하여 학습할 수 있도록 하였습니다.
3. 인성검사를 수록하여 실제 시험에 대한 감각을 익힐 수 있도록 하였습니다.
4. 면접에 대한 정보를 수록하였습니다.

신념을 가지고 도전하는 사람은 반드시 그 꿈을 이룰 수 있습니다. 처음에 품은 신념과 열정이 취업 성공의 그 날까지 빛바래지 않도록 서원각이 수험생 여러분을 응원합니다.

Structure

인성검사

1. 근면성, 책임감 등 개인의 성격 및 적성을 파악하는 인성검사의 개념에 대해 소개하였습니다.

2. 진위형 및 객관식을 포함한 다양한 유형의 인성검사를 수록하였습니다.

직무능력검사+기출복원문제

1. 직무능력검사 영역별 대표유형을 정리하여 소개하였습니다.

2. 문제 풀이에 필요한 핵심이론 및 출제가 예상되는 문제를 엄선하여 수록하였습니다.

3. 실제 수험생들의 후기를 바탕으로 한 기출복원문제를 2회분 수록하였습니다.

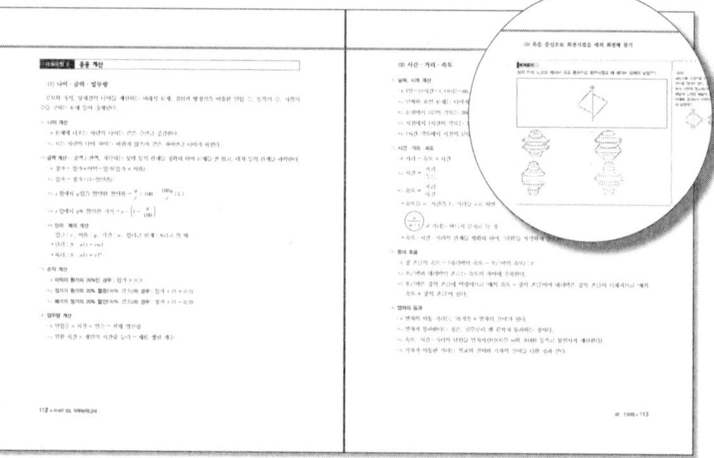

면접

1. 면접을 보기 전에 기본적으로 알아야 할 내용을 정리하여 수록하였습니다.

2. 교육공무직원 면접기출을 복원하여 채용의 마무리를 책임집니다.

Contents

충청남도교육청 소양평가
- 시험 영역 : 문제해결력, 수리력, 언어논리력, 이해력, 공간지각력
- 난이도 : 중
- 문항 수 : 50문항
- 시험 시간 : 50분

2025년 소양평가(인성검사+직무능력검사) 총평

- 문제 자체의 난도는 높은 편이 아니나, 전반적으로 자료의 분량이나 지문의 길이가 길고 시간이 짧아 어려웠다는 평이다. 따라서 지문을 빠르게 읽고 핵심 정보를 추출하는 독해 전략이 필요하다. 또한 단순 수리 문제보다는 응용 계산이나 자료 해석, 이해력 문제가 많이 출제되었으므로 다양한 지문을 빠르게 읽고 풀어내는 연습이 필요하다.

- 직무능력검사와 인성검사를 함께하므로, 시간이 지날수록 체력이 떨어져 아는 문제도 틀렸다는 이야기가 많았다. 그러니 체력과 컨디션 관리에도 유의해야 할 것이다.

- 전체적으로 어렵다기보다 시간이 촉박한 시험이었다. 따라서 정확한 문제 풀이는 물론이고, 마킹까지 포함해 시간 내에 풀이를 끝내는 연습이 병행되어야 고득점을 기대할 수 있을 것이다.

직무능력검사 과목별 기출 분석

과목	출제키워드
문제해결력	정언 삼단 논법, 참거짓 문제
수리력	시간·거리·속도를 구하는 문제, 평균 문제
언어논리력	어휘의 올바른 쓰임, 유사어, 한자성어
이해력	지문 읽고 주제 찾기, 지문에서 어울리지 않는 문장 찾기
공간지각력	도형 회전, 블록 개수 찾기

직무능력검사 과목별 출제분석

• **문제해결력**

- 지문을 읽고 그 지문에 나온 논리적 오류를 고르는 문제(논리적 오류) 및 정언 삼단 논법, 선언 삼단 논법을 통해 답을 추론하거나 두 번째 명제를 선택하는 문제(추론)가 출제되었다.

- 인과관계를 파악하고 지문의 흐름과 비교하여 그 논거가 타당한지 따져보는 연습이 필요하다. 결론만 보지 말고 근거가 논리적으로 연결되는지를 살펴야 한다.

• **수리력**

- 주어진 자료의 정보를 응용하여 관련된 다른 정보를 도출하는 능력을 확인하는 문제 및 금액이나 평균을 계산해 구하거나 시간·거리·속도를 구하는 문제가 출제되었다.

- 분, 시간, 금액 등 단위를 먼저 확인해야 한다. 문제에서 요구하는 평균, 차이, 합, 비율 등의 값을 정확히 확인해야 한다. 표나 그래프는 주어진 값과 숨어 있는 조건을 같이 보아야 한다. 특히 시간 계산은 역산해 보는 것이 정확하다.

• **언어논리력**

- 맞춤법과 띄어쓰기 문제 및 속담, 한자성어 문제가 출제되었다.

- 헷갈리는 맞춤법은 발음이 아닌 품사로 판단해서 풀고, 띄어쓰기는 조사와 의존명사 구분이 핵심적이다. 속담은 문맥 속 의미로 추론하면 정답률을 높일 수 있으며, 한자성어의 경우 구조와 핵심 의미로 접근한다.

• **이해력**

- 지문을 읽고 주제를 찾는 문제 및 여러 문단으로 나뉜 지문을 읽고 자연스러운 순서로 배열하는 문제가 출제되었다.

- 첫 문장과 마지막 문장을 집중해서 보아야 한다. 특히 첫 문장이 전체 흐름을 이끄는 경우가 대다수이다. 접속사는 흐름을 바꾸는 신호이다. 실마리가 되므로 접속사에 주목하며, 여러 문단 속 반복하여 등장하는 단어는 중심 주제일 가능성이 높다. 문단 순서 배열은 접속사 등을 통해 자연스러운 문단 배치를 할 수 있도록 한다.

• **공간지각력**

- 쌓아놓은 블록의 개수를 찾아내는 문제 및 전개도 또는 완성된 도형을 주고 주어진 전개도가 완성되었을 때의 모양이나 해당 도형을 만들기 위해 필요한 전개도를 찾는 문제가 출제되었다.

- 다양한 각도로 상상하며 전체 구조를 머릿속에서 돌려보는 훈련이 필요하다. 보이지 않는 블록이 존재하지 않는다고 생각하지 말고, 보이지 않아도 그 아래에 블록이 존재한다는 것을 잊지 않도록 한다. 문제에 자주 나오는 전개도 모양 패턴은 익혀두면 더욱 빠른 풀이가 가능하다.

기출복원문제

01 2024년 기출복원문제

1 다음의 말이 참일 때 항상 참인 것은?

> • 지수는 소연과 점수가 같다.
> • 서하는 한규보다 점수가 높다.
> • 소연은 민영보다 점수가 낮다.

① 한규는 지수보다 점수가 낮다.　② 서하는 소연과 점수가 같다.

③ 민영은 지수보다 점수가 높다.　④ 점수가 가장 낮은 사람은 소연이다.

✔ 해설　③ 조건을 정리하면 '지수 = 소연 〈 민영', '서하 〉 한규'가 된다.
　　　지수와 소연은 점수가 같고, 소연은 민영보다 점수가 낮다.
　　　① 한규와 지수의 점수 관계는 알 수 없다.
　　　② 서하와 소연의 점수 관계는 알 수 없다.
　　　④ 소연은 지수와 점수가 같고, 한규와의 점수 관계는 알 수 없다.

2 제시된 전제에 따라 결론을 바르게 추론한 것은?

> • 어떤 기독교인은 고기를 먹는다.
> • 모든 스님은 고기를 먹지 않는다.
> • 그러므로 ____________________

① 고기를 먹으면 기독교인이다.　② 고기를 먹으면 스님이 아니다.

③ 고기를 먹으면 기독교인이 아니다.　④ 고기를 먹지 않는 사람은 스님이다.

✔ 해설　② 모든 스님은 고기를 먹지 않는다. →고기를 먹는 사람은 스님이 될 수 없으므로, 조건문으로 다시 쓰면 '고
　　　기를 먹으면 스님이 아니다.'가 된다.
　　　① 어떤 기독교인은 고기를 먹으나, 고기를 먹는다고 해서 모두 기독교인인 것은 아니다.
　　　③ 어떤 기독교인은 고기를 먹지 않으나, 고기를 먹지 않는다고 해서 모두 기독교인인 것은 아니다.
　　　④ 모든 스님은 고기를 먹지 않으나, 고기를 먹지 않는다고 해서 모두 스님인 것은 아니다.

3 주어진 결론을 반드시 참으로 하는 전제는?

> 전제1 : A 카페에서 제일 잘 팔리는 메뉴는 아메리카노다.
> 전제2 : ________________________________
> 결론 : 더운 계절에는 아이스 아메리카노가 제일 잘 팔린다.

① 봄에는 따뜻한 카페라테가 잘 팔린다.
② 여름에는 아이스 메뉴가 잘 팔린다.
③ 가을에는 따뜻한 메뉴가 잘 팔린다.
④ 겨울에는 아이스 카페라테가 잘 팔린다.

> ✔해설 결론이 참이 되려면 '더운 계절에 아이스 메뉴가 잘 팔린다.'는 내용이 되거나, 대우 관계인 '추운 계절에는 따뜻한 메뉴가 잘 팔린다.'가 되어야 한다.

4 한 회사에서 직원들을 입사 순서대로 정렬했다. 2번째로 입사한 사람은?

> • ⓒ은 ㉠보다 늦게 입사했다.
> • ㉠은 ⓜ 다음으로 입사했다.
> • ⓛ은 ⓜ보다 빨리 입사했다.
> • 가장 빨리 입사한 사람은 ㉣이다.

① ㉠
② ⓛ
③ ⓒ
④ ⓜ

> ✔해설 주어진 순서에 따라 입사 순서를 나열하면 ㉠ > ⓒ, ⓜ > ㉠ > ⓒ, ⓛ > ⓜ > ㉠ > ⓒ, 즉, '㉣→ ⓛ→ⓜ→ ㉠→ⓒ'이 된다. 그러므로 2번째로 입사한 사람은 ⓛ이다.

5 민호, 서우, 유림, 윤지, 주원, 지현이 2명씩 3줄로 앉아 있다. 이 중 민호의 짝은 누구인가?

> • 서우와 윤지는 짝이다.
> • 민호는 가장 앞자리에 앉아 있다.
> • 서우는 유림의 뒷자리에 앉아 있다.
> • 주원은 윤지의 앞자리에 앉아 있다.
> • 유림은 지현의 뒷자리에 앉아 있다.

① 유림   ② 주원
③ 지현   ④ 윤지

✔ 해설 첫 번째 조건에 따르면 서우와 윤지는 민호의 짝이 될 수 없다. 민호가 가장 앞자리에 앉아 있으므로 지현의 뒷자리에 앉은 유림도 민호의 짝이 될 수 없다. 서우와 윤지가 유림의 뒷자리에, 유림은 지현의 뒷자리에 앉아 있으므로, 민호의 짝은 지현이 된다.

지현	민호
유림	주원
서우	윤지

6 甲 과장은 울산에서 천안을 경유하여 인천으로 출장을 가게 되었다. 울산에서 천안까지는 시속 80km의 자동차로, 천안에서 인천까지는 시속 100km의 기차로 이동하였다. 甲 과장의 이동 거리가 500km라고 할 때, 총 이동 시간은? (단, 이동 시간 외에 소요되는 시간은 무시한다.)

① 4시간   ② 5시간
③ 6시간   ④ 7시간

✔ 해설 ㉠ 울산→천안 : $80\text{km} \times x$, 천안→인천 : $(500\text{km} - 80x\,\text{km}) \div 100$

㉡ $x + \dfrac{500-80x}{100}$

$\rightarrow x + 5 - 0.8x$

$\rightarrow 0.2x + 5 = 6$

$\rightarrow 0.2x = 1$

$\therefore\ x = 5$

㉢ 울산→천안 : 5시간, 천안→인천 : 1시간

따라서 총 이동 시간은 6시간이 된다.

7 제시된 숫자의 배열을 보고 규칙을 적용하면 (   )에 들어갈 알맞은 수는?

3　6　24　27　108 (　)

① 117

② 124

③ 111

④ 152

> ✔해설 주어진 수열은 첫 번째 수부터 $+3$과 $\times 4$가 반복적으로 수행되고 있다. 그러므로 괄호 안에 들어갈 숫자는 $108 + 3 = 111$이다.

8 농도가 17%인 소금물 300g을 창가에 두었더니 물이 증발해서 농도가 25%인 소금물이 되었다. 여기에 물을 더 넣어 농도가 15%인 소금물을 만든다면 몇 g의 물을 넣어야 하는가?

① 136g

② 130g

③ 127g

④ 115g

> ✔해설 물은 증발되어도 소금의 양은 변하지 않음을 이용한다.
> ㉠ 소금의 양 : $0.17 \times 300 = 51(g)$
> ㉡ 증발된 후 소금물의 양 : $(51 \times 25) \times 100 = 204(g)$
> ㉢ 15% 농도의 소금물의 양 : $(51 \div 15) \times 100 = 340(g)$
> ∴ $340 - 204 = 136g$이 된다.

9 다음 문장 중 밑줄 친 단어에서 맞춤법이 옳지 않은 것은?

① 네가 <u>웬일로</u> 지각을 했니?
② 보라가 오늘은 <u>희한하게</u> 말이 많네.
③ 언니는 내 <u>뒤치닥거리로</u> 항상 바쁘다.
④ 도영이는 <u>주야장천</u> 숙제를 미루고 있다.

> ✔ **해설** ③ '뒤에서 일을 보살피거나 도와주는 일'을 나타내는 말은 '뒤치다꺼리'로 써야 한다.
> ① '어찌 된 일, 의외의 뜻'을 나타내는 말은 '웬일'을 의미한다.
> ② '매우 드물고 신기한 일'을 나타내는 말을 '희한'을 의미한다.
> ④ '밤낮으로 연달아'를 나타내는 말은 '주야장천'을 의미한다.

10 다음 속담의 의미로 옳은 것은?

바닷가 개는 호랑이 무서운 줄 모른다.

① 아주 든든하고 믿음직하다.
② 경험해 보지 않았거나 어리석어서 사리를 모른다.
③ 속으로 해칠 생각을 하면서 겉으로는 환심을 사려고 한다.
④ 뛰어난 사람이 없는 곳에서는 보잘 것 없는 사람이 득세한다.

> ✔ **해설** ① 호랑이 어금니 같다.
> ③ 호랑이 개 어르듯
> ④ 호랑이 없는 골에 토끼가 왕 노릇 한다.

11 다음 단어와 의미가 가장 가까운 것은?

> 망백(望百)

① 고희(古稀)
② 상수(上壽)
③ 졸수(卒壽)
④ 희수(喜壽)

> ✔ 해설   ③ 망백(望百)은 '91살'을 의미하며, 졸수(卒壽)는 90세를 의미한다.
> ① 고희(古稀) : 70세
> ② 상수(上壽) : 100세
> ④ 희수(喜壽) : 77세

12 다음 지문의 내용으로 옳지 않은 것은?

> A공단이 흡연 후 폐암과 후두암을 진단받은 환자들에게 지급된 급여를 담배 제조·유통사가 보상하라며 제기한 일명 '담배 소송'의 항소심 결과를 앞두고 A공단 지지 선언이 이어지고 있다. A공단은 글로벌 포럼에서 세계 석학들이 A공단의 소송을 지지했다며 미국과 캐나다에서는 이미 담배 소송이 승소한 일도 소개했다. 학회 역시 입장문을 통해 소송에 전폭적인 지지를 표명했다. 학회는 입장문에서 흡연은 폐암과 후두암뿐만 아니라 소화기암의 발생 위험 역시 높다고 밝혔다. 학회는 또한 담배 회사의 책임 회피에 대해서도 강하게 비판했다. "담배 회사는 담배의 중독성과 발암 가능성을 인지하고 있음에도 이를 적극적으로 알리지 않았다."는 설명이다.

① A공단은 2심 재판 결과를 앞두고 있다.
② 미국에서는 담배 소송에서 담배 회사가 패소했다.
③ 학회는 담배가 소화기암의 발생에도 영향을 미친다고 언급했다.
④ 담배 회사는 자사 제품의 중독성을 광고 등을 통해 적극적으로 인지시켰다.

> ✔ 해설   "담배 회사는 담배의 중독성과 발암 가능성을 인지하고 있음에도 이를 적극적으로 알리지 않았다."는 지문을 통해 담배 회사는 담배의 중독성을 적극적으로 인지시키지 않았음을 알 수 있다.

13 다음 글을 순서에 맞게 배열한 것은?

> ㉠ 해수 담수화는 옛날 선원들이 항해하는 배에서 갈증을 해소하기 위해 시작한 게 기원이라고 한다. 바닷물을 증류해서 담수로 만드는 방법이었다. 현대적인 담수화는 제2차 세계대전 때 군부대에 물을 공급하기 위해 설비를 만든 것이 시발점이었다.
>
> ㉡ 지구의 표면은 크게 육지와 바다로 이루어져 있다. 이 중 바다는 '해수'라는 짠 물로 이루어진 넓고 큰 공간으로, 지구의 전 표면의 약 70%를 이루고 있다. 이처럼 바다가 드넓은 만큼 지구에는 해수가 풍부하게 존재하고 있다.
>
> ㉢ 이후 해수 담수화법은 많은 발전을 거쳐, 역삼투압법, 전기투석법 등이 개발되었다. 현재는 주로 작은 섬이나 중동 지역 등 바다에 인접하고 담수가 부족한 곳에서 대량으로 이루어지고 있다.
>
> ㉣ 그런데 왜 지구 곳곳에서는 물이 부족한 현상이 생기는 걸까? 해수는 염분 때문에 식수로 사용할 수 없어서, 만약 생활용수나 식수로 사용하려면 별도로 담수화 과정을 거쳐야만 하기 때문이다. 그렇다면 해수 담수화는 어떤 방법으로 어떻게 발전해 왔을까?

① ㉠㉡㉢㉣

② ㉡㉣㉠㉢

③ ㉢㉠㉣㉡

④ ㉣㉠㉢㉡

✔ 해설 위 글은 '해수 담수화'에 대한 내용이다. 먼저 ㉡에서 '해수'의 개념을 설명하고, 이어 ㉣에서 '담수화'의 필요성을 언급한다. ㉠에서는 해수 담수화의 기원과 현대적인 발전에 대해 개괄한다. 마지막으로 ㉢에서는 현재 사용되고 있는 해수 담수화 방법과 활용 방식을 설명하며 마무리한다.

▌14~15 ▐ 아래에 제시된 그림과 같이 쌓기 위해 필요한 블록의 수는? (단, 블록의 모양과 크기는 모두 동일한 정육면체다.)

14

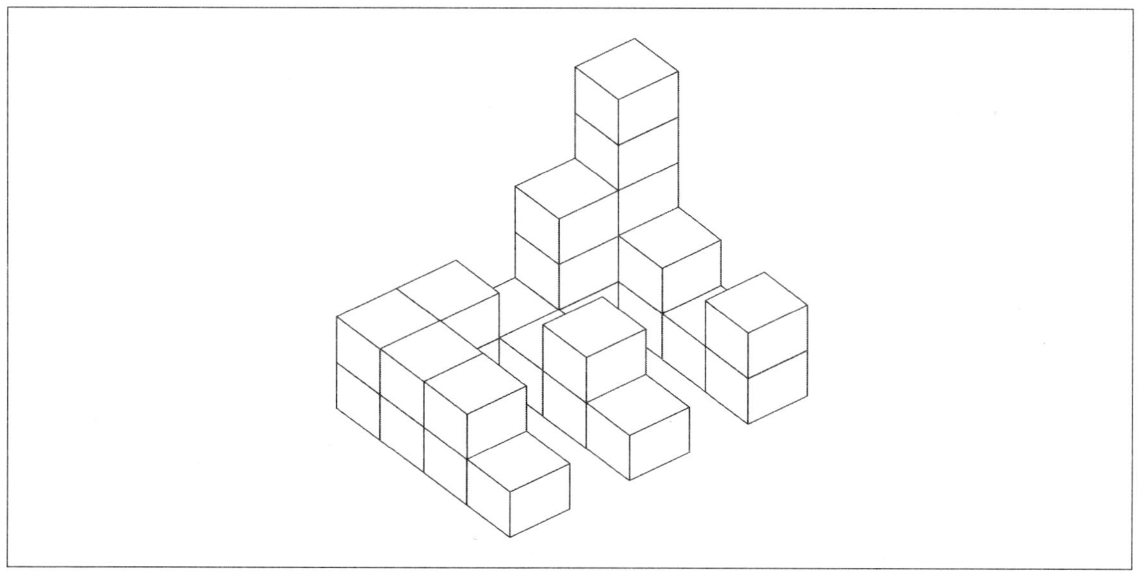

① 17개　　　　　　　　　　② 23개
③ 29개　　　　　　　　　　④ 31개

✔해설　바닥면에서부터 블록 개수를 세어 보면, 15 + 5 + 2 + 1 = 23(개)이다.

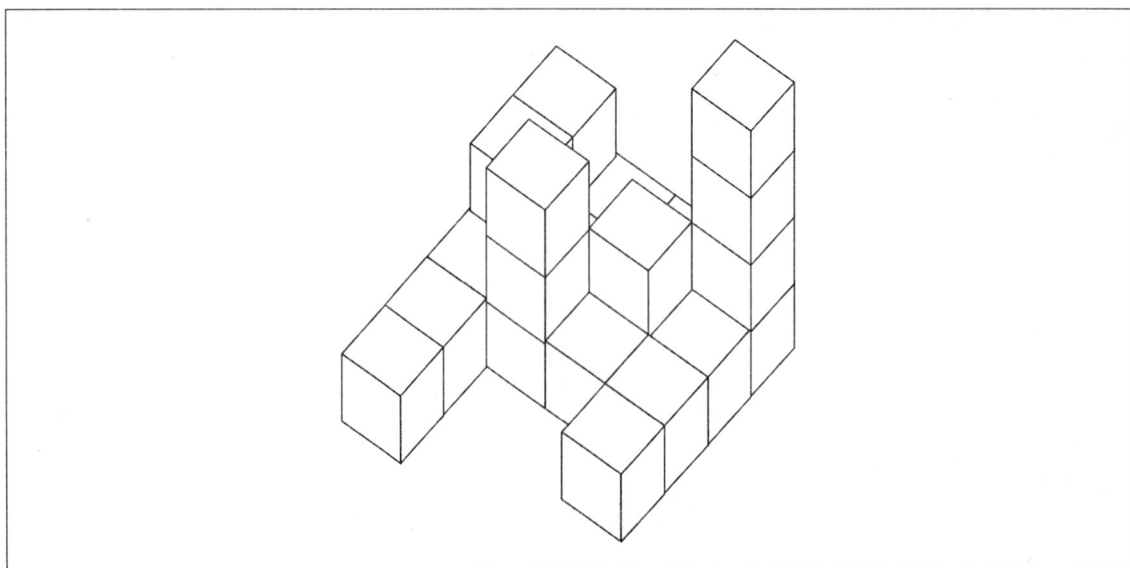

① 30개

② 33개

③ 38개

④ 41개

✔ 해설 바닥면에서부터 블록 개수를 세어 보면, $14 + 9 + 5 + 1 + 1 = 30(개)$이다.

1 다음 제시된 글에서 범하고 있는 논리적 오류는 무엇인가?

> 평일 출근 직장인 네 명 중 한 명은 오전 7시 이전에 출근길에 나선다. 이들은 모두 출근길 만원 버스가 싫어서 새벽같이 출근하는 것이 분명하다.

① 성급한 일반화의 오류

② 흑백논리의 오류

③ 의도 확대의 오류

④ 원인 오판의 오류

✔ 해설 성급한 일반화는 불충분하거나 대표성이 없는 증거를 바탕으로 결론을 내릴 때 발생한다. 오전 7시 이전에 출근하는 동기를 가정하지만 이를 뒷받침할 충분한 증거가 없이 광범위한 결론을 도출하므로 이는 성급한 일반화의 오류가 된다.

2 현재 어머니와 딸의 나이 합은 75세이고 15년 후 어머니의 나이는 딸의 나이의 2배보다 3세 많아진다고 할 때 현재 딸의 나이는?

① 17세

② 19세

③ 20세

④ 23세

✔ 해설 ㉠ (어머니의 나이)$+x=75$(어머니의 나이)$=75-x$

㉡ 15년 후 어머니의 나이$=(75-x)+15=90-x$

㉢ 15년 후 딸의 나이$=x+15$

어머니의 나이가 딸의 나이 2배보다 3세 많아진다고 했으므로,

㉣ $90-x=2(x+15)+3$

㉤ $90-x=2x+33$

㉥ $-3x=33-90$

㉦ $-3x=57$

∴ $x=19$

Answer 15.① / 1.① 2.②

3 다음은 크리에이터 A의 채널에 업로드된 새로운 콘텐츠 동향 보고서이다. 크리에이터 A가 가장 중점을 두어야 할 대책은?

> • 콘텐츠 주제 : 맛집 리뷰 및 길거리 인터뷰
> • 노출 플랫폼 : 동영상 플랫폼
> • 영업 활동 : SNS 광고, 친분이 있는 인플루언서 방송 출연
> • 트래픽 소스 : 동영상 플랫폼 추천 동영상(4%), 채널 페이지(3.6%), 동영상 플랫폼 검색(76.2%), 외부 (16.2%)
> ※ 외부 : 인터넷 서치(9.9%), SNS 유입(90.1%)
> • 실적 : 예상 조회수 목표의 20% 미만으로 부진
> • 원인 분석
> → 타채널 유사 콘텐츠들이 뒷광고 논란이 되어 시청자들의 신뢰가 떨어짐
> → 기존 채널의 다른 콘텐츠 진행 방식과 차별화가 되어있지 않음
> → 레드오션 주제로 시청자들의 피로감과 지루함을 야기함

① 기존 영업 활동 외에 콘텐츠 노출 루트를 확대한다.
② 인터뷰에 응한 사람들에게 소정의 상품을 제공한다.
③ 구독자들의 의견을 조합하여 콘텐츠 주제를 개선한다.
④ 외부 유입을 늘릴 수 있도록 마케팅을 확대한다.

✔ 해설 원인 분석을 보면, 콘텐츠 주제에 대한 부정적인 의견이 주를 이룬다. 따라서 콘텐츠 주제를 개선하는 것에 가장 중점을 두어야 한다.

4 다음은 2023 ~ 2024년 甲국의 건강보험 주요지표와 관련된 표이다. 이에 대한 설명으로 옳은 것을 모두 고르면? (단, 소수 둘째 자리에서 반올림한다.)

甲국의 건강보험 주요 지표

(단위 : 천만 원)

구분	2023년	2024년
총수입	81,708	97,008
총지출	78,951	86,176
수지율	(가)	94.7
급여비	76,713	83,466
보험료	79,045	87,256
보험료대급여비비율	(나)	(다)

※ 1) 수지율 = (총지출/총수입)×100
   2) 보험료대급여비비율 = (급여비/보험료)×100

ㄱ 2024년 총수입은 전년 대비 18% 이상 증가했다.
ㄴ 2024년 급여비의 전년 대비 증감률은 7% 미만이다.
ㄷ 2023년 수지율 (가)는 96.6%다.
ㄹ 2023년 보험료대급여비비율 (나)는 90%를 넘는다.
ㅁ (나)와 (다)의 합은 180 미만이다.

① ㄱㄴㄷ ② ㄱㄷㄹ
③ ㄴㄹㅁ ④ ㄷㄹㅁ

✔ 해설

ㄱ $\dfrac{\text{올해 값} - \text{전년 값}}{\text{전년 값}} \times 100 = \dfrac{15,300}{81,708} \times 100 = 18.7(\%)$

ㄷ $\dfrac{\text{총지출}}{\text{총수입}} \times 100 = \dfrac{78,951}{81,708} \times 100 = 96.6(\%)$

ㄹ $\dfrac{\text{급여비}}{\text{보험료}} \times 100 = \dfrac{76,713}{79,045} \times 100 = 97.0(\%)$

ㄴ $\dfrac{\text{올해 값} - \text{전년 값}}{\text{전년 값}} \times 100 = \dfrac{6,753}{83,466} \times 100 = 8.8(\%)$

ㅁ (나)=97.0(%), (다)=$\dfrac{83,466}{87,256} \times 100 = 95.7(\%)$ ∴ 192.7

5 甲의 집에서 공원까지 자전거를 타고 나갈 때 시속 14km로 달리고 공원에서 집으로 돌아올 땐 시속 6km로 달려서 한 시간 반 만에 돌아왔다. 오고 가는 길이 같을 때 甲의 집에서 공원까지의 거리는? (단, 甲이 공원에 머물렀던 시간은 고려하지 않는다.)

① 6.3km

② 6.7km

③ 7.2km

④ 7.6km

> **✔해설** 甲의 집에서 공원까지의 거리를 $x$km이라고 할 때 공원까지의 소요 시간은 $\frac{x}{14}$, 공원에서 집까지의 소요 시간
>
> 은 $\frac{x}{6}$이다. 한 시간 반을 치환했을 때 $1\frac{1}{2}=\frac{3}{2}$ 이므로,
>
> ㉠ $\frac{x}{14}+\frac{x}{6}=\frac{3}{2}$
>
> ㉡ $\frac{14x+6x}{84}=\frac{7x+3x}{42}=\frac{10x}{42}$, $\frac{5x}{21}=\frac{3}{2}$
>
> ㉢ $10x=63$
>
> ∴ 6.3km

6 A부서 직원들은 연간 프로젝트를 나누어 진행하고자 한다. 한 사람당 프로젝트를 5개씩 맡을 경우 2개의 프로젝트가 남고, 6개씩 맡을 경우 직원 6명이 다른 직원들보다 1개 덜 맡게 된다고 할 때 A부서 직원은 모두 몇 명인가?

① 6명

② 7명

③ 8명

④ 9명

> **✔해설** 직원의 수를 x라고 했을 때, 수식은 $5x+2=6x-6$으로 $x=8$
>
> ∴ 8명

7 밑줄 친 부분의 표준 발음법으로 옳은 것은?

① 운동화에 <u>흙이</u>[흐기] 묻어있다.
② <u>식용유</u>[시굥유]와 간장을 사오거라.
③ 네 태도에 <u>헛웃음</u>[허두슴]만 나온다.
④ 먼저 전화 <u>끊지</u>[끈찌] 마.

> **✔ 해설** ③ '헛'의 'ㅅ'은 절음 법칙에 의해 'ㄷ'으로 교체 후 연음되지만(표준발음법 제15항), '웃음'은 음절 첫소리로 옮겨 발음하므로(표준발음법 제13항) [우슴]이 된다. 따라서 '헛웃음'은 [허두슴]으로 발음한다.
> ① 겹받침이 모음으로 시작된 조사나 어미, 접미사와 결합되는 경우에는, 뒤엣것만을 뒤 음절 첫소리로 옮겨 발음한다. 따라서 '흙이'는 [흘기]로 발음한다.
> ② 합성어 및 파생어에서, 앞 단어나 접두사의 끝이 자음이고 뒤 단어나 접미사의 첫 음절이 '이, 야, 여, 요, 유'인 경우에는 'ㄴ' 소리를 첨가하여 [니, 냐, 녀, 뇨, 뉴]로 발음한다. 따라서 '식용유'는 [시굥뉴]로 발음한다.
> ④ 받침 'ㅎ(ㄶ, ㅀ)'은 뒤따르는 'ㄱ, ㄷ, ㅈ'과 결합되는 경우에는 거센소리 [ㅋ, ㅌ, ㅊ]으로 발음된다. 따라서 '끊지'는 [끈치]로 발음한다.

8 다음 제시된 쓰임과 다르게 쓰인 문장은?

대하다
1. 마주 향하여 있다.
2. 어떤 태도로 상대하다.
3. 대상이나 상대로 삼다.

---

① 그 선배는 나를 편하게 대한다.
② 자립준비 청년 제도에 대한 관심이 많다.
③ 이 작품을 대하는 독자의 태도가 무척 인상 깊었다.
④ 한바탕 울고 나니 서로 얼굴을 대하고 앉아있는 것이 불편하다.

> **✔ 해설** ③ 작품 따위를 직접 읽거나 감상하다.
> ① 어떤 태도로 상대하다.
> ② 대상이나 상대로 삼다.
> ④ 마주 향하여 있다.

9 다음 제시된 한자성어와 의미가 가장 가까운 단어를 고르시오.

갑남을녀(甲男乙女)

① 양상군자(梁上君子) ② 장삼이사(張三李四)

③ 모순당착(矛盾撞着) ④ 천자만홍(千紫萬紅)

> **✔ 해설** 갑남을녀(甲男乙女) … 보통의 평범한 사람들
> ② 장씨(張氏)의 삼남(三男)과 이씨(李氏)의 사남(四男)이라는 뜻으로 평범한 사람을 가리키는 말
> ① 들보 위에 있는 군자라는 뜻으로 도둑을 미화한 말
> ③ 같은 사람의 문장이나 언행이 앞뒤로 서로 어그러져 모순됨
> ④ 여러 가지 빛깔의 꽃이 만발함

10 다음을 읽고 알 수 있는 것은?

> 인간의 몸은 70%의 물로 이루어져 있으며 모든 신체 기관의 기능을 유지하는 데 매우 중요한 부분을 차지한다. 체내 수분은 생태에 일어나는 생화학적 반응의 용매로서 작용할 뿐만 아니라 영양소의 운반·배출·분비, 삼투압 조절 및 체온 조절 등에 관여한다. 적절한 양의 수분 섭취는 혈량을 유지하는 데 필수적이며 체내 영양 공급 및 노폐물 배설에도 주요한 역할을 한다. 신체의 향상성 유지, 면역력 증진 등에도 도움이 된다. 체외로 배출되는 수분은 성인 기준으로 하루 1,400ml, 대변으로 100ml, 땀과 호흡 등으로 1,000ml를 배출한다. 수분 섭취량은 염분 섭취나 체중, 활동량, 신체 칼로리 소모량, 기온 등에 따라 달라지며 매체에서 권장하는 양도 다르지만, 일반적으로 하루에 1.5 ~ 2L까지 섭취할 것을 권장한다.

① 수분 부족으로 나타나는 증상

② 수분 섭취 시 주의사항

③ 물 중독의 위험성

④ 체내 수분의 역할

> **✔ 해설** 체내 수분은 생태에 일어나는 생화학적 반응의 용매로서 작용할 뿐만 아니라 영양소의 운반·배출·분비, 삼투압 조절 및 체온 조절 등에 관여하고 혈량을 유지하는 데 필수적이며 체내 영양 공급 및 노폐물 배설에도 주요한 역할을 한다. 신체의 향상성 유지, 면역력 증진 등에도 도움이 된다.

11 다음의 속담의 의미로 옳은 것은?

> 가을 메(杵)는 부지깽이도 덤벙인다.

① 가을걷이 때에는 일이 많아서 누구나 바빠 나서서 거들게 된다.
② 가을비는 아주 잠깐 오다가 곧 그친다.
③ 가을 물은 매우 맑고 깨끗하다.
④ 어떤 일이나 형세가 이길 수 없는 기운에 의해 시들고 쇠락해진다.

> **✔ 해설** ② 가을비는 턱 밑에서도 긋는다.
> ③ 가을 물은 소 발자국에 고인 물도 먹는다.
> ④ 가을바람에 낙엽이 지듯 한다.

12 '수박 겉핥기'와 관련된 한자성어로 옳은 것은?

① 주마간산(走馬看山)　　　② 등고자비(登高自卑)
③ 사면초가(四面楚歌)　　　④ 삼순구식(三旬九食)

> **✔ 해설** ① '달리는 말 위에서 산천을 구경한다'는 뜻으로 자세히 보지 않고 대충 보고 지나감을 이르는 말
> ② 지위가 높아질수록 자신을 낮춤
> ③ 누구의 도움도 받을 수 없는 고립 상태에 빠짐
> ④ 삼십 일 동안 아홉 끼니밖에 먹지 못함

13 주어진 한자 중 서로 관련이 있는 것으로 짝지어진 것은?

> ㉠ 碧　　　　　　　　　　㉡ 朱
> ㉢ 繡　　　　　　　　　　㉣ 葵

① ㉠ - ㉡　　　　　　　② ㉡ - ㉣
③ ㉢ - ㉠　　　　　　　④ ㉣ - ㉢

> **✔ 해설** ㉠ 碧(푸를 벽)
> ㉡ 朱(붉을 주)
> ㉢ 繡(수놓을 수)
> ㉣ 葵(해바라기 규)

14 다음 글에서 관련 없는 부분은?

> ㉠스마트 농업은 농업 가치사슬 전반에 걸쳐 ICT 기술이 융합된 자동화·지능화 농업으로, 기존의 관행적이고 경험적인 방법과 달리 과학적이고 분석적인 농업이다. 노지 농업은 인공 시설을 활용하여 가온(加溫)이나 보온(保溫) 없이 자연조건 그대로 작물을 재배하는 농업이다. 노지 농업은 외부 환경 변화에 큰 영향을 받는다는 단점이 있는데, 이에 농업 선진국들은 재배 작물의 생육 상태와 외부환경 변화를 측정하고 분석하여 맞춤형 정밀농업을 도입해오고 있다. 이 두 개념을 융합한 노지 스마트 농업은 ICT 기술을 활용한 데이터 기반의 정밀 농업으로, 영농 데이터 흐름에 따라 관찰－처방－농작업－결과분석 4단계로 구분할 수 있으며 각 단계에서는 센서 기술, 정보통신기술, 스마트농기계 기술이 적용된다. ㉡먼저 관찰 단계에서는 토양, 생육, 수확량 등의 데이터를 통해서 경작지와 농작물의 상태를 파악하고 기초정보를 구축한다. 그렇기 때문에 양질의 데이터 확보가 중요한데, 최근에는 사물인터넷(IoT)이 도입되면서 실시간 데이터 수집과 처리가 가능해졌다. 처방 단계에서는 수집된 데이터를 기반으로 작업 시기와 농자재 투입량을 결정한다. 빅데이터, 인공지능 등의 기술을 활용하여 정확한 진단과 처방이 가능하다. ㉢작물은 자연으로부터 에너지를 얻고 스스로 광합성을 하면서 토양을 통해 필요한 양분을 흡수하지만, 수확량이 중요한 작물에는 특히 많이 필요한 원소인 다량 원소를 적절하게 공급해주기 위해 비료를 사용한다. 농작업 단계에서는 데이터 기반의 처방에 따라서 적재적소에 필요한 만큼의 농자재를 투입하는데, 과거에는 사전 조사된 정보를 작업용 지도에 입력하고 진행했지만, 현재는 자율주행 농기계의 발달로 사람의 개입을 최소화한 자동화·지능화 작업으로 이루어지고 있다. 마지막으로 결과분석 단계에서는 수행한 농작업을 새로운 데이터로 축적하고 다시 활용한다. 정확한 영농일지는 차년도 영농계획에 필요한 주요 데이터로 활용한다. 우리나라도 2020년부터 노지 농업의 스마트화를 본격적으로 추진해오고 있다. ㉣현재 정부가 운영하는 시범사업은 궁극적으로는 데이터를 수집하고 활용하는 노지 영농의 스마트화 기반 마련을 목표로 한다. 시범사업은 주산지 중심으로 경작지를 50㏊ 이상으로 규모화하고 단지를 집적화한 지역 공동경영체 단위에서 선정된 특화 품종을 중심으로 추진하고 있다. 1980년대 정밀농업 개념을 정립한 미국은 노지 스마트 농업의 주도국이다. 2000년대에 전국으로 보급하면서, 2010년대부터는 데이터 기반의 정밀농업인 노지 스마트 농업으로 발전하고 있다. 네덜란드는 2010년부터 노지 분야에서 정밀농업 확산을 위한 정밀농업 프로그램을 추진했고 2018년부터 데이터의 수집과 활용을 강화하고 정밀농업 활용도를 향상시키기 위하여 정밀농업 국가실험프로젝트를 추진하고 있다. 국내 노지 스마트 농업은 아직 시작 단계에 머물러 있으나, 향후 빅데이터와 인공지능의 발전과 함께 소규모 농업인의 소득 향상, 청년농 유입에 긍정적인 영향을 가져올 것으로 전망된다.

① ㉠

② ㉡

③ ㉢

④ ㉣

✔해설　노지 스마트 농업에 대한 글이다. ㉢은 작물에 비료를 사용하는 이유를 말하고 있으므로 노지 스마트 농업과 직접적인 관련이 없는 부분이다. ㉠은 노지 스마트 농업에 대해 서술하기 전 배경지식 서술에 해당한다. ㉡은 노지 스마트 농업의 4단계 중 관찰단계에 대한 설명이다. ㉣은 현재 국내 노지 스마트 농업 시범사업에 대한 내용이다.

15

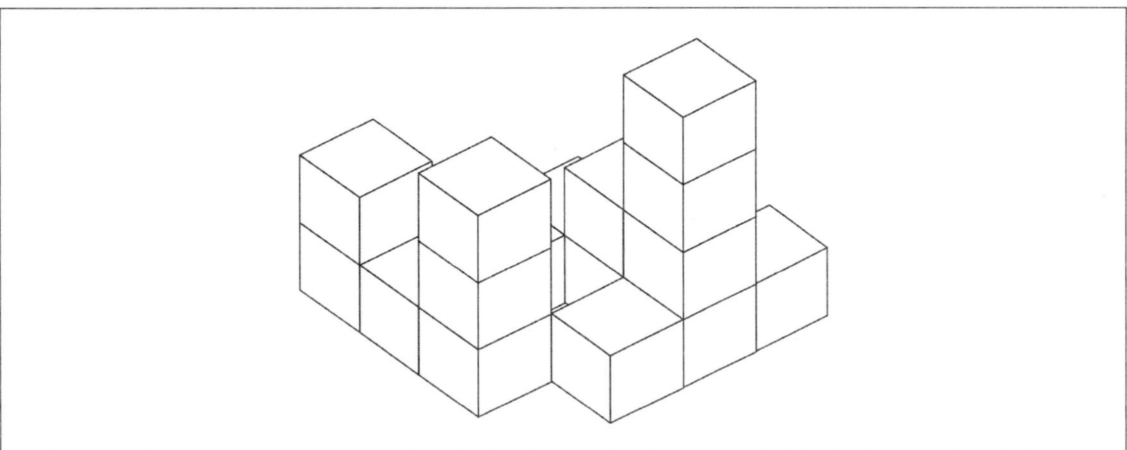

① 14개

② 15개

③ 16개

④ 17개

✔ 해설 바닥면에서부터 블록 개수를 세어 보면 $9 + 4 + 2 + 1 = 16$(개)이다.

인성검사

01 인성검사의 개요

1 인성(성격 및 흥미)검사의 개념과 목적

인성이란 개인을 특징짓는 평범하고 일상적인 사회적 이미지, 즉 지속적이고 일관된 공적 성격(public – personality)이며, 환경에 대응함으로써 선천적 · 후천적 요소의 상호작용으로 결정화된 심리적 · 사회적 특성 및 경향을 의미한다.

인성검사는 직무능력검사를 실시하는 대부분의 기업체에서 병행하여 실시하고 있으며, 인성검사만 독자적으로 실시하는 기업도 있다. 기업체에서는 인성검사를 통하여 각 개인이 어떠한 성격 특성이 발달되어 있고, 어떤 특성이 얼마나 부족한지, 그것이 해당 직무의 특성 및 조직 문화와 얼마나 맞는지를 알아보고 이에 적합한 인재를 선발하고자 한다. 또한 개인의 흥미에 적합한 직무 배분과 부족한 부분을 교육을 통해 보완하도록 할 수 있다.

인성검사의 측정 요소는 검사 방법에 따라 차이가 있다. 또한 각 기업체들이 사용하고 있는 인성검사는 기존에 개발된 인성검사 방법에 각 기업체의 인재상을 적용하여 자신들에게 적합하게 재개발하여 사용하는 경우가 많다. 그러므로 기업체에서 요구하는 인재상을 파악하여 그에 따른 대비책을 준비하는 것이 바람직하다. 본서에서 제시된 인성검사는 크게 '특성'과 '유형'의 측면에서 측정한다.

2 성격의 특성

(1) 정서적 측면

정서적 측면은 평소 마음의 당연시하는 자세나 정신 상태가 얼마나 안정되어 있는지 또는 불안정한지를 측정한다. 정서의 상태는 직무수행이나 대인 관계와 관련하여 태도나 행동으로 드러난다. 그러므로 정서적 측면을 측정하는 것을 통해 장래 조직 내의 인간관계에 어느 정도 잘 적응할 수 있을까(또는 적응하지 못할까)를 예측하는 것이 가능하다. 그러므로 정서적 측면의 결과는 채용에 상당히 중시된다. 아무리 능력이 좋아도 장기적으로 조직 내의 인간관계에 잘 적응할 수 없다고 판단되는 인재는 기본적으로 채용되지 않는다. 일반적으로 인성검사는 채용과는 관계없다고 생각하나 정서적으로 조직에 적응하지 못하는 인재는 채용단계에서 가려내지는 것을 유의하여야 한다.

① **민감성(신경도)** … 꼼꼼함, 섬세함, 성실함 등의 요소를 통해 일반적으로 신경질적인지 또는 자신의 존재를 위협받는다는 불안을 갖기 쉬운지를 측정한다.

질문	전혀 그렇지 않다	그렇지 않다	그렇다	매우 그렇다
• 배려적이라고 생각한다. • 어질러진 방에 있으면 불안하다. • 실패 후에는 불안하다. • 세세한 것까지 신경 쓴다. • 이유 없이 불안할 때가 있다.				

▶측정결과

㉠ '그렇다'가 많은 경우(상처받기 쉬운 유형) : 사소한 일에 신경 쓰고 다른 사람의 사소한 한마디 말에 상처를 받기 쉽다.
 • 면접관의 심리 : '동료들과 잘 지낼 수 있을까?', '실패할 때마다 위축되지 않을까?'
 • 면접대책 : 다소 신경질적이라도 능력을 발휘할 수 있다는 평가를 얻도록 한다. 주변과 충분한 의사소통이 가능하고, 결정한 것을 실행할 수 있다는 것을 보여주어야 한다.
㉡ '그렇지 않다'가 많은 경우(정신적으로 안정적인 유형) : 사소한 일에 신경 쓰지 않고 금방 해결하며, 주위 사람의 말에 과민하게 반응하지 않는다.
 • 면접관의 심리 : '계약할 때 필요한 유형이고, 사고 발생에도 유연하게 대처할 수 있다.'
 • 면접대책 : 일반적으로 '민감성'의 측정치가 낮으면 플러스 평가를 받으므로 더욱 자신감 있는 모습을 보여준다.

② **자책성(과민도)** … 문제가 생겼을 때 얼마나 예민하게 반응하는지 또는 자신을 비난하거나 책망하는 정도를 측정한다.

질문	전혀 그렇지 않다	그렇지 않다	그렇다	매우 그렇다
• 후회하는 일이 많다. • 자신이 하찮은 존재라 생각된다. • 문제가 발생하면 자기의 탓이라고 생각한다. • 무슨 일이든지 끙끙대며 진행하는 경향이 있다. • 온순한 편이다.				

▶측정결과

㉠ '그렇다'가 많은 경우(자책성 유형) : 자기 자신을 쉽게 비난하고 책망하며, 비관적이고 어떤 일이든 후회하는 경우가 많은 유형이다.
 • 면접관의 심리 : '끙끙대며 괴로워하고, 일을 진행하지 못할 것 같다.'
 • 면접대책 : 기분이 저조해도 항상 의욕을 가지고 생활하는 것과 책임감이 강하다는 것을 보여준다.
㉡ '그렇지 않다'가 많은 경우(낙천적인 유형) : 어려운 일이 있어도 낙관적으로 생각하며 기본적으로 기분이 밝은 편이다. 실수가 있어도 빠르게 잊는 유형이다.
 • 면접관의 심리 : '안정된 대인 관계를 맺을 수 있고, 외부의 압력에도 흔들리지 않는다.'
 • 면접대책 : 일반적으로 '자책성'의 측정치가 낮아야 좋은 평가를 받는다. 명랑하고 자신감 있는 성향임을 강조하며 면접에 임한다.

③ 기분성(불안도) … 기분의 굴곡이나 감정적인 면의 미숙함이 어느 정도인지를 측정한다.

질문	전혀 그렇지 않다	그렇지 않다	그렇다	매우 그렇다
• 다른 사람의 의견에 자신의 결정이 흔들리는 경우가 많다. • 기분이 쉽게 변한다. • 종종 후회한다. • 다른 사람보다 의지가 약한 편이라고 생각한다. • 금방 싫증을 내는 성격이라는 말을 자주 듣는다.				

▶측정결과

㉠ '그렇다'가 많은 경우(감정 기복이 큰 유형) : 의지력보다 기분에 따라 행동하기 쉽다.
  • 면접관의 심리 : '감정적인 것에 약하며, 상황에 따라 생산성이 떨어지지 않을까?'
  • 면접대책 : 주변 사람들과 항상 협조한다는 것을 강조하고 한결같은 상태로 일할 수 있다는 평가를 받도록 한다.
㉡ '그렇지 않다'가 많은 경우(감정 기복이 적은 유형) : 감정의 기복이 없고, 안정적이다.
  • 면접관의 심리 : '쉽게 일비일희하지 않고 안정적으로 업무에 임할 수 있다.'
  • 면접대책 : 기분성의 측정치가 낮으면 플러스 평가를 받으므로 자신감을 가지고 면접에 임한다.

④ 독자성(개인도) … 주변에 대한 견해나 관심, 자신의 견해나 생각에 어느 정도의 속박감을 가지고 있는지를 측정한다.

질문	전혀 그렇지 않다	그렇지 않다	그렇다	매우 그렇다
• 창의적 사고방식을 가지고 있다. • 융통성이 없는 편이다. • 혼자 있는 편이 많은 사람과 있는 것보다 편하다. • 개성적이라는 말을 듣는다. • 교제는 번거로운 것이라고 생각하는 경우가 많다.				

▶측정결과

㉠ '그렇다'가 많은 경우 : 자기의 관점을 중요하게 생각하는 유형으로, 주위의 상황보다 자신의 느낌과 생각을 중시한다.
  • 면접관의 심리 : '지시를 따르지 않고 제멋대로 행동하지 않을까?'
  • 면접대책 : 주위 사람과 협조하여 일을 진행할 수 있다는 것과 상식에 얽매이지 않는다는 인상을 심어준다.
㉡ '그렇지 않다'가 많은 경우 : 상식적으로 행동하고 주변 사람의 시선에 신경을 쓴다.
  • 면접관의 심리 : '다른 직원들과 협조하여 업무를 진행할 수 있겠다.'
  • 면접대책 : 협조성이 요구되는 기업체에서는 플러스 평가를 받을 수 있다.

⑤ **자신감(자존심도)** ··· 자기 자신에 대해 얼마나 긍정적으로 평가하는지를 측정한다.

질문	전혀 그렇지 않다	그렇지 않다	그렇다	매우 그렇다
• 다른 사람보다 능력이 뛰어나다고 생각한다. • 다소 반대 의견이 있어도 나만의 생각으로 행동할 수 있다. • 나는 다른 사람보다 기가 센 편이다. • 동료가 나를 모욕해도 무시할 수 있다. • 대개의 일을 목적한 대로 헤쳐나갈 수 있다고 생각한다.				

▶측정결과

㉠ '그렇다'가 많은 경우 : 자기 능력이나 외모 등에 자신감이 있고, 비판당하는 것을 좋아하지 않는다.
• 면접관의 심리 : '자만하여 지시에 잘 따를 수 있을까?'
• 면접대책 : 다른 사람의 조언을 잘 받아들이고 겸허하게 반성하는 면이 있다는 것을 보여주고, 동료들과 잘 지내며 리더의 자질이 있다는 것을 강조한다.

㉡ '그렇지 않다'가 많은 경우 : 자신감이 없고 다른 사람의 비판에 약하다.
• 면접관의 심리 : '패기가 부족하지 않을까?', '쉽게 좌절하지 않을까?'
• 면접대책 : 극도의 자신감 부족으로 평가되지는 않는다. 그러므로 마음이 약한 면은 있지만 의욕적으로 일을 하겠다는 마음가짐을 보여준다.

⑥ **고양성**(분위기에 들뜨는 정도) ··· 자유분방함, 명랑함과 같이 감정(기분)의 높고 낮음의 정도를 측정한다.

질문	전혀 그렇지 않다	그렇지 않다	그렇다	매우 그렇다
• 침착하지 못한 편이다.				
• 다른 사람보다 쉽게 우쭐해진다.				
• 모든 사람이 아는 유명인사가 되고 싶다.				
• 모임이나 집단에서 분위기를 이끄는 편이다.				
• 취미 등이 오랫동안 지속되지 않는 편이다.				

▶측정결과

㉠ '그렇다'가 많은 경우 : 자극이나 변화가 있는 일상을 원하고 기분을 들뜨게 하는 사람과 친밀하게 지내는 경향이 강하다.
 • 면접관의 심리 : '일을 진행하는데 변덕스럽지 않을까?'
 • 면접대책 : 밝은 태도는 플러스 평가를 받을 수 있지만, 착실한 업무 능력이 요구되는 직종에서는 마이너스 평가가
  될 수 있다. 따라서 자기 조절이 가능하다는 것을 보여준다.
㉡ '그렇지 않다'가 많은 경우 : 감정이 항상 일정하고, 속을 드러내 보이지 않는다.
 • 면접관의 심리 : '안정적인 업무 태도를 기대할 수 있겠다.'
 • 면접대책 : '고양성'의 낮음은 대체로 플러스 평가를 받을 수 있다. 그러나 '무엇을 생각하고 있는지 모르겠다' 등의 평
  을 듣지 않도록 주의한다.

⑦ **허위성**(진위성) ··· 필요 이상으로 자기를 좋게 보이려 하거나 기업체가 원하는 '이상형'에 맞춘 대답을 하고
 있지는 않은지를 측정한다.

질문	전혀 그렇지 않다	그렇지 않다	그렇다	매우 그렇다
• 약속을 깨뜨린 적이 한 번도 없다.				
• 다른 사람을 부럽다고 생각해 본 적이 없다.				
• 꾸지람을 들은 적이 없다.				
• 사람을 미워한 적이 없다.				
• 화를 낸 적이 한 번도 없다.				

▶측정결과

㉠ '그렇다'가 많은 경우 : 실제의 자기와는 다른, 말하자면 원칙적으로 답하고 있을 가능성이 있다.
 • 면접관의 심리 : '거짓을 말하고 있다.'
 • 면접대책 : 조금이라도 좋게 보이려고 하는 '거짓말쟁이'로 평가될 수 있다. '허위성'의 측정 질문은 구분되지 않고 다
  른 질문 중에 섞여 있다. 그러므로 모든 질문에 솔직하게 답하여야 한다. 또한 자기 자신과 너무 동떨어진 이미지로
  답하면 좋은 결과를 얻지 못한다. 그리고 면접에서 '허위성'을 기본으로 한 질문을 받게 되므로 당황하거나 또다른
  모순된 답변을 하게 된다. 겉치레를 하거나 무리한 욕심을 부리지 말고 '이런 사회인이 되고 싶다.'는 현재의 자신보
  다 조금 성장한 자신을 표현하는 정도가 적당하다.
㉡ '그렇지 않다'가 많은 경우 : 냉정하고 정직하며, 외부의 압력과 스트레스에 강한 유형이다. '대쪽 같음'의 이미지가 굳
  어지지 않도록 주의한다.

(2) 행동적인 측면

행동적 측면은 인격 중에 특히 행동으로 드러나기 쉬운 측면을 측정한다. 사람의 행동 특징 자체에는 선도 악도 없으나, 일반적으로는 일의 내용에 의해 원하는 행동이 있다. 때문에 행동적 측면은 주로 직종과 깊은 관계가 있는데 자신의 행동 특성을 살려 적합한 직종을 선택한다면 플러스가 될 수 있다.

행동 특성에서 보이는 특징은 면접 장면에서도 드러나기 쉬운데 본서의 모의 TEST 결과를 참고하여 자신의 태도, 행동이 면접관의 시선에 어떻게 비치는지를 점검하도록 한다.

① 사회적 내향성 … 대인 관계에서 나타나는 행동 경향으로 '낯가림'을 측정한다.

질문	선택
A : 파티에서는 사람을 소개받는 편이다. B : 파티에서는 사람을 소개하는 편이다.	
A : 처음 보는 사람과는 어색하게 시간을 보내는 편이다. B : 처음 보는 사람과도 즐거운 시간을 보내는 편이다.	
A : 친구가 적은 편이다. B : 친구가 많은 편이다.	
A : 자신의 의견을 말하는 경우가 적다. B : 자신의 의견을 말하는 경우가 많다.	
A : 사교적인 모임에 참석하는 것을 좋아하지 않는다. B : 사교적인 모임에 항상 참석한다.	

▶측정결과

㉠ 'A'가 많은 경우 : 내성적이고 사람들과 접하는 것에 소극적이다. 자신의 의견을 말하지 않고 조심스러운 편이다.
- 면접관의 심리 : '소극적인데 동료와 잘 지낼 수 있을까?'
- 면접대책 : 대인 관계를 맺는 것을 싫어하지 않고 의욕적으로 일을 할 수 있다는 것을 보여준다.

㉡ 'B'가 많은 경우 : 사교적이고 자기의 생각을 명확하게 전달할 수 있다.
- 면접관의 심리 : '사교적이고 활동적인 것은 좋지만, 자기주장이 너무 강하지 않을까?'
- 면접대책 : 협조성을 보여주고, 자기주장이 너무 강하다는 인상을 주지 않도록 주의한다.

② 내성성(침착도) … 자신의 행동과 일에 대해 침착하게 생각하는 정도를 측정한다.

질문	선택
A : 시간이 걸려도 침착하게 생각하고 결정을 하는 경우가 많다. B : 짧은 시간에 결정을 하는 경우가 많다.	
A : 실패의 원인을 찾고 반성하는 편이다. B : 실패를 해도 그다지(별로) 개의치 않는다.	
A : 결론이 도출되어도 몇 번 정도 생각을 바꾼다. B : 결론이 도출되면 신속하게 행동으로 옮긴다.	
A : 여러 가지 생각하는 것이 능숙하다. B : 여러 가지 일을 재빨리 능숙하게 처리하는 데 익숙하다.	
A : 여러 가지 측면에서 사물을 검토한다. B : 행동한 후 생각을 한다.	

▶측정결과

㉠ 'A'가 많은 경우 : 행동하기보다는 생각하는 것을 좋아하고 신중하게 계획을 세워 실행한다.

• 면접관의 심리 : '행동으로 실천하지 못하고, 대응이 늦는 경향이 있지 않을까?'

• 면접대책 : 발로 뛰는 것을 좋아하며 일을 더디게 한다는 인상을 주지 않도록 한다.

㉡ 'B'가 많은 경우 : 차분하게 생각하는 것보다 우선 행동하는 유형이다.

• 면접관의 심리 : '생각하는 것을 싫어하고 경솔한 행동을 하지 않을까?'

• 면접대책 : 계획을 세우고 행동할 수 있는 것을 보여주고 '사려깊다'라는 인상을 남기도록 한다.

③ 신체활동성 … 몸을 움직이는 것을 좋아하는가를 측정한다.

질문	선택
A : 민첩하게 활동하는 편이다. B : 준비 행동이 없는 편이다.	
A : 일을 척척 해치우는 편이다. B : 일을 더디게 처리하는 편이다.	
A : 활발하다는 말을 듣는다. B : 얌전하다는 말을 듣는다.	
A : 몸을 움직이는 것을 좋아한다. B : 가만히 있는 것을 좋아한다.	
A : 스포츠를 하는 것을 즐긴다. B : 스포츠를 보는 것을 좋아한다.	

▶측정결과

㉠ 'A'가 많은 경우 : 활동적이고, 몸을 움직이는 것이 컨디션에 좋다.

• 면접관의 심리 : '활동적이고 활동력이 좋아 보인다.'

• 면접대책 : 활동하고 얻은 성과 등과 주어진 상황의 대응 능력을 보여준다.

㉡ 'B'가 많은 경우 : 침착한 인상으로, 차분하게 있는 타입이다.

• 면접관의 심리 : '좀처럼 행동하려 하지 않아 보이는데 일을 빠르게 처리할 수 있을까?'

④ **지속성(노력성)** ··· 무슨 일이든 포기하지 않고 끈기 있게 하려는 정도를 측정한다.

질문	선택
A : 일단 시작한 일은 시간이 걸려도 끝까지 마무리한다. B : 일을 하다 어려움에 부딪히면 빠르게 단념한다. A : 끈질긴 편이다. B : 바로 단념하는 편이다. A : 인내가 강하다는 말을 듣는다. B : 금방 싫증을 낸다는 말을 듣는다. A : 집념이 깊은 편이다. B : 담백한 편이다. A : 한 가지 일에 구애되는 것이 좋다고 생각한다. B : 간단하게 체념하는 것이 좋다고 생각한다.	

▶측정결과

㉠ 'A'가 많은 경우 : 시작한 것은 어려움이 있어도 포기하지 않고 인내심이 강하다.

- 면접관의 심리 : '한 가지 일에 너무 구애되고, 업무의 진행이 원활할까?'
- 면접대책 : 인내심이 있는 것은 플러스 평가를 받을 수 있지만 집착이 강해 보이기도 한다.

㉡ 'B'가 많은 경우 : 뒤끝이 없고 조그만 실패로 일을 포기하기 쉽다.

- 면접관의 심리 : '쉽게 질리는 경향이 있고, 일을 정확히 끝낼 수 있을까?'
- 면접대책 : 지속적인 노력으로 성공했던 사례를 준비하도록 한다.

⑤ 신중성(주의성) … 자신이 처한 주변 상황을 파악하고 어떻게 준비 혹은 대처하는지, 자신의 행동이 일에 어떤 영향을 미치는지 생각하는 정도를 측정한다.

질문	선택
A : 여러 가지로 생각하면서 완벽하게 준비하는 편이다. B : 행동할 때부터 임기응변적인 대응을 하는 편이다.	
A : 신중해서 타이밍을 놓치는 편이다. B : 준비 부족으로 실패하는 편이다.	
A : 어떤 일에도 신중히 대응하는 편이다. B : 순간적인 충동으로 활동하는 편이다.	
A : 시험을 볼 때 끝날 때까지 재검토하는 편이다. B : 시험을 볼 때 한 번에 모든 것을 마치는 편이다.	
A : 일에 대해 계획표를 만들어 실행한다. B : 일에 대한 계획표 없이 진행한다.	

▶측정결과

㉠ 'A'가 많은 경우 : 주변 상황에 민감하고, 예측하여 계획적으로 일을 진행한다.
- 면접관의 심리 : '너무 신중해서 적절한 판단을 할 수 있을까?', '앞으로의 상황에 불안을 느끼지 않을까?'
- 면접대책 : 예측을 하고 실행을 하는 것은 플러스 평가가 되지만, 너무 신중하면 일의 진행이 정체될 가능성을 보이므로 추진력이 있다는 강한 의욕을 보여준다.

㉡ 'B'가 많은 경우 : 주변 상황을 살펴보지 않고 착실한 계획 없이 일을 진행시킨다.
- 면접관의 심리 : '사려 깊지 않고, 실패하는 일이 많지 않을까?', '빠르게 판단하고 유연한 사고를 할 수 있을까?'
- 면접대책 : 사전 준비를 중요하게 생각하고 있다는 것 등을 보여주고, 경솔한 인상을 주지 않도록 한다. 또한 판단력이 빠르거나 유연한 사고 덕분에 일 처리를 잘 할 수 있다는 것을 강조한다.

(3) 의욕적인 측면

의욕적인 측면은 의욕의 정도, 활동력의 유무 등을 측정한다. 여기서의 의욕이란 우리들이 보통 말하고 사용하는 '하려는 의지'와는 뉘앙스가 조금 다르다. '하려는 의지'란 그 때의 환경이나 기분에 따라 변화하는 것이지만, 여기에서는 조금 더 변화하기 어려운 특징, 말하자면 정신적 에너지의 양으로 측정하는 것이다.

의욕적 측면은 행동적 측면과는 다르고, 전반적으로 어느 정도 점수가 높은 쪽을 선호한다. 모의검사에서 의욕적인 측면의 결과가 낮다면, 평소 일에 몰두할 때 의욕 있는 자세를 가지고 서서히 개선하도록 노력해야 한다.

① 달성의욕 … 목적의식을 가지고 높은 이상을 가지고 있는지를 측정한다.

질문	선택
A : 경쟁심이 강한 편이다. B : 경쟁심이 약한 편이다.	
A : 어떤 한 분야에서 제1인자가 되고 싶다고 생각한다. B : 어느 분야에서든 성실하게 임무를 진행하고 싶다고 생각한다.	
A : 규모가 큰 일을 해보고 싶다. B : 맡은 일에 충실히 임하고 싶다.	
A : 아무리 노력해도 실패한 것은 아무런 도움이 되지 않는다. B : 가령 실패했을지라도 나름대로의 노력이 있었으므로 괜찮다.	
A : 높은 목표를 설정하여 수행하는 것이 의욕적이다. B : 실현 가능한 정도의 목표를 설정하는 것이 의욕적이다.	

▶측정결과

㉠ 'A'가 많은 경우 : 큰 목표와 높은 이상을 가지고 승부욕이 강한 편이다.
 • 면접관의 심리 : '열심히 일을 해줄 것 같은 유형이다.'
 • 면접대책 : 달성의욕이 높다는 것은 어떤 직종에서도 플러스 평가가 된다.
㉡ 'B'가 많은 경우 : 현재의 생활을 소중하게 여기고 비약적인 발전을 위하여 기를 쓰지 않는다.
 • 면접관의 심리 : '외부의 압력에 약하고, 기획입안 등을 하기 어려울 것이다.'
 • 면접대책 : 일을 통하여 이루고 싶은 것들을 구체적으로 어필한다.

② **활동의욕** … 자신에게 잠재된 에너지의 크기로, 정신적인 측면의 활동력이라 할 수 있다.

질문	선택
A : 하고 싶은 일을 실행으로 바로 옮기는 편이다. B : 하고 싶은 일을 좀처럼 실행할 수 없는 편이다.	
A : 어려운 문제를 해결해 가는 것이 좋다. B : 어려운 문제를 해결하는 것을 잘하지 못한다.	
A : 일반적으로 결단이 빠른 편이다. B : 일반적으로 결단이 느린 편이다.	
A : 곤란한 상황에도 도전하는 편이다. B : 사물의 본질을 깊게 관찰하는 편이다.	
A : 시원시원하다는 말을 자주 듣는다. B : 꼼꼼하다는 말을 자주 듣는다.	

▶측정결과

㉠ 'A'가 많은 경우 : 꾸물거리는 것을 싫어하고 재빠르게 결단해서 행동하는 타입이다.
 • 면접관의 심리 : '일을 처리하는 솜씨가 좋고, 일을 척척 진행할 수 있을 것 같다.'
 • 면접대책 : 활동의욕이 높은 것은 플러스 평가가 된다. 사교성이나 활동성이 강하다는 인상을 준다.
㉡ 'B'가 많은 경우 : 안전하고 확실한 방법을 모색하고 차분하게 시간을 아껴서 일에 임하는 타입이다.
 • 면접관의 심리 : '행동을 재빨리 못하고, 일 처리 속도가 느린 것이 아닐까?'
 • 면접대책 : 활동성이 있는 것을 좋아하고 움직임이 굼뜨다는 인상을 주지 않도록 한다.

3 성격의 유형

(1) 인성검사 유형의 4가지 척도

정서적인 측면, 행동적인 측면, 의욕적인 측면의 요소들은 성격 특성이라는 관점에서 제시된 것들로 각 개인의 장·단점을 파악하는 데 유용하다. 그러나 전체적인 개인의 인성을 이해하는 데는 한계가 있다.

성격의 유형은 개인의 '성격적인 특색'을 가리키는 것으로, 사회인으로서 적합한지 아닌지를 말하는 관점과는 관계가 없다. 따라서 채용의 합격 여부에는 사용되지 않는 경우가 많으며, 입사 후의 적정 부서 배치의 자료가 되는 편이라 생각하면 된다. 그러나 채용과 관계가 없다고 해서 아무런 준비도 필요없는 것은 아니다. 자신을 아는 것은 면접 대책의 밑거름이 되므로 모의검사 결과를 충분히 활용하도록 하여야 한다.

본서에서는 4개의 척도를 사용하여 기본적으로 16개의 패턴으로 성격의 유형을 분류하고 있다. 각 개인의 성격이 어떤 유형인지 재빨리 파악하기 위해 사용되며, '적성'에 맞는지 맞지 않는지의 관점에 활용된다.

- 흥미 · 관심의 방향 : 내향형 ←————→ 외향형
- 사물에 대한 견해 : 직관형 ←————→ 감각형
- 판단하는 방법 : 감정형 ←————→ 사고형
- 환경에 대한 접근 방법 : 지각형 ←————→ 판단형

(2) 성격유형

① 흥미 · 관심의 방향(내향⇆외향) ··· 흥미 · 관심의 방향이 자신의 내면에 있는지, 주위환경 등 자신의 외부로 향하는지를 가리키는 척도이다.

질문	선택
A : 내성적인 성격인 편이다. B : 개방적인 성격인 편이다.	
A : 항상 신중하게 생각을 하는 편이다. B : 바로 행동에 착수하는 편이다.	
A : 수수하고 조심스러운 편이다. B : 자기 표현력이 강한 편이다.	
A : 다른 사람과 함께 있으면 침착하지 않다. B : 혼자서 있으면 침착하지 않다.	

▶측정결과
㉠ 'A'가 많은 경우(내향) : 관심의 방향이 자기 내면에 있으며, 조용하고 낯을 가리는 유형이다. 행동력은 부족하나 집중력이 뛰어나고 신중하고 꼼꼼하다.
㉡ 'B'가 많은 경우(외향) : 관심의 방향이 외부환경을 향해 있으며, 사교적이고 활동적인 유형이다. 꼼꼼함이 부족하여 대충하는 경향이 있으나 행동력이 있다.

② 일(사물)을 보는 견해(직감⇆감각) … 일(사물)을 보는 법이 직감적으로 형식에 얽매이는지 감각적으로 상식적인지를 가리키는 척도이다.

질문	선택
A : 현실주의적인 편이다. B : 상상력이 풍부한 편이다.	
A : 정형적인 방법으로 일을 처리하는 것을 좋아한다. B : 만들어진 방법에 변화가 있는 것을 좋아한다.	
A : 경험에서 가장 적합한 방법으로 선택한다. B : 지금까지 없었던 새로운 방법을 개척하는 것을 좋아한다.	
A : 성실하다는 말을 듣는다. B : 호기심이 강하다는 말을 듣는다.	

▶측정결과

㉠ 'A'가 많은 경우(감각) : 현실적이고 경험주의적이며 보수적인 유형이다.

㉡ 'B'가 많은 경우(직관) : 새로운 주제를 좋아하며, 독자적인 시각을 가진 유형이다.

③ 판단하는 방법(감정⇆사고) … 일을 감정적으로 판단하는지, 논리적으로 판단하는지를 가리키는 척도이다.

질문	선택
A : 인간관계를 중시하는 편이다. B : 일의 내용을 중시하는 편이다.	
A : 결론을 자기의 신념과 감정에서 이끌어내는 편이다. B : 결론을 논리적 사고에 의거하여 내리는 편이다.	
A : 다른 사람보다 동정적이고 눈물이 많은 편이다. B : 다른 사람보다 이성적이고 냉정하게 대응하는 편이다.	
A : 남의 이야기를 들으면 감정 몰입이 빠른 편이다. B : 고민 상담을 받으면 해결책을 제시해주는 편이다.	

▶측정결과

㉠ 'A'가 많은 경우(감정) : 일을 판단할 때 마음·감정을 중요하게 여기는 유형이다. 감정이 풍부하고 친절하나 엄격함이 부족하고 우유부단하며, 합리성이 부족하다.

㉡ 'B'가 많은 경우(사고) : 일을 판단할 때 논리성을 중요하게 여기는 유형이다. 이성적이고 합리적이나 타인에 대한 배려가 부족하다.

④ 환경에 대한 접근 방법(지각⇔판단)…주변 상황에 어떻게 접근하는지, 그 판단 기준을 어디에 두는지를 가리키는 척도이다.

질문	선택
A : 사전에 계획을 세우지 않고 행동한다. B : 반드시 계획을 세우고 그것에 의거해서 행동한다. A : 자유롭게 행동하는 것을 좋아한다. B : 조직적으로 행동하는 것을 좋아한다. A : 조직성이나 관습에 속박당하지 않는다. B : 조직성이나 관습을 중요하게 여긴다. A : 계획 없이 낭비가 심한 편이다. B : 예산을 세워 물건을 구입하는 편이다.	

▶측정결과
㉠ 'A'가 많은 경우(지각) : 일의 변화에 융통성을 가지고 유연하게 대응하는 유형이다. 낙관적이며 질서보다는 자유를 좋아하나 임기응변식의 대응으로 무계획적인 인상을 줄 수 있다.
㉡ 'B'가 많은 경우(판단) : 일의 진행 시 계획을 세워서 실행하는 유형이다. 순차적으로 진행하는 일을 좋아하고 끈기가 있으나 변화에 대해 적절하게 대응하지 못하는 경향이 있다.

(1) 미리 알아두어야 할 점

① 출제 문항 수 … 인성검사의 출제 문항 수는 특별히 정해진 것이 아니며 각 기업체의 기준에 따라 달라질 수 있다. 보통 100문항 이상에서 500문항까지 출제된다고 예상하면 된다.

② 출제형식

　㉠ 1Set로 묶인 세 개의 문항 중 자신에게 가장 가까운 것(Most)과 가장 먼 것(Least)을 하나씩 고르는 유형

다음 세 가지 문항 중 자신에게 가장 가까운 것은 Most, 가장 먼 것은 Least에 체크하시오.

질문	Most	Least
① 자신의 생각이나 의견은 좀처럼 변하지 않는다. ② 구입한 후 끝까지 읽지 않은 책이 많다. ③ 여행가기 전에 계획을 세운다.	✔	 ✔

　㉡ '예' 아니면 '아니오'의 유형

다음 문항을 읽고 자신에게 해당되는지 안 되는지를 판단하여 해당될 경우 '예'를, 해당되지 않을 경우 '아니오'를 고르시오.

질문	예	아니오
① 걱정거리가 있어서 잠을 못 잘 때가 있다. ② 시간에 쫓기는 것이 싫다.	✔	 ✔

　㉢ 그 외의 유형

다음 문항에 대해서 평소에 자신이 생각하고 있는 것이나 행동하고 있는 것에 체크하시오.

질문	전혀 그렇지 않다	그렇지 않다	그렇다	매우 그렇다
① 머리를 쓰는 것보다 땀을 흘리는 일이 좋다.			✔	
② 자신은 사교적이 아니라고 생각한다.	✔			

(2) 임하는 자세

① 솔직하게 있는 그대로 표현한다 … 인성검사는 평범한 일상생활 내용들을 다룬 짧은 문장과 어떤 대상이나 일에 대한 선호를 선택하는 문장으로 구성되어 있으므로 너무 골똘히 생각하지 말고 문제를 보는 순간 떠오른 것을 표현한다.

② 모든 문제를 신속하게 대답한다 … 인성검사는 시간제한이 없는 것이 원칙이지만 기업체들은 일정한 시간 제한을 두고 있다. 인성검사는 개인의 성격과 자질을 알아보기 위한 검사이기 때문에 정답이 없다. 기업체에서 바람직하게 생각하거나 기대하는 결과가 있을 뿐이다.

③ 일관성 있게 대답한다 … 간혹 반복되는 문제들이 출제되기 때문에 일관성 있게 답하지 않으면 감점될 수 있으므로 유의한다. 실제로 공기업 인사부 직원의 인터뷰에 따르면 일관성이 없게 대답한 응시자들이 감점을 받아 탈락했다고 한다. 거짓된 응답을 하다보면 일관성 없는 결과가 나타날 수 있으므로, 위에서 언급한 대로 신속하고 솔직하게 답해 일관성 있는 응답을 하는 것이 중요하다.

④ 마지막까지 집중해서 검사에 임한다 … 장시간 진행되는 검사에 지치지 않고 마지막까지 집중해서 정확히 답할 수 있도록 해야 한다.

인성검사의 유형

〉〉 유형 Ⅰ

▌1~25▐ 다음 질문에 대해서 평소 자신이 생각하고 있는 것이나 행동하고 있는 것을 주어진 응답요령에 따라 박스에 답하시오.

응답요령

- 응답 Ⅰ : 제시된 문항들을 읽은 다음 각각의 문항에 대해 자신이 동의하는 정도를 ①(전혀 그렇지 않다)~⑤(매우 그렇다)로 표시하면 된다.
- 응답 Ⅱ : 제시된 문항들을 비교하여 상대적으로 자신의 성격과 가장 가까운 문항 하나와 가장 거리가 먼 문항 하나를 선택하여야 한다(응답 Ⅱ의 응답은 가깝다 1개, 멀다 1개, 무응답 2개이어야 한다).

1

문항	응답 Ⅰ					응답 Ⅱ	
	①	②	③	④	⑤	멀다	가깝다
A. 몸을 움직이는 것을 좋아하지 않는다.							
B. 쉽게 질리는 편이다.							
C. 경솔한 편이라고 생각한다.							
D. 인생의 목표는 손이 닿을 정도면 된다.							

2

문항	응답 Ⅰ					응답 Ⅱ	
	①	②	③	④	⑤	멀다	가깝다
A. 무슨 일도 좀처럼 시작하지 못한다.							
B. 초면인 사람과도 바로 친해질 수 있다.							
C. 행동하고 나서 생각하는 편이다.							
D. 쉬는 날은 집에 있는 경우가 많다.							

3

문항	응답 I					응답 II	
	①	②	③	④	⑤	멀다	가깝다
A. 조금이라도 나쁜 소식은 절망의 시작이라고 생각해 버린다.							
B. 언제나 실패가 걱정이 되어 어쩔 줄 모른다.							
C. 다수결의 의견에 따르는 편이다.							
D. 혼자서 술집에 들어가는 것은 전혀 두려운 일이 아니다.							

4

문항	응답 I					응답 II	
	①	②	③	④	⑤	멀다	가깝다
A. 승부 근성이 강하다.							
B. 자주 흥분해서 침착하지 못하다.							
C. 지금까지 살면서 타인에게 폐를 끼친 적이 없다.							
D. 소곤소곤 이야기하는 것을 보면 자기의 험담을 하고 있는 것으로 생각된다.							

5

문항	응답 I					응답 II	
	①	②	③	④	⑤	멀다	가깝다
A. 무엇이든지 자기가 나쁘다고 생각하는 편이다.							
B. 자신을 변덕스러운 사람이라고 생각한다.							
C. 고독을 즐기는 편이다.							
D. 자존심이 강하다고 생각한다.							

6

문항	응답 I					응답 II	
	①	②	③	④	⑤	멀다	가깝다
A. 금방 흥분하는 성격이다.							
B. 거짓말을 한 적이 없다.							
C. 신경질적인 편이다.							
D. 끙끙대며 고민하는 타입이다.							

7

문항	응답 I					응답 II	
	①	②	③	④	⑤	멀다	가깝다
A. 감정적인 사람이라고 생각한다.							
B. 자신만의 신념을 가지고 있다.							
C. 다른 사람을 바보 같다고 생각한 적이 있다.							
D. 금방 말해버리는 편이다.							

8

문항	응답 I					응답 II	
	①	②	③	④	⑤	멀다	가깝다
A. 싫어하는 사람이 없다.							
B. 대재앙이 오지 않을까 항상 걱정을 한다.							
C. 쓸데없는 고생을 하는 일이 많다.							
D. 자주 생각이 바뀌는 편이다.							

9

문항	응답 I					응답 II	
	①	②	③	④	⑤	멀다	가깝다
A. 문제점을 해결하기 위해 여러 사람과 상의한다.							
B. 내 방식대로 일을 한다.							
C. 영화를 보고 운 적이 많다.							
D. 어떤 것에 대해서도 화낸 적이 없다.							

10

문항	응답 I					응답 II	
	①	②	③	④	⑤	멀다	가깝다
A. 사소한 충고에도 걱정을 한다.							
B. 자신은 도움이 안 되는 사람이라고 생각한다.							
C. 금방 싫증을 내는 편이다.							
D. 개성적인 사람이라고 생각한다.							

11

문항	응답 I					응답 II	
	①	②	③	④	⑤	멀다	가깝다
A. 자기주장이 강한 편이다.							
B. 뒤숭숭하다는 말을 들은 적이 있다.							
C. 학교를 쉬고 싶다고 생각한 적이 한 번도 없다.							
D. 사람들과 관계 맺는 것을 잘하지 못한다.							

12

문항	응답 I					응답 II	
	①	②	③	④	⑤	멀다	가깝다
A. 사려 깊은 편이다.							
B. 몸을 움직이는 것을 좋아한다.							
C. 끈기가 있는 편이다.							
D. 신중한 편이라고 생각한다.							

13

문항	응답 I					응답 II	
	①	②	③	④	⑤	멀다	가깝다
A. 인생의 목표는 큰 것이 좋다.							
B. 어떤 일이라도 바로 시작하는 타입이다.							
C. 낯가림을 하는 편이다.							
D. 생각하고 나서 행동하는 편이다.							

14

문항	응답 I					응답 II	
	①	②	③	④	⑤	멀다	가깝다
A. 쉬는 날은 밖으로 나가는 경우가 많다.							
B. 시작한 일은 반드시 완성시킨다.							
C. 면밀한 계획을 세운 여행을 좋아한다.							
D. 야망이 있는 편이라고 생각한다.							

15

문항	응답 I					응답 II	
	①	②	③	④	⑤	멀다	가깝다
A. 활동력이 있는 편이다.							
B. 많은 사람들과 와자지껄하게 식사하는 것을 좋아 하지 않는다.							
C. 돈을 허비한 적이 없다.							
D. 학창 시절 운동회를 아주 좋아하고 기대했다.							

16

문항	응답 I					응답 II	
	①	②	③	④	⑤	멀다	가깝다
A. 하나의 취미에 열중하는 타입이다.							
B. 모임에서 회장에 어울린다고 생각한다.							
C. 입신출세의 성공 이야기를 좋아한다.							
D. 어떠한 일도 의욕을 가지고 임하는 편이다.							

17

문항	응답 I					응답 II	
	①	②	③	④	⑤	멀다	가깝다
A. 학급에서 존재가 희미했다.							
B. 항상 무언가를 생각하고 있다.							
C. 스포츠는 보는 것보다 하는 게 좋다.							
D. 잘한다는 말을 자주 듣는다.							

18

문항	응답 I					응답 II	
	①	②	③	④	⑤	멀다	가깝다
A. 흐린 날은 반드시 우산을 가지고 간다.							
B. 주연상을 받을 수 있는 배우를 좋아한다.							
C. 공격하는 타입이라고 생각한다.							
D. 리드를 받는 편이다.							

19	문항	응답 I					응답 II	
		①	②	③	④	⑤	멀다	가깝다
	A. 너무 신중해서 기회를 놓친 적이 있다.							
	B. 시원시원하게 움직이는 타입이다.							
	C. 야근을 해서라도 업무를 끝낸다.							
	D. 누군가를 방문할 때는 반드시 사전에 확인한다.							

20	문항	응답 I					응답 II	
		①	②	③	④	⑤	멀다	가깝다
	A. 노력해도 결과가 따르지 않으면 의미가 없다.							
	B. 무조건 행동해야 한다.							
	C. 유행에 둔감하다고 생각한다.							
	D. 정해진 대로 움직이는 것은 시시하다.							

21	문항	응답 I					응답 II	
		①	②	③	④	⑤	멀다	가깝다
	A. 꿈을 계속 가지고 있고 싶다.							
	B. 질서보다 자유를 중요시하는 편이다.							
	C. 혼자서 취미에 몰두하는 것을 좋아한다.							
	D. 직관적으로 판단하는 편이다.							

22	문항	응답 I					응답 II	
		①	②	③	④	⑤	멀다	가깝다
	A. 영화나 드라마를 보면 등장인물의 감정에 쉽게 이입한다.							
	B. 시대의 흐름에 역행해서라도 자신을 관철하고 싶다.							
	C. 다른 사람의 소문에 관심이 없다.							
	D. 창조적인 편이다.							

23

문항	응답 I					응답 II	
	①	②	③	④	⑤	멀다	가깝다
A. 비교적 눈물이 많은 편이다.							
B. 융통성이 있다고 생각한다.							
C. 친구의 휴대전화 번호를 잘 모른다.							
D. 스스로 고안하는 것을 좋아한다.							

24

문항	응답 I					응답 II	
	①	②	③	④	⑤	멀다	가깝다
A. 정이 두터운 사람으로 남고 싶다.							
B. 조직의 일원으로 별로 안 어울린다.							
C. 세상의 일에 별로 관심이 없다.							
D. 변화를 추구하는 편이다.							

25

문항	응답 I					응답 II	
	①	②	③	④	⑤	멀다	가깝다
A. 업무는 인간관계로 선택한다.							
B. 환경이 변하는 것에 구애되지 않는다.							
C. 불안감이 강한 편이다.							
D. 인생은 살 가치가 없다고 생각한다.							

▌1~30▐ 다음 각 문제에서 제시된 4개의 질문 중 자신의 생각과 일치하거나 자신을 가장 잘 나타내는 질문과 가장 거리가 먼 질문을 각각 하나씩 고르시오.

	질문	가깝다	멀다
1	나는 계획적으로 일을 하는 것을 좋아한다.		
	나는 꼼꼼하게 일을 마무리 하는 편이다.		
	나는 새로운 방법으로 문제를 해결하는 것을 좋아한다.		
	나는 빠르고 신속하게 일을 처리해야 마음이 편하다.		
2	나는 문제를 해결하기 위해 여러 사람과 상의한다.		
	나는 어떠한 결정을 내릴 때 신중한 편이다.		
	나는 시작한 일은 반드시 완성시킨다.		
	나는 문제를 현실적이고 객관적으로 해결한다.		
3	나는 글보다 말로 표현하는 것이 편하다.		
	나는 논리적인 원칙에 따라 행동하는 것이 좋다.		
	나는 집중력이 강하고 매사에 철저하다.		
	나는 자기 능력을 뽐내지 않고 겸손하다.		
4	나는 융통성 있게 업무를 처리한다.		
	나는 질문을 받으면 충분히 생각하고 나서 대답한다.		
	나는 긍정적이고 낙천적인 사고방식을 갖고 있다.		
	나는 매사에 적극적인 편이다.		
5	나는 기발한 아이디어를 많이 낸다.		
	나는 새로운 일을 하는 것이 좋다.		
	나는 타인의 견해를 잘 고려한다.		
	나는 사람들을 잘 설득시킨다.		
6	나는 종종 화가 날 때가 있다.		
	나는 화를 잘 참지 못한다.		
	나는 단호하고 통솔력이 있다.		
	나는 집단을 이끌어가는 능력이 있다.		
7	나는 조용하고 성실하다.		
	나는 책임감이 강하다.		
	나는 독창적이며 창의적이다.		
	나는 복잡한 문제도 간단하게 해결한다.		

	질문	가깝다	멀다
8	나는 관심 있는 분야에 몰두하는 것이 즐겁다.		
	나는 목표를 달성하는 것을 중요하게 생각한다.		
	나는 상황에 따라 일정을 조율하는 융통성이 있다.		
	나는 의사 결정에 신속함이 있다.		
9	나는 정리정돈과 계획에 능하다.		
	나는 사람들의 관심을 받는 것이 기분 좋다.		
	나는 때로는 고집스러울 때도 있다.		
	나는 원리원칙을 중시하는 편이다.		
10	나는 맡은 일에 헌신적이다.		
	나는 타인의 감정에 민감하다.		
	나는 목적과 방향은 변화할 수 있다고 생각한다.		
	나는 다른 사람과 의견의 충돌은 피하고 싶다.		
11	나는 구체적인 사실을 잘 기억하는 편이다.		
	나는 새로운 일을 시도하는 것이 즐겁다.		
	나는 겸손하다.		
	나는 다른 사람과 별다른 마찰이 없다.		
12	나는 나이에 비해 성숙한 편이다.		
	나는 유머 감각이 있다.		
	나는 다른 사람의 생각이나 의견을 중요시 한다.		
	나는 솔직하고 단호한 편이다.		
13	나는 낙천적이고 긍정적이다.		
	나는 집단을 이끌어가는 능력이 있다.		
	나는 사람들에게 인기가 많다.		
	나는 활동을 조직하고 주도해 나가는 데 능하다.		
14	나는 사람들에게 칭찬을 잘 한다.		
	나는 사교성이 풍부한 편이다.		
	나는 동정심이 많다.		
	나는 정보에 밝고 지식에 대한 욕구가 높다.		
15	나는 호기심이 많다.		
	나는 다수결의 의견에 쉽게 따른다.		
	나는 승부 근성이 강하다.		
	나는 자존심이 강한 편이다.		
16	나는 한 번 생각한 것은 자주 바꾸지 않는다.		
	나는 개성 있다는 말을 자주 듣는다.		
	나는 나만의 방식으로 업무를 풀어나가는데 능하다.		
	나는 신중한 편이라고 생각한다.		

	질문	가깝다	멀다
17	나는 문제를 해결하기 위해 많은 사람의 의견을 참고한다.		
	나는 몸을 움직이는 것을 좋아한다.		
	나는 시작한 일은 반드시 완성시킨다.		
	나는 문제 상황을 객관적으로 대처하는 데 자신이 있다.		
18	나는 목표를 향해 계속 도전하는 편이다.		
	나는 실패하는 것이 두렵지 않다.		
	나는 친구가 많은 편이다.		
	나는 다른 사람의 시선을 고려하여 행동한다.		
19	나는 추상적인 이론을 잘 기억하는 편이다.		
	나는 적극적으로 행동하는 편이다.		
	나는 말하는 것을 좋아한다.		
	나는 꾸준히 노력하는 타입이다.		
20	나는 실행력이 있는 편이다.		
	나는 조직 내 분위기 메이커이다.		
	나는 세심하지 못한 편이다.		
	나는 모임에서 지원자 역할을 맡는 것이 좋다.		
21	나는 현실적이고 실용적인 것을 추구한다.		
	나는 계획을 세우고 실행하는 것이 재미있다.		
	나는 꾸준한 취미를 갖고 있다.		
	나는 성급하게 결정하지 않는다.		
22	나는 싫어하는 사람과도 아무렇지 않게 이야기 할 수 있다.		
	내 책상은 항상 깔끔히 정돈되어 있다.		
	나는 실패보다 성공을 먼저 생각한다.		
	나는 동료와의 경쟁도 즐긴다.		
23	나는 능력을 칭찬받는 경우가 많다.		
	나는 논리정연하게 말을 하는 편이다.		
	나는 사물의 근원과 배경에 대해 관심이 많다.		
	나는 문제에 부딪히면 스스로 해결하는 편이다.		
24	나는 부지런한 편이다.		
	나는 일을 하는 속도가 빠르다.		
	나는 독특하고 창의적인 생각을 잘한다.		
	나는 약속한 일은 어기지 않는다.		
25	나는 환경의 변화에도 쉽게 적응할 수 있다.		
	나는 망설이는 것보다 도전하는 편이다.		
	나는 완벽주의자이다.		
	나는 팀을 짜서 일을 하는 것이 재미있다.		

	질문	가깝다	멀다
26	나는 조직을 위해서 내 이익을 포기할 수 있다.		
	나는 상상력이 풍부하다.		
	나는 여러 가지 각도로 사물을 분석하는 것이 좋다.		
	나는 인간관계를 중시하는 편이다.		
27	나는 경험한 방법 중 가장 적합한 방법으로 일을 해결한다.		
	나는 독자적인 시각을 갖고 있다.		
	나는 시간이 걸려도 침착하게 생각하는 경우가 많다.		
	나는 높은 목표를 설정하고 이루기 위해 노력하는 편이다.		
28	나는 성격이 시원시원하다는 말을 자주 듣는다.		
	나는 자기 표현력이 강한 편이다.		
	나는 일의 내용을 중요시 한다.		
	나는 다른 사람보다 동정심이 많은 편이다.		
29	나는 하기 싫은 일을 맡아도 표시내지 않고 마무리 한다.		
	나는 누가 시키지 않아도 일을 계획적으로 진행한다.		
	나는 한 가지 일에 집중을 잘 하는 편이다.		
	나는 남을 설득하고 이해시키는데 자신이 있다.		
30	나는 비합리적이거나 불의를 보면 쉽게 지나치지 못한다.		
	나는 무엇이던 시작하면 이루어야 직성이 풀린다.		
	나는 사람을 가리지 않고 쉽게 사귄다.		
	나는 어렵고 힘든 일에 도전하는 것에 쾌감을 느낀다.		

〉〉 유형 Ⅲ

▌1~200▌ 다음 (   ) 안에 해당 사항이 있으면 'YES', 그렇지 않다면 'NO'를 선택하시오.

YES NO

1. 사람들이 붐비는 도시보다 한적한 시골이 좋다. ·······················( )( )

2. 전자 기기를 잘 다루지 못하는 편이다. ·····························( )( )

3. 인생에 대해 깊이 생각해 본 적이 없다. ·····························( )( )

4. 혼자서 식당에 들어가는 것은 전혀 두려운 일이 아니다. ·················( )( )

5. 남녀 사이의 연애에서 중요한 것은 돈이다. ·························( )( )

6. 걸음걸이가 빠른 편이다. ···( )( )

7. 육류보다 채소류를 더 좋아한다. ·································( )( )

8. 소곤소곤 이야기하는 것을 보면 자신의 험담을 하는 것으로 생각한다. ·······( )( )

9. 여럿이 어울리는 자리에서 이야기를 주도하는 편이다. ·················( )( )

10. 집에 머무는 시간보다 밖에서 활동하는 시간이 더 많은 편이다. ·········( )( )

11. 무엇인가 창조해내는 작업을 좋아한다. ·····························( )( )

12. 자존심이 강하다고 생각한다. ·····································( )( )

13. 금방 흥분하는 성격이다. ···( )( )

14. 거짓말을 한 적이 많다. ··( )( )

15. 신경질적인 편이다. ···( )( )

16. 끙끙대며 고민하는 타입이다. ·····································( )( )

17. 자신이 맡은 일에 반드시 책임을 지는 편이다. ·······················( )( )

18. 누군가와 마주하는 것보다 통화로 이야기하는 것이 더 편하다. ···········( )( )

19. 운동 신경이 뛰어난 편이다. ·······································( )( )

20. 생각나는 대로 말해버리는 편이다. ·································( )( )

21. 싫어하는 사람이 없다. ··( )( )

22. 학창 시절 국 · 영 · 수보다는 예체능 과목을 더 좋아했다. ···············( )( )

23. 쓸데없는 고생을 하는 일이 많다. ·································( )( )

24. 자주 생각이 바뀌는 편이다. ·······································( )( )

25. 갈등은 대화로 해결한다. ···( )( )

26. 내 방식대로 일을 한다. ···································( )( )

27. 영화를 보고 운 적이 많다. ·····························( )( )

28. 어떤 것에 대해서도 화낸 적이 없다. ·················( )( )

29. 좀처럼 아픈 적이 없다. ·······························( )( )

30. 자신은 도움이 안 되는 사람이라고 생각한다. ·········( )( )

31. 어떤 일이든 쉽게 싫증을 내는 편이다. ···············( )( )

32. 개성적인 사람이라고 생각한다. ·······················( )( )

33. 자기주장이 강한 편이다. ·····························( )( )

34. 뒤숭숭하다는 말을 들은 적이 있다. ···················( )( )

35. 인터넷 사용이 아주 능숙하다. ·························( )( )

36. 사람들과 관계 맺는 것을 잘하지 못한다. ·············( )( )

37. 사고방식이 독특하다. ·································( )( )

38. 대중교통보다는 걷는 것을 더 선호한다. ···············( )( )

39. 끈기가 있는 편이다. ·································( )( )

40. 신중한 편이라고 생각한다. ···························( )( )

41. 인생의 목표는 큰 것이 좋다. ·························( )( )

42. 어떤 일이라도 바로 시작하는 타입이다. ···············( )( )

43. 낯가림을 하는 편이다. ·······························( )( )

44. 생각하고 나서 행동하는 편이다. ·····················( )( )

45. 쉬는 날은 밖으로 나가는 경우가 많다. ···············( )( )

46. 시작한 일은 반드시 완성시킨다. ·····················( )( )

47. 면밀한 계획을 세운 여행을 좋아한다. ·················( )( )

48. 야망이 있는 편이라고 생각한다. ·····················( )( )

49. 활동력이 있는 편이다. ·······························( )( )

50. 많은 사람들과 왁자지껄하게 식사하는 것을 좋아하지 않는다. ··( )( )

51. 장기적인 계획을 세우는 것을 꺼려한다. ···············( )( )

52. 자기 일이 아닌 이상 무심한 편이다. ·················( )( )

53. 하나의 취미에 열중하는 타입이다. ···················( )( )

54. 스스로 모임에서 회장에 어울린다고 생각한다. ···································( )( )

55. 입신출세의 성공 이야기를 좋아한다. ···( )( )

56. 어떠한 일도 의욕을 가지고 임하는 편이다. ·····································( )( )

57. 학급에서 존재가 희미했다. ···( )( )

58. 항상 무언가를 생각하고 있다. ··( )( )

59. 스포츠는 보는 것보다 하는 게 좋다. ··( )( )

60. 문제 상황을 바르게 인식하고 현실적이고 객관적으로 대처한다. ···········( )( )

61. 흐린 날은 반드시 우산을 가지고 간다. ···( )( )

62. 여러 명보다 1 : 1로 대화하는 것을 선호한다. ·······························( )( )

63. 공격하는 타입이라고 생각한다. ···( )( )

64. 리드를 받는 편이다. ··( )( )

65. 너무 신중해서 기회를 놓친 적이 있다. ···( )( )

66. 시원시원하게 움직이는 타입이다. ··( )( )

67. 야근을 해서라도 업무를 끝낸다. ···( )( )

68. 누군가를 방문할 때는 반드시 사전에 확인한다. ······························( )( )

69. 아무리 노력해도 결과가 따르지 않는다면 의미가 없다. ·····················( )( )

70. 솔직하고 타인에 대해 개방적이다. ···( )( )

71. 유행에 둔감하다고 생각한다. ··( )( )

72. 정해진 대로 움직이는 것은 시시하다. ···( )( )

73. 꿈을 계속 가지고 있고 싶다. ··( )( )

74. 질서보다 자유를 중요시하는 편이다. ··( )( )

75. 혼자서 취미에 몰두하는 것을 좋아한다. ···( )( )

76. 직관적으로 판단하는 편이다. ··( )( )

77. 영화나 드라마를 보며 등장인물의 감정에 이입한다. ·························( )( )

78. 시대의 흐름에 역행해서라도 자신을 관철하고 싶다. ·························( )( )

79. 다른 사람의 소문에 관심이 없다. ··( )( )

80. 창조적인 편이다. ···( )( )

81. 비교적 눈물이 많은 편이다. ··( )( )

82. 융통성이 있다고 생각한다. ·······························( )( )

83. 친구의 휴대전화 번호를 잘 모른다. ·······················( )( )

84. 스스로 고안하는 것을 좋아한다. ··························( )( )

85. 정이 두터운 사람으로 남고 싶다. ·························( )( )

86. 새로 나온 전자 제품의 사용 방법을 익히는 데 오래 걸린다. ·····( )( )

87. 세상의 일에 별로 관심이 없다. ···························( )( )

88. 변화를 추구하는 편이다. ································( )( )

89. 업무는 인간관계로 선택한다. ····························( )( )

90. 환경이 변하는 것에 구애되지 않는다. ·····················( )( )

91. 다른 사람들에게 첫인상이 좋다는 이야기를 자주 듣는다. ········( )( )

92. 인생은 살 가치가 없다고 생각한다. ·······················( )( )

93. 의지가 약한 편이다. ··································( )( )

94. 다른 사람이 하는 일에 별로 관심이 없다. ··················( )( )

95. 자주 넘어지거나 다치는 편이다. ··························( )( )

96. 심심한 것을 못 참는다. ································( )( )

97. 다른 사람을 욕한 적이 한 번도 없다. ·····················( )( )

98. 몸이 아프더라도 병원에 잘 가지 않는 편이다. ···············( )( )

99. 금방 낙심하는 편이다. ·································( )( )

100. 평소 말이 빠른 편이다. ································( )( )

101. 어려운 일은 되도록 피하는 게 좋다. ······················( )( )

102. 다른 사람이 내 의견에 간섭하는 것이 싫다. ················( )( )

103. 낙천적인 편이다. ····································( )( )

104. 남을 돕다가 오해를 산 적이 있다. ·······················( )( )

105. 모든 일에 준비성이 철저한 편이다. ·······················( )( )

106. 상냥하다는 말을 들은 적이 있다. ·························( )( )

107. 맑은 날보다 흐린 날을 더 좋아한다. ······················( )( )

108. 많은 친구들을 만나는 것보다 단 둘이 만나는 것이 더 좋다. ·····( )( )

109. 평소에 불평불만이 많은 편이다. ··························( )( )

110. 가끔 나도 모르게 엉뚱한 행동을 할 때가 있다. ·······( )( )

111. 생리 현상을 잘 참지 못하는 편이다. ·······( )( )

112. 다른 사람을 기다리는 경우가 많다. ·······( )( )

113. 술자리나 모임에 억지로 참여하는 경우가 많다. ·······( )( )

114. 결혼과 연애는 별개라고 생각한다. ·······( )( )

115. 노후에 대해 걱정이 될 때가 많다. ·······( )( )

116. 잃어버린 물건은 쉽게 찾는 편이다. ·······( )( )

117. 비교적 쉽게 감격하는 편이다. ·······( )( )

118. 어떤 것에 대해서 불만을 가진 적이 없다. ·······( )( )

119. 걱정으로 밤에 못 잘 때가 많다. ·······( )( )

120. 자주 후회하는 편이다. ·······( )( )

121. 쉽게 학습하지만 쉽게 잊어버린다. ·······( )( )

122. 낮보다 밤에 일하는 것이 좋다. ·······( )( )

123. 많은 사람 앞에서도 긴장하지 않는다. ·······( )( )

124. 상대방에게 감정 표현을 하기가 어렵게 느껴진다. ·······( )( )

125. 인생을 포기하는 마음을 가진 적이 한 번도 없다. ·······( )( )

126. 규칙에 대해 드러나게 반발하기보다 속으로 반발한다. ·······( )( )

127. 자신의 언행에 대해 자주 반성한다. ·······( )( )

128. 활동 범위가 좁아 늘 가던 곳만 고집한다. ·······( )( )

129. 나는 끈기가 다소 부족하다. ·······( )( )

130. 좋다고 생각하더라도 좀 더 검토하고 나서 실행한다. ·······( )( )

131. 위대한 인물이 되고 싶다. ·······( )( )

132. 한 번에 많은 일을 떠맡아도 힘들지 않다. ·······( )( )

133. 사람과 약속은 부담스럽다. ·······( )( )

134. 질문을 받으면 충분히 생각하고 나서 대답하는 편이다. ·······( )( )

135. 머리를 쓰는 것보다 땀을 흘리는 일이 좋다. ·······( )( )

136. 결정한 것에는 철저히 구속받는다. ·······( )( )

137. 아무리 바쁘더라도 자기 관리를 위한 운동을 꼭 한다. ·······( )( )

138. 이왕 할 거라면 일등이 되고 싶다. ·······································(　)(　)

139. 과감하게 도전하는 타입이다. ···(　)(　)

140. 자신은 사교적이 아니라고 생각한다. ·································(　)(　)

141. 무심코 도리에 대해서 말하고 싶어진다. ·····························(　)(　)

142. 목소리가 큰 편이다. ··(　)(　)

143. 단념하기보다 실패하는 것이 낫다고 생각한다. ·····················(　)(　)

144. 예상하지 못한 일은 하고 싶지 않다. ·································(　)(　)

145. 파란만장하더라도 성공하는 인생을 살고 싶다. ·····················(　)(　)

146. 활기찬 편이라고 생각한다. ···(　)(　)

147. 자신의 성격으로 고민한 적이 있다. ··································(　)(　)

148. 무심코 사람들을 평가 한다. ··(　)(　)

149. 때때로 성급하다고 생각한다. ···(　)(　)

150. 자신은 꾸준히 노력하는 타입이라고 생각한다. ·····················(　)(　)

151. 터무니없는 생각이라도 메모한다. ····································(　)(　)

152. 리더십이 있는 사람이 되고 싶다. ····································(　)(　)

153. 열정적인 사람이라고 생각한다. ······································(　)(　)

154. 다른 사람 앞에서 이야기를 하는 것이 조심스럽다. ·················(　)(　)

155. 세심하기보다 통찰력이 있는 편이다. ·································(　)(　)

156. 엉덩이가 가벼운 편이다. ···(　)(　)

157. 여러 가지로 구애받는 것을 견디지 못한다. ·························(　)(　)

158. 돌다리도 두들겨 보고 건너는 쪽이 좋다. ···························(　)(　)

159. 자신에게는 권력욕이 있다. ···(　)(　)

160. 자신의 능력보다 과중한 업무를 할당받으면 기쁘다. ···············(　)(　)

161. 사색적인 사람이라고 생각한다. ······································(　)(　)

162. 비교적 개혁적이다. ··(　)(　)

163. 좋고 싫음으로 정할 때가 많다. ······································(　)(　)

164. 전통에 얽매인 습관은 버리는 것이 적절하다. ·····················(　)(　)

165. 교제 범위가 좁은 편이다. ··(　)(　)

YES   NO

166. 발상의 전환을 할 수 있는 타입이라고 생각한다. ··( )( )

167. 주관적인 판단으로 실수한 적이 있다. ··( )( )

168. 현실적이고 실용적인 면을 추구한다. ··( )( )

169. 타고난 능력에 의존하는 편이다. ··( )( )

170. 다른 사람을 의식하여 외모에 신경을 쓴다. ··( )( )

171. 마음이 담겨 있으면 선물은 아무 것이나 좋다. ··( )( )

172. 여행은 내 마음대로 하는 것이 좋다. ··( )( )

173. 추상적인 일에 관심이 있는 편이다. ··( )( )

174. 큰일을 먼저 결정하고 세세한 일을 나중에 결정하는 편이다. ······································( )( )

175. 괴로워하는 사람을 보면 답답하다. ··( )( )

176. 자신의 가치 기준을 알아주는 사람은 아무도 없다. ··( )( )

177. 인간성이 없는 사람과는 함께 일할 수 없다. ··( )( )

178. 상상력이 풍부한 편이라고 생각한다. ··( )( )

179. 의리, 인정이 두터운 상사를 만나고 싶다. ···( )( )

180. 인생은 앞날을 알 수 없어 재미있다. ··( )( )

181. 조직에서 분위기 메이커다. ··( )( )

182. 반성하는 시간에 차라리 실수를 만회할 방법을 구상한다. ··( )( )

183. 늘 하던 방식대로 일을 처리해야 마음이 편하다. ··( )( )

184. 쉽게 이룰 수 있는 일에는 흥미를 느끼지 못한다. ···( )( )

185. 좋다고 생각하면 바로 행동한다. ··( )( )

186. 후배들은 무섭게 가르쳐야 따라온다. ··( )( )

187. 한 번에 많은 일을 떠맡는 것이 부담스럽다. ··( )( )

188. 능력 없는 상사라도 진급을 위해 아부할 수 있다. ···( )( )

189. 질문을 받으면 그때의 느낌으로 대답하는 편이다. ···( )( )

190. 땀을 흘리는 것보다 머리를 쓰는 일이 좋다. ··( )( )

191. 단체 규칙에 그다지 구속받지 않는다. ··( )( )

192. 물건을 자주 잃어버리는 편이다. ··( )( )

193. 불만이 생기면 즉시 말해야 한다. ···( )( )

194. 안전한 방법을 고르는 타입이다. ·······································(　)(　)

195. 사교성이 많은 사람을 보면 부럽다. ·································(　)(　)

196. 성격이 급한 편이다. ···(　)(　)

197. 갑자기 중요한 프로젝트가 생기면 혼자서라도 야근할 수 있다. ·····(　)(　)

198. 내 인생에 절대로 포기하는 경우는 없다. ·························(　)(　)

199. 예상하지 못한 일도 해보고 싶다. ···································(　)(　)

200. 평범하고 평온하게 행복한 인생을 살고 싶다. ···················(　)(　)

직무능력검사

문제해결력

대표유형 1 명제

(1) 명제

그 내용이 참인지 거짓인지를 명확하게 판별할 수 있는 문장이나 식을 말한다.

(2) 가정과 결론

어떤 명제를 'P이면 Q이다.'처럼 조건문의 형태로 나타낼 때, P는 가정에 해당하고 Q는 결론에 해당한다. 명제 'P이면 Q이다.'는 P→Q로 나타낸다.

(3) 역, 이, 대우

① **명제의 역** … 어떤 명제의 가정과 결론을 서로 바꾼 명제를 그 명제의 역이라고 한다.
   예 명제 'P이면 Q이다.'(P→Q)의 역은 'Q이면 P이다.'(Q→P)가 된다.

② **명제의 이** … 어떤 명제의 가정과 결론을 부정한 명제를 그 명제의 이라고 한다. 부정형은 앞에 '~'을 붙여 나타낸다.
   예 명제 'P이면 Q이다.'(P→Q)의 이는 'P가 아니면 Q가 아니다.'(~P→~Q)가 된다.

③ **명제의 대우** … 어떤 명제의 가정과 결론을 서로 바꾼 뒤, 가정과 결론을 모두 부정한 명제를 그 명제의 대우라고 한다. 즉, 어떤 명제의 역인 명제의 이는 처음 명제의 대우가 된다. 처음 명제와 대우 관계에 있는 명제의 참·거짓은 항상 일치한다. 그러나 역, 이 관계에 있는 명제는 처음 명제의 참·거짓과 항상 일치하는 것은 아니다.
   예 명제 'P이면 Q이다.'(P→Q)의 대우는 'Q가 아니면 P가 아니다.'(~Q→~P)가 된다.
   팁 명제와 역, 이, 대우 관계

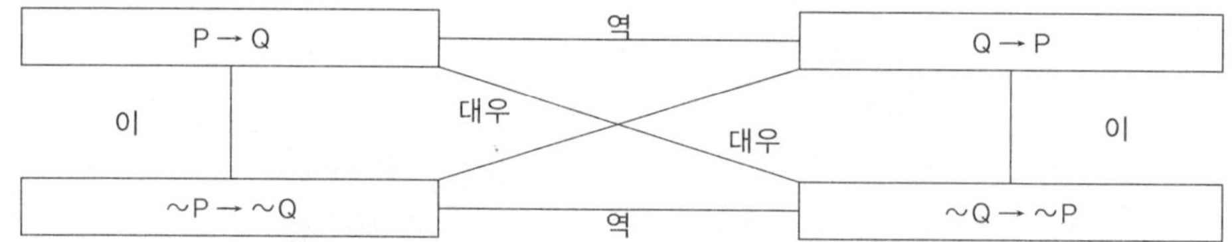

다음 명제가 참일 때, 항상 참인 것을 고르시오.

> 현명한 사람은 과소비를 하지 않는다.

① 과소비를 하지 않는 사람은 현명한 사람이다.
② 현명하지 않은 사람은 과소비를 한다.
③ 과소비를 하면 현명한 사람이 아니다.
④ 현명하지 않은 사람은 과소비를 하지 않는다.

[해설]
제시된 명제에서 조건 P는 '현명한 사람'이고 결론 Q는 '과소비를 하지 않는다.'이다. 이 명제의 역, 이, 대우는 각각 다음과 같다.
• 역 : 과소비를 하지 않는 사람은 현명한 사람이다. → ①
• 이 : 현명하지 않은 사람은 과소비를 한다. → ②
• 대우 : 과소비를 하면 현명한 사람이 아니다. → ③
명제와 대우는 참·거짓이 항상 일치하므로, 항상 참인 것은 ③이다.

답 ③

대표유형 2　여러 가지 추론

(1) 연역추론

① 직접추론 … 한 개의 전제에서 새로운 결론을 이끌어 내는 추론이다.

② 간접추론 … 두 개 이상의 전제에서 새로운 결론을 이끌어 내는 추론이다.

　㉠ 정언 삼단 논법 : '모든 A는 B다.', 'C는 A다.', '따라서 C는 B다.'와 같은 형식으로 일반적인 삼단 논법이다.

　　예 • 대전제 : 인간은 모두 죽는다.
　　　 • 소전제 : 소크라테스는 인간이다.
　　　 • 결론 : 소크라테스는 죽는다.

　㉡ 가언 삼단 논법 : '만일 A라면 B다.', 'A이다.', '그러므로 B다.'라는 형식의 논법이다.

　　예 • 대전제 : 봄이 오면 뒷산에 개나리가 핀다.
　　　 • 소전제 : 봄이 왔다.
　　　 • 결론 : 그러므로 뒷산에 개나리가 핀다.

　㉢ 선언 삼단 논법 : 'A거나 B이다.'라는 형식의 논법이다.

　　예 • 대전제 : 내일은 눈이 오거나 바람이 분다.
　　　 • 소전제 : 내일은 눈이 오지 않는다.
　　　 • 결론 : 그러므로 내일은 바람이 분다.

(2) 귀납 추론

특수한 사실로부터 일반적이고 보편적인 법칙을 찾아내는 추론 방법이다.

① **통계적 귀납 추론** … 어떤 집합의 구성 요소의 일부를 관찰하고 그것을 근거로 하여 같은 종류의 모든 대상
들에게 그 속성이 있을 것이라는 결론을 도출하는 방법이다.

② **인과적 귀납 추론** … 어떤 일의 결과나 원인을 과학적 지식이나 상식에 의거하여 밝혀내는 방법이다.

③ **완전 귀납 추론** … 관찰하고자 하는 집합의 전체 원소를 빠짐없이 관찰함으로써 그 공통점을 결론으로 이끌
어 내는 방법이다.

④ **유비 추론** … 두 개의 현상에서 일련의 요소가 동일하다는 사실을 바탕으로 그것들의 나머지 요소도 동일하
리라고 추측하는 방법이다.

■예제풀이

주어진 전제를 바탕으로 추론한 결론으로 옳은 것을 고르시오.

> [전제]
> • A학교에 다니는 사람은 모두 영어를 잘한다.
> • 철수는 A학교에 다닌다.
> [결론]
> 그러므로 ________________________________

① A학교에 다니는 사람은 수학을 잘한다.
② 영어를 잘하면 A학교에 입학할 수 있다.
③ 철수는 영어를 잘한다.
④ 철수는 성적이 좋다.

[해설]
정언 삼단 논법이다. A학교에 다니는 사람은 모두 영어를 잘하는데, 철수는 A학교에 다니므로 철수도 영어를 잘한다는 결론을 얻을 수 있다.
①②④ 주어진 전제만으로는 결론으로 이끌어 낼 수 없다.

답 ③

(1) 자료적 오류

주장의 전제 또는 논거가 되는 자료를 잘못 판단하여 결론을 이끌어 내거나 원래 적합하지 못한 것임을 알면서도 의도적으로 논거로 삼음으로써 범하게 되는 오류이다.

① 성급한 일반화의 오류 … 제한된 정보, 불충분한 자료, 대표성을 결여한 사례 등 특수한 경우를 근거로 하여 이를 성급하게 일반화하는 오류이다.

② 우연의 오류(원칙 혼동의 오류) … 일반적으로 그렇다고 해서 특수한 경우에도 그러할 것이라고 잘못 생각하는 오류이다.

③ 무지에의 호소 … 어떤 주장이 반증된 적이 없다는 이유로 받아들여져야 한다고 주장하거나, 결론이 증명된 것이 없다는 이유로 거절되어야 한다고 주장하는 오류이다.

④ 잘못된 유추의 오류 … 부당하게 적용된 유추에 의해 잘못된 결론을 이끌어 내는 오류. 즉 일부분이 비슷하다고 해서 나머지도 비슷할 것이라고 생각하는 오류이다.

⑤ 흑백 논리의 오류 … 어떤 주장에 대해 선택 가능성이 두 가지밖에 없다고 생각함으로써 발생하는 오류이다.

⑥ 원인 오판의 오류(거짓 원인을 내세우는 오류, 선후 인과의 오류, 잘못된 인과 관계의 오류) … 단순히 시간상의 선후 관계만 있을 뿐인데 시간상 앞선 것을 뒤에 발생한 사건의 원인으로 보거나 시간상 뒤에 발생한 것을 앞의 사건의 결과라고 보는 오류이다.

⑦ 복합질문의 오류 … 둘 이상으로 나누어야 할 것을 하나로 묶어 질문함으로써, 대답 여하에 관계없이 대답하는 사람이 수긍할 수 없거나 수긍하고 싶지 않은 것까지도 수긍하는 결과를 가져오는 질문 때문에 발생하는 오류이다.

⑧ 논점 일탈의 오류 … 원래의 논점에 관한 결론을 내리지 않고 이와 관계없는 새로운 논점을 제시하여 엉뚱한 결론에 이르게 되는 오류이다.

⑨ 순환 논증의 오류(선결문제 해결의 오류) … 논증하는 주장과 동의어에 불과한 명제를 논거로 삼을 때 범하는 오류이다.

⑩ 의도 확대의 오류 … 의도하지 않은 행위의 결과를 의도가 있었다고 판단할 때 생기는 오류이다.

(2) 언어적 오류

언어를 잘못 사용하거나 잘못 이해하는 데서 발생하는 오류이다.

① 애매어의 오류 … 두 가지 이상의 의미로 사용될 수 있는 단어의 의미를 명백히 분리하여 파악하지 않고 혼동함으로써 생기는 오류이다.

② 강조의 오류 … 문장의 한 부분을 불필요하게 강조함으로써 발생하는 오류이다.

③ 은밀한 재정의의 오류 … 용어의 의미를 자의적으로 재정의하여 사용함으로써 생기는 오류이다.

④ 범주 혼동의 오류 … 서로 다른 범주에 속한 것을 같은 범주의 것으로 혼동하는 데서 생기는 오류이다.

⑤ '이다' 혼동의 오류 … 비유적으로 쓰인 표현을 무시하고 사전적 의미로 해석하거나 술어적인 '이다'와 동일성의 '이다'를 혼동해서 생기는 오류이다.

(3) 심리적 오류

어떤 주장에 대해 논리적으로 타당한 근거를 제시하지 않고 심리적인 면에 기대어 상대방을 설득하려고 할 때 발생하는 오류이다.

① 인신공격의 오류(사람에의 논증) … 논거의 부당성을 지적하기보다 그 주장을 한 사람의 인품이나 성격을 비난함으로서 그 주장이 잘못이라고 하는 데서 발생하는 오류이다.

② 동정에 호소하는 오류 … 사람의 동정심을 유발시켜 동의를 꾀할 때 발생하는 오류이다.

③ 피장파장의 오류(역공격의 오류) … 비판받은 내용이 비판하는 사람에게도 역시 동일하게 적용됨을 근거로 비판에서 벗어나려는 오류이다.

④ 힘에 호소하는 오류 … 물리적 힘을 빌어서 논의의 종결을 꾀할 때의 오류이다.

⑤ 대중에 호소하는 오류 … 군중들의 감정을 자극해서 사람들이 자기의 결론에 동조하도록 시도하는 오류이다.

⑥ 원천 봉쇄에 호소하는 오류(우물에 독 뿌리기 식의 오류) … 반론의 가능성이 있는 요소를 원천적으로 비난하여 봉쇄하는 오류이다.

⑦ 정황적 논증의 오류 … 주장이 참인가 거짓인가 하는 문제는 무시한 채 상대방이 처한 정황 또는 상황으로 보아 자기의 생각을 받아들이지 않으면 안된다고 주장하는 오류이다.

■예제풀이

제시된 글에서 범하고 있는 논리적 오류를 고르시오.

> 훌륭한 미술 평론가는 위대한 그림을 평하는 사람이다. 왜냐하면 위대한 그림을 평하는 사람은 훌륭한 미술 평론가이기 때문이다.

① 강조의 오류
② 잘못된 유추의 오류
③ 순환 논증의 오류
④ 흑백 논리의 오류

[해설]
두 문장의 구조를 보면 다음과 같다.
- 훌륭한 미술 평론가 = 위대한 그림을 평하는 사람
- 위대한 그림을 평하는 사람 = 훌륭한 미술 평론가 서로 다른 두 전제로부터 새로운 결론이 도출된 것이 아니라 논증의 결론 자체를 전제로 사용하여 결론을 이끌어 내는 오류인 순환 논증의 오류를 범하고 있다.

답 ③

대표유형 4　수·문자·도형추리

(1) 수열추리

① **등차수열** … 앞의 항에 항상 일정한 수를 더하여 다음 항을 얻는 수열이다. 각 항에 더해지는 일정한 수를 '공차'라고 한다. 첫째 항이 a, 공차가 d인 등차수열의 항수를 n이라 할 때, 더해지는 공차의 개수는 수열의 항수보다 하나씩 작으므로, 등차수열의 일반항은 $a_n = a + (n-1)d$가 된다.

　예 첫째 항이 2, 공차가 3인 등차수열은 다음과 같이 전개되며, 일반항 공식에 따라 여섯째 항을 구하면 $a_6 = 2 + (6-1) \times 3 = 17$이 된다.

2		5		8		11		14
	+3		+3		+3		+3	

② **등비수열** … 앞의 항에 항상 일정한 수를 곱하여 다음 항을 얻는 수열이다. 각 항에 곱해지는 일정한 수를 '공비'라고 한다. 첫째 항이 a, 공비가 r인 등비수열의 항수를 n이라 할 때, 곱해지는 공비의 개수는 수열의 항수보다 하나씩 작으므로, 등비수열의 일반항은 $a_n = a \times r^{n-1}$가 된다.

　예 첫째 항이 2, 공비가 3인 등비수열은 다음과 같이 전개되며, 일반항 공식에 따라 여섯째 항을 구하면 $a_6 = 2 \times 3^{6-1} = 2 \times 3^5 = 486$이 된다.

2		6		18		54		162
	×3		×3		×3		×3	

③ **계차수열** … 어떤 수열 a_n의 이웃한 두 항의 차로 이루어진 수열 b_n을 수열 a_n의 계차수열이라고 한다. 계차수열 b_n의 일반항은 $a_{n+1} - a_n = b_n (n = 1,\ 2,\ 3\cdots)$을 만족한다.

예 수열 a_n의 계차수열 b_n은 다음과 같이 전개되며, 일반항 공식에 따라 다섯째 항을 구하면 $b_5 = a_6 - a_5 = 33 - 23 = 10$이 된다.

a_n	3	5	9	15	23
b_n	+2	+4	+6	+8	
	+2	+2	+2		

④ **조화수열** … 각 항의 역수가 등차수열을 이루는 수열을 말한다. 즉, 분수의 형태로 취하고 있던 수열의 역수를 취하면 등차수열이 되는 수열이 조화수열이다. 조화수열의 일반항은 $a_n = \dfrac{1}{2n-1}$을 만족한다.

예 $1 \quad \dfrac{1}{3} \quad \dfrac{1}{5} \quad \dfrac{1}{7} \quad \dfrac{1}{9} \quad \dfrac{1}{11}$

⑤ **피보나치수열** … 첫째 항의 값과 둘째 항의 값이 있을 때, 이후의 항들은 이전의 두 항을 더한 값으로 이루어지는 수열이다. 피보나치수열의 일반항은 $a_n + a_{n+1} = a_{n+2}$를 만족한다.

예 $1 \quad 1 \quad 2 \quad 3 \quad 5 \quad 8 \quad 13$

⑥ **군수열** … 수열 중 몇 개 항씩 묶어서 무리 지었을 때 규칙성을 가지는 수열을 말한다.

예 $1 \ 3 \ 1 \ 3 \ 5 \ 1 \ 3 \ 5 \ 7 \ 1 \ 3 \ 5 \ 7 \ 9$

위 수열은 (1 3) (1 3 5) (1 3 5 7) (1 3 5 7 9)로 무리 지었을 때 규칙성을 가진다.

⑦ **묶음형 수열** … 각 항이 몇 개씩 묶어서 제시된 묶음에 대한 규칙을 찾아내야 한다.

예 $\underline{1\ 2\ 3} \quad \underline{3\ 4\ 7} \quad \underline{5\ 6\ 11}$

위의 수열은 $(1 + 2 = 3)$, $(3 + 4 = 7)$, $(5 + 6 = 11)$의 규칙성을 가진다.

⑧ **도형수열** … 원이나 삼각형, 표 등에 숫자가 배열된 응용 형태로 일반 수열과 같이 해결하면 된다.

예

20	?	5
18		10
20	10	8

위 수열은 칠해진 면을 기준으로 시계방향으로 $\times 2$, -2, $+2$가 반복되고 있다. 따라서 ?에 들어갈 수는 40이다.

(2) 문자추리

숫자 대신 한글 자음이나 알파벳 등의 문자 배열에서 일정한 규칙을 찾아 다음에 올 문자를 추리하는 유형이다. 한글 자음이나 알파벳을 순서대로 숫자로 변환하여 규칙을 찾아 적용하면 빠르고 정확하게 풀 수 있다.

예 A C F J O

알파벳을 숫자로 변환하면 다음과 같다.

A	B	C	D	E	F	G	H	I	J	K	L	M	N	O	P	Q	R	S	T	U	…
1	2	3	4	5	6	7	8	9	10	11	12	13	14	15	16	17	18	19	20	21	…

즉 위 문자열은 수열 1 3 6 10 15와 같다고 볼 수 있으며 +2, +3, +4, +5…의 규칙이 적용되고 있다. 따라서 O 다음에 올 문자를 구하면 15 + 6 = 21이므로 U가 된다.

(3) 도형추리

3 × 3 표 안의 도형이 어떤 규칙을 가지고 변화하는지를 파악하여 빈칸에 들어갈 알맞은 도형을 고르는 유형이다. 행별 또는 열별로 규칙을 가지기도 하고 시계방향 또는 반시계 방향으로 규칙을 가지기도 하기 때문에 충분한 문제풀이를 통해 빠른 시간 내에 규칙을 찾아내는 연습이 필요하다.

예제풀이

다음 빈칸에 들어갈 알맞은 모양을 고르면?

★	★	★
○	●	●
◇	◇	

① ☆   ② ○

③ ◇   ④ ◆

[해설]

첫째 줄부터 별, 원, 다이아몬드 순으로 채워져 있으며 칠해진 도형의 수가 하나씩 줄어들고 있다. 따라서 빈칸에 들어가야 할 도형은 색칠된 다이아몬드임을 추론할 수 있다.

답 ④

　　실제 업무 수행에 필요한 능력을 파악하기 위한 유형으로 문서 이해, 자료 분석, 문제 해결, 상황 판단, 자원관리, 조직이해, 정보능력, 대인 관계, 직업윤리 등 다양한 영역을 망라하는 내용을 다룬다. 시험 출제 빈도는 높지 않지만, 다양한 유형을 파악하기 위해 대비할 필요가 있다.

예제풀이

교무행정사 A는 교사 B로부터 수련회 예산이 축소되어 불가피하게 비용을 줄여야 한다는 이야기를 들었다. 다음 중 줄일 수 있는 비용 항목으로 가장 적절한 것은 무엇인가?

〈○○중학교 수련회〉

1. 대상 : 1학년 재학생 및 담임교사
2. 일정 : 2025년 10월 10일~11일(1박 2일)
3. 장소 : 강원도 속초 ☆☆캠핑장
4. 내용 : 설악산 등산, 장기자랑, 친교의 밤, 기타

---

① 숙박비　　　　　　　　② 간식비
③ 식비　　　　　　　　　④ 기념품비

[해설]
한정된 예산을 가지고 과업을 수행할 때에는 중요도를 기준으로 예산을 사용한다. 위와 같은 상황에서는 숙박비, 간식비, 식비와 같이 기본적인 비용이 아닌 기념품비를 줄이는 것이 가장 적절하다.

답 ④

출 제 예 상 문 제

|1~3| 다음의 말이 참일 때 항상 참인 것을 고르시오.

1

> • 민규는 지선보다 포인트가 높다.
> • 지선은 상훈과 포인트가 같다.
> • 상훈은 미정보다 포인트가 낮다.

① 미정은 지선보다 포인트가 높다.
② 민규는 미정보다 포인트가 높다.
③ 포인트가 가장 높은 사람은 민규다.
④ 포인트가 가장 높은 사람은 미정이다.

✔ **해설** 미정은 상훈보다 포인트가 높고, 지선과 상훈의 포인트는 같으므로 미정은 지선보다 포인트가 높다.

2

> • 회사에 일찍 출근하는 사람은 부지런하다.
> • 여행을 갈 수 있는 사람은 명진과 소희다.
> • 부지런한 사람은 특별 보너스를 받을 것이다.
> • 특별 보너스를 받지 못하면 여행을 갈 수 없다.

① 회사에 늦게 출근하는 사람은 게으르다.
② 특별 보너스를 받는 방법은 여러 가지이다.
③ 회사에 일찍 출근하지 않으면 특별 보너스를 받을 수 없다.
④ 소희는 부지런하다.

✔ **해설** 회사에 일찍 출근하는 사람은 부지런한 사람이고 부지런한 사람은 특별 보너스를 받을 것이다. 그리고 여행을 갈 수 있는 사람은 특별 보너스를 받은 사람이다. 그런데 여행을 갈 수 있는 사람이 명진과 소희 두 명이므로, 회사에 가장 일찍 출근하는 것 말고 특별 보너스를 받을 수 있는 방법이 또 있다는 것을 알 수 있다.

Answer 1.① 2.②

3

- 준서, 예빈, 서원은 약속 장소에 가장 늦게 도착한 사람이 모두에게 커피를 사기로 한다.
- 예빈은 서원이 다음으로 도착했다.
- 예빈은 커피를 사지 않았다.

① 준서가 가장 먼저 도착하였다.
② 서원은 예빈이 사준 커피를 마셨다.
③ 예빈은 가장 늦게 도착하였다.
④ 예빈은 준서가 사준 커피를 마셨다.

> ✔ **해설** 예빈은 서원 다음으로 도착하였으나 커피를 사지 않았으므로 서원→예빈→준서 순으로 약속 장소에 도착한 것을 알 수 있다. 따라서 준서가 모두에게 커피를 샀을 것이다.

|4~5| 다음의 말이 전부 진실일 때 항상 거짓인 것을 고르시오.

4

- 상자에 5개의 카드가 있다.
- 카드 4개는 같은 색깔이다.
- 카드 1개는 다른 색깔이다.
- 상자에서 빨간색 카드 한 장을 꺼냈다.

① 상자에 남아있는 카드는 모두 같은 색이다.
② 상자에 남아있는 카드는 모두 빨간색이 아니다.
③ 상자에 남아있는 카드는 모두 파란색이다.
④ 상자에 남아있는 카드는 모두 빨간색이다.

> ✔ **해설** 4개는 같은 색이고, 1개는 다른 색이라고 했으므로 상자 안의 카드는 모두 빨간색이 아니거나, 빨간색 3개와 다른 색 1개로 이루어져 있을 것이다.

5

> • 민수는 25살이다.
> • 민수는 2년 터울의 여동생이 2명 있다.
> • 영민이는 29살이다.
> • 영민이는 3년 터울의 여동생이 2명 있다.

① 영민이의 첫째 동생이 동생들 중 나이가 가장 많다.

② 영민이의 둘째 동생과 민수의 첫째 동생은 나이가 같다.

③ 민수의 막냇동생이 가장 어리다.

④ 민수는 영민이의 첫째 동생보다는 나이가 많다.

✔ 해설 영민이의 첫째 동생은 26살, 민수는 25살로 영민이의 첫째 동생이 민수보다 나이가 많다.

|6~10| 다음에 제시된 전제에 따라 결론을 바르게 추론한 것을 고르시오.

6

> • A는 나의 어머니이다.
> • B는 C의 딸이다.
> • C의 남편은 D이다.
> • A와 C는 자매이다.
> • 그러므로 ＿＿＿＿＿＿＿

① 나와 B는 사촌 관계이다.

② D는 나의 이모이다.

③ B는 A를 고모라고 부른다.

④ A와 D는 가족 관계가 아니다.

✔ 해설 ② '나'의 어머니와 자매인 C는 '나'의 이모이고 D는 '나'의 이모부이다.
③ B의 어머니인 C는 A와 자매이므로 B는 A를 이모라고 불러야 한다.
④ D는 A의 동생과 결혼한 사이이므로 가족이라고 할 수 있다.

7

> • 클래식을 좋아하는 사람은 독서를 좋아한다.
> • 독서를 좋아하는 사람은 서점에 자주 간다.
> • 내성적인 사람은 독서를 좋아한다.
> • 그러므로 ____________________

① 내성적인 사람은 클래식을 좋아한다.
② 클래식을 좋아하는 사람은 서점에 자주 간다.
③ 독서를 좋아하지 않는 사람은 서점에 자주 가지 않는다.
④ 내성적인 사람은 주로 서점에 모인다.

> ✔해설 ② '클래식을 좋아함→독서를 좋아함→서점에 자주 감'이 성립하므로 '클래식을 좋아함→서점에 자주 감'이 항상 참이다.
> ① 세 번째 문장의 역인 '독서를 좋아하는 사람은 내성적이다.'는 항상 참이 되지 않으므로 ① 역시 항상 참이 될 수 없다.
> ③ 두 번째 문장의 이의 관계이므로 항상 참이 될 수 없다.
> ④ 주어진 문장만으로는 알 수 없다.

8

> • 과자를 좋아하는 사람은 피자를 좋아한다.
> • 삼겹살을 좋아하는 사람은 당근을 좋아하지 않는다.
> • 피자를 좋아하는 사람은 당근을 좋아한다.
> • 그러므로 ______________________________

① 피자를 좋아하는 사람은 삼겹살을 좋아한다.
② 삼겹살을 좋아하는 사람은 피자를 좋아한다.
③ 당근을 좋아하는 사람은 피자를 좋아한다.
④ 과자를 좋아하는 사람은 당근을 좋아한다.

> ✔해설 과자를 좋아하는 사람은 피자를 좋아하고, 피자를 좋아하는 사람은 당근을 좋아하므로 과자를 좋아하는 사람은 당근을 좋아한다.

9

> • 군주가 오직 한 사람만을 신임하면 나라를 망친다.
> • 군주가 사람을 신임하지 않으면 나라를 망친다.
> • 그러므로 _______________________________

① 어느 군주가 나라를 망치지 않았다면, 그는 오직 한 사람만을 신임한 것이다.

② 어느 군주가 나라를 망치지 않았다면, 그는 사람을 신임하지 않았다는 것이다.

③ 어느 군주가 나라를 망치지 않았다면, 그는 오직 한 사람만을 신임한 것은 아니다.

④ 어느 군주가 오직 한 사람만을 신임하지 않았다면, 그는 나라를 망치지 않은 것이다.

> ✔ **해설** ①② 군주가 오직 한 사람만을 신임하거나, 사람을 신임하지 않으면 나라를 망친다.
> ④ 명제가 참일지라도 이는 참이 아닐 수도 있다. 즉, 군주가 오직 한 사람만을 신임하지 않았다는 것은 여러 사람을 신임한 것일 수 있으며 이때에는 나라를 망치지 않으나, 한 사람만을 신임하지 않았다는 것이 그 누구도 신임하지 않은 것일 때에는 나라를 망치게 된다.

10

> • 모든 신부는 사후의 세계를 믿는다.
> • 어떤 무신론자는 사후의 세계를 의심한다.
> • 그러므로 _______________________________

① 사후의 세계를 믿는 사람은 신부이다.

② 사후의 세계를 믿지 않으면 신부가 아니다.

③ 사후의 세계를 의심하면 무신론자이다.

④ 사후의 세계를 의심하지 않으면 무신론자가 아니다.

> ✔ **해설** ① 모든 신부는 사후의 세계를 믿으나 사후의 세계를 믿는다고 해서 모두 신부인 것은 아니다.
> ③ 어떤 무신론자는 사후의 세계를 의심하므로, 사후의 세계를 의심한다고 모두 무신론자는 아니다.
> ④ 제시된 명제의 대우는 "무신론자는 사후의 세계를 의심한다."로, 제시된 전제는 "어떤 무신론자는 사후의 세계를 의심한다."이므로 옳지 않다.

11

> 전제1 : 시야가 뚜렷한 날엔 비가 오지 않는다.
> 전제2 : ___________________________
> 결론 : 비가 오는 날에는 사고가 많이 난다.

① 시야가 뚜렷하지 않은 날에는 사고가 많이 난다.
② 비가 오지 않는 날엔 시야가 뚜렷하다.
③ 시야가 뚜렷한 날엔 사고가 나지 않는다.
④ 시야가 뚜렷하지 않은 날엔 비가 온다.

✔해설 전제 1의 대우는 '비가 오는 날은 시야가 뚜렷하지 않은 날이다.'이다. 따라서 결론이 참이 되려면 '시야가 뚜렷하지 않은 날엔 사고가 많이 난다.'라는 전제가 있어야 한다.

12

> 전제 1 : 비가 오는 날에는 하늘이 회색이다.
> 전제 2 : ___________________________
> 결론 : 오늘은 하늘이 파란색이었다.

① 오늘은 하늘이 파랗지 않았다.
② 오늘 하늘의 색은 회색이었다.
③ 비가 오지 않는 날은 하늘이 파란색이다.
④ 비가 오는 날과 오지 않는 날의 하늘의 색은 같다.

✔해설 '비가 오는 날에는 하늘이 회색이다.'라는 문장의 대우 관계는 '비가 오지 않는 날에는 하늘이 파란색이다.' 라는 문장이다. 그래서 필요한 전제는 '비가 오지 않는 날은 하늘이 파란색이다.'가 된다.

13

> 전제1 : 찬희는 가끔 자신의 방을 깨끗하게 유지한다.
> 전제2 : ___________________________
> 결론 : 찬희는 완벽주의자가 아니다.

① 자신의 방을 언제나 깨끗하게 유지하는 사람이라면 완벽주의자이다.
② 완벽주의자라면 자신의 방을 언제나 깨끗하게 유지한다.
③ 자신의 방을 언제나 깨끗하게 유지하지 않는 사람이라도 완벽주의자일 수 있다.
④ 완벽주의자는 하루에 한 번 이상 자신의 방을 청소한다.

✔해설 주어진 결론이 반드시 참이 되기 위해서는 '자신의 방을 언제나 깨끗하게 유지하지 않는 사람은 완벽주의자가 아니다(②의 대우).'라는 전제가 필요하다.

14

> 전제1 : 이 마을의 어떤 사람은 고기를 먹지 않는다.
> 전제2 : ______________________
> 결론 : 축산업에 종사하는 모든 사람이 고기를 먹는 것은 아니다.

① 이 마을의 모든 사람은 축산업에 종사한다.
② 이 마을의 모든 사람은 축산업에 종사하지 않는다.
③ 이 마을의 어떤 사람은 축산업에 종사한다.
④ 이 마을의 어떤 사람은 축산업에 종사하지 않는다.

✔해설 이 마을의 어떤 사람은 고기를 먹지 않으므로 마을의 모든 사람이 축산업에 종사한다면 축산업에 종사하는 모든 사람이 고기를 먹는 것은 아니라는 결론이 참이 된다.

15

> 전제1 : 인기 있는 선수는 안타를 많이 친 타자이다.
> 전제2 : ______________________
> 결론 : 인기 있는 선수는 팀에 공헌도가 높다.

① 팀에 공헌도가 높지 않은 선수는 안타를 많이 치지 못한 타자이다.
② 인기 없는 선수는 팀에 공헌도가 높지 않다.
③ 안타를 많이 친 타자도 인기가 없을 수 있다.
④ 안타를 많이 친 타자는 인기 있는 선수이다.

✔해설 결론이 참이 되기 위해서는 '안타를 많이 친 타자는 팀에 공헌도가 높다.' 또는 이의 대우인 '팀에 공헌도가 높지 않은 선수는 안타를 많이 치지 못한 타자이다.'가 답이 된다.

Answer　11.① 12.③ 13.② 14.① 15.①

16 갑, 을, 병, 정, 무 5명을 키 순서대로 세웠더니 다음과 같은 사항을 알게 되었다. 키가 2번째로 큰 사람은?

- 병은 무 다음으로 크다.
- 갑은 무보다 작지 않다.
- 5명 중 가장 큰 사람은 정이다.
- 을은 병보다 작다.

① 갑 ② 을
③ 병 ④ 정

✔해설 주어진 정보에 따라 키가 가장 큰 사람부터 가장 작은 사람까지 나열하면 정→갑→무→병→을이다.

17 어느 학급의 환경 미화를 위해 환경 미화 위원을 뽑는데 갑수, 을숙, 병식, 정연, 무남, 기은이가 후보로 올라왔다. 다음과 같은 조건에 따라 환경 미화 위원이 될 때, 을숙이가 위원이 되지 않았다면 반드시 환경 미화 위원이 되는 사람은?

- ⊙ 만약 갑수가 위원이 된다면, 을숙과 병식도 위원이 되어야 한다.
- ⓛ 만약 갑수가 위원이 되지 않는다면, 정연이 위원이 되어야 한다.
- ⓒ 만약 을숙이 위원이 되지 않는다면, 병식이나 무남이 위원이 되어야 한다.
- ⓔ 만약 병식과 무남이 함께 위원이 되면, 정연은 위원이 되어서는 안 된다.
- ⓜ 만약 정연이나 무남이 위원이 되면, 기은도 위원이 되어야 한다.

① 병식, 정연 ② 정연, 무남
③ 병식, 무남 ④ 정연, 기은

✔해설 ⊙에 따라 갑수가 위원이 된다면, 을숙도 위원이 되어야 하는데 을숙은 위원이 아니므로 갑수는 위원이 될 수 없다.

ⓛ의 전제에 따라 정연은 환경 미화 위원이 된다.

ⓒ에 따라 병식이나 무남 둘 중 한 명은 반드시 위원이 된다.

ⓔ에 따르면 병식과 무남이 함께 위원이 되면 정연은 위원이 되어서는 안 되는데, ⓛ에서 이미 정연이 위원이 되었으므로 병식과 무남이 둘이 함께 위원이 될 수 없다.

ⓜ에 따라 정연이 위원이므로 무남이 위원이든 아니든 기은은 위원이 된다.

∴ 반드시 위원이 되는 학생은 정연과 기은이며, 병식과 무남 둘 중 한 명은 위원이고 한 명은 위원이 아니지만 누구인지 알 수 없다.

18 지원은 손님 응대에 능하고 영어를 조금 할 수 있다. 성훈은 일본어를 능숙하게 구사할 수 있고, 도윤은 영어와 중국어를 할 수 있다. 판매 사원 모집 공고에서 화장품 매장에서는 일본어 능숙자를, 구두 매장과 악기 매장에서는 영어 능숙자를 우대하며 악기 매장의 경우 손님에게 제품을 설명하는 일이 주된 업무이기 때문에 손님 응대를 잘 할 수 있는 사람을 원한다. 세 사람이 지원할 매장에 따라 옳게 짝지어진 것은?

① 지원 – 화장품 매장 　　　　　　　② 성훈 – 악기 매장
③ 도윤 – 악기 매장 　　　　　　　　④ 성훈 – 화장품 매장

> ✔해설　성훈은 일본어 능숙자를 우대하는 화장품 매장에, 지원은 영어 능력과 손님 응대 능력을 모두 필요로 하는 악기 매장에, 도윤은 구두 매장에 지원할 것이다.

19 유치원생들을 대상으로 좋아하는 과일에 대해서 조사한 결과 다음과 같은 자료를 얻었다. 다음 중 유치원생인 지민이 한라봉을 좋아한다는 결론을 이끌어낼 수 있는 것은 무엇인가?

> ㉠ 귤과 레몬을 모두 좋아하는 유치원생은 한라봉도 좋아한다.
> ㉡ 오렌지와 자몽을 모두 좋아하는 유치원생은 한라봉도 좋아한다.
> ㉢ 유치원생들은 모두 금귤이나 라임 중 하나를 반드시 좋아한다.
> ㉣ 라임을 좋아하는 유치원생은 레몬을 좋아한다.
> ㉤ 금귤을 좋아하는 유치원생은 오렌지를 좋아한다.

① 지민은 귤과 자몽을 좋아한다. 　　　② 지민은 오렌지와 레몬을 좋아한다.
③ 지민은 귤과 오렌지를 좋아한다. 　　④ 지민은 금귤과 라임을 좋아한다.

> ✔해설　㉢에 의해 유치원생들은 모두 금귤이나 라임 중 하나를 반드시 좋아하므로 ㉣㉤에 따라 유치원생은 모두 레몬이나 오렌지 중 하나를 반드시 좋아한다. 따라서 지민이 귤과 자몽을 좋아하면 지민은 귤과 레몬을 모두 좋아하거나, 오렌지와 자몽을 모두 좋아하게 되므로 지민이 한라봉을 좋아한다는 결과를 도출해낼 수 있다.

20 제시된 글에서 범하고 있는 논리적 오류는?

> 　이것은 위대한 문학 작품이다. 왜냐하면 모든 훌륭한 문학 평론가가 평하고 있기 때문이다. 훌륭한 문학 평론가란 이런 위대한 작품을 평론하는 사람이다.

① 흑백 논리의 오류 　　　　　　　　② 논점 일탈의 오류
③ 순환 논증의 오류 　　　　　　　　④ 성급한 일반화의 오류

> ✔해설　순환 논증의 오류 … 전제로부터 어떤 새로운 결론이 도출된 것이 아니라, 전제와 결론이 동어 반복으로 이루어진 오류

Answer　16.①　17.④　18.④　19.①　20.③

21 A 초등학교에서는 방과 후 활동으로 플루트, 배드민턴, 수채화 중에서 하나를 선택할 수 있다. 나리가 선택한 방과 후 활동 수업은?

> • 효영과 소진은 운동을 싫어한다.
> • 진후와 유경은 다른 수업을 듣는다.
> • 나리는 효영과 같은 수업을 듣는다.
> • 소진과 나리는 다른 수업을 듣는다.
> • 유경과 소진은 플루트 수업을 듣는다.

① 수채화 ② 플루트
③ 배드민턴 ④ 알 수 없음

> ✔ 해설 첫 번째 조건에 따르면 효영과 소진은 배드민턴을 선택하지 않았을 것이다. 세 번째 조건에 따르면 나리는 효영과 같은 수업을 들으므로 수채화 또는 플루트 수업을 들을 것이다. 다섯 번째 조건에 따르면 소진은 플루트 수업을 듣지만, 네 번째 조건에 따르면 소진과 나리는 다른 수업을 듣는다. 따라서 나리는 수채화 수업을 듣는다.

22 문장에서 범하고 있는 오류와 같은 논리적 오류는?

> A의원은 부유한 가정에서 자랐으므로 그가 제시한 정책은 서민을 위한 정책으로 볼 수 없다.

① 왜 거짓말한 것 가지고 뭐라 하시는 거죠? 선생님도 거짓말하시잖아요.
② 부모 사랑도 못 받고 자란 아이니 꼭 예쁘게 봐주세요.
③ 나이도 어린 게 뭘 안다고 그래!
④ 아침에 사과를 먹지 않으니 성적이 좋아지지 않는 거야.

> ✔ 해설 주어진 문장은 A의원이 제시한 정책이 아닌 A의원에 대한 비난을 하고 있으므로 인신공격의 오류를 범하고 있다.
> ③도 상대의 의견이 아닌 상대에 대해 비난하는 인신공격의 오류를 범하고 있다.
> ① 피장파장의 오류
> ② 동정에 호소하는 오류
> ④ 인과의 오류

23 다음 글에서 농부가 범하고 있는 오류를 바르게 지적한 것은?

> 송나라에 사는 한 농부가 밭을 갈고 있었다. 밭 가운데에는 나무를 베어 내고 밑동만 남은 그루터기가 있었는데, 하루는 토끼 한 마리가 숲에서 뛰어나와 도망을 가다가 그루터기에 부딪쳐서 목이 부러져 죽었다. 토끼를 얻은 농부는 다음 날부터 밭에 나가 밭갈 생각은 하지 않고 다시 토끼 얻기만을 기다렸으나, 토끼는 다시 얻을 수 없었고, 농부는 송나라의 웃음거리가 되고 말았다.

① 특별한 경우에만 맞는 판단을 때와 장소를 가리지 않고 두루 맞다고 판단하고 있다.

② 특정 대상의 속성을 아전인수 격으로 확대하여 허망한 상태에 도달했다.

③ 하나의 생각이나 판단만을 앞세워 전체의 일반적인 원리나 속성을 간과하는 우를 범하고 있다.

④ 우연한 계기를 근거로 현상의 이면에 잠재되어 있는 본질을 이해함으로써 자가당착에 빠졌다.

> ✔해설 ① 제시문은 어쩌다 한두 번 일어나는 일을 언제나 일어나는 것으로 판단해서 일어난 오류로 '우연(원칙 혼동)의 오류'이다.
> ② 성급한 일반화의 오류
> ③ 은폐된 전제의 오류
> ④ 자가당착의 오류

┃24~25┃ 다음 중 논리적 오류의 성격이 나머지와 다른 하나를 고르시오.

24 ① 아버지는 외로운 존재이다. 왜냐하면 아버지는 쓸쓸하고 외롭기 때문이다.

② 공부를 하지 않았음에도 시험을 운 좋게 잘 본 철수는 전날 밤 집이 불타는 꿈을 꾼 것이 그 요인이었다고 말한다.

③ 테니스 선수 진호는 경기 당일에 면도를 하지 않는다. 면도를 하지 않았을 때 진호는 늘 이겼다. 진호는 내일 경기를 위해 면도를 하지 않을 것이다.

④ 생선 먹고 체했을 때 주문을 외우면 괜찮아진다는 속신(俗信)을 나는 믿는다. 어저께 생선 먹고 체했을 때 주문을 외웠더니 정말 속이 괜찮아졌던 것이다.

> ✔해설 ① 순환 논증의 오류
> ②③④ 잘못된 인과관계의 오류

25　① 김OO 선생은 아주 유명한 학원의 수학 강사이다. 그러나 그의 강의를 믿을 수 없다. 그가 얼마나 욕을 잘하고 남을 잘 속이는지 알 만한 사람은 다 안다.

② 당신은 지금 신의 존재를 입증하지 못하고 있지 않소. 그러니 신은 존재한다고 말할 수 없는 것 아니요.

③ 이OO 의원은 국립대학교 특별법 제정을 강력하게 주장하고 있다. 그러나 그의 주장에는 문제가 있다. 그 역시 국립대학교 출신이기 때문이다.

④ 당신은 내가 게으르다고 비난하는데 그것은 잘못된 거야. 당신 자신을 돌아봐. 아침에 일어나면 이부자리 하나 정리도 안하면서 어떻게 내가 게으르다고 말할 수 있지.

> ✔해설　② 무지에 호소하는 오류 : 어떤 주장이 반증되지 못했기 때문에 참이라 하거나, 그 주장이 증명되지 못했기 때문에 거짓이라고 추리하는 오류이다.
> ①③④ 인신공격의 오류 : 상대방 주장을 반박하려는 논증으로, 상대의 주장과 무관한 개인의 성향(인격, 권위, 재산, 사상, 행실)에 대해 부정적인 발언을 하면서 그 사람의 주장이 정당하지 못하다는 것을 보여주려고 하는 경우를 말한다.

|26~30| 다음 제시된 숫자의 배열을 보고 규칙을 적용하여 빈칸에 들어갈 알맞은 숫자를 고르시오.

26

7　49　42　294　287　2009　(　)

① 2000　　　　② 2002
③ 2276　　　　④ 3100

> ✔해설　제시된 수열은 첫 번째 수에서 7을 곱한 뒤, 곱한 수에서 7을 빼는 규칙을 보인다. 그러므로 괄호에 들어갈 수는 2009 − 7 = 2002가 된다.

27

15　12　24　21　42　(　)　78

① 37　　　　② 38
③ 39　　　　④ 40

> ✔해설　
> 15　12　24　21　42　(39)　78
> −3　×2　−3　×2　−3　×2

28

26   81   37   92   48   ( )

① 3 ② 4

③ 5 ④ 6

✔해설 제시된 수열은 첫 번째 수에서부터 −8을 한 뒤 십의 자리와 일의 자리의 수의 위치를 바꾼 것이다. 48−8=40 이므로 '40'의 십의 자리와 일의 자리의 위치를 바꾸면 4가 된다.

29

5   7   11   19   ( )   67   131

① 35 ② 36

③ 37 ④ 38

✔해설

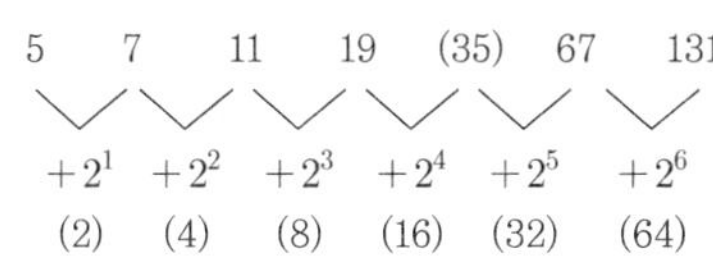

$$5 \quad 7 \quad 11 \quad 19 \quad (35) \quad 67 \quad 131$$
$$+2^1 \quad +2^2 \quad +2^3 \quad +2^4 \quad +2^5 \quad +2^6$$
$$(2) \quad (4) \quad (8) \quad (16) \quad (32) \quad (64)$$

30

$1 \quad \dfrac{2}{4} \quad \dfrac{3}{10} \quad ( ) \quad \dfrac{5}{31} \quad \dfrac{6}{46}$

① $\dfrac{4}{19}$ ② $\dfrac{4}{20}$

③ $\dfrac{4}{21}$ ④ $\dfrac{4}{22}$

✔해설 분자에는 1이 분모에는 3의 배수가 더해지고 있다.

▌31~36▐ 다음의 일정한 규칙에 의해 배열된 수나 문자를 추리하여 (　) 안에 알맞은 것을 고르시오.

31

$$3\ 5\ 12 \qquad 4\ 7\ 25 \qquad 5\ 6\ 27 \qquad 6\ 7\ (\ \ \ )$$

① 25   ② 29

③ 39   ④ 42

✔ **해설** 규칙성을 찾으면 $3\times5-12=3,\ 4\times7-25=3,\ 5\times6-27=3$이므로
$6\times7-(\ \ \ )=3$
∴ (　) 안에 들어갈 수는 39이다.

32

$$3\ 3\ 9 \qquad 3\ 9\ (\ \ \ ) \qquad 9\ 27\ 243$$

① 3   ② 5

③ 9   ④ 27

✔ **해설** 첫 번째 숫자와 두 번째 숫자를 곱한 값이 세 번째 숫자이고, 다음 배열은 첫 배열의 두 번째 숫자와 세 번째 숫자를 곱하여 괄호 안의 숫자를 만드는 수열이다.
$(3 \times 3 = 9)$
$(3 \times 9 = 27)$
$(9 \times 27 = 243)$

33

$$8\ 3\ 2 \qquad 14\ 4\ 3 \qquad 20\ 6\ 3 \qquad (\ \ \ )\ 7\ 4$$

① 25   ② 27

③ 30   ④ 34

✔ **해설** 규칙성을 찾으면 $8=(3\times2)+2,\ 14=(4\times3)+2,\ 20=(6\times3)+2$이므로
$(\ \ \ )=(7\times4)+2$
∴ (　) 안에 들어갈 수는 30이다.

34

J - G - L - I - N - ( )

① J   ② K

③ L   ④ M

✔해설 문자에 숫자를 대입하여 풀면 쉽게 풀 수 있다. 각 숫자의 차가 3으로 줄었다가 5가 더해지고 있다.

35

A - T - F - O - ( ) - J - P

① I   ② K

③ M   ④ O

✔해설 A(1) - T(20) - F(6) - O(15) - (?) - J(10) - P(16)
홀수 항은 5씩 증가, 짝수 항은 5씩 감소하므로 빈칸에 들어갈 문자는 K(11)이다.

36

ㄱ - ㅋ - ㅈ - ㅅ - ㅁ - ( )

① ㄴ   ② ㄷ

③ ㅂ   ④ ㅇ

✔해설 처음 문자에 10이 더해진 후 2씩 줄어들고 있다.

37

$$8@9=8 \quad 5@8=6 \quad 4@9=(\quad)$$

① 4　　　　　　　　　　　　② 5
③ 6　　　　　　　　　　　　④ 7

> ✔ 해설　계산 법칙을 유추하면 첫 번째 수를 두 번째 수로 나눈 값의 소수점 첫 번째 자리 수를 구하고 있다. 빈칸의
> 경우 $4 \div 9 = 0.444\ldots$이므로 답은 4이다.

38

$$9\,❂\,65=20 \quad 13\,❂\,85=17 \quad (19\,❂\,26)\,❂\,87=(\quad)$$

① 16　　　　　　　　　　　② 24
③ 32　　　　　　　　　　　④ 56

> ✔ 해설　각각 십의 자리 수와 일의 자리 수를 더한 후 기호 앞의 숫자와 더해준다.
> $9\,❂\,65=9+(6+5)=20, \quad 13\,❂\,85=(1+3)+(8+5)=17$
> $\therefore (19\,❂\,26)\,❂\,87=\{(1+9)+(2+6)\}\,❂\,87$
> $\qquad\qquad\qquad\quad =18\,❂\,87$
> $\qquad\qquad\qquad\quad =(1+8)+(8+7)$
> $\qquad\qquad\qquad\quad =24$

39

$$5\,◉\,7=23 \quad 8\,◉\,11=69 \quad 4\,◉\,17=47 \quad (2\,◉\,8)\,◉\,10=(\quad)$$

① 26　　　　　　　　　　　② 44
③ 57　　　　　　　　　　　④ 64

> ✔ 해설　두 수를 곱한 수에서 두 수를 더한 수를 빼주고 있다.
> $5\,◉\,7=(5\times7)-(5+7)=23, \quad 8\,◉\,11=(8\times11)-(8+11)=69$
> $\therefore (2\,◉\,8)\,◉\,10=\{(2\times8)-(2+8)\}\,◉\,10$
> $\qquad\qquad\qquad =6\,◉\,10$
> $\qquad\qquad\qquad =(6\times10)-(6+10)$
> $\qquad\qquad\qquad =44$

40

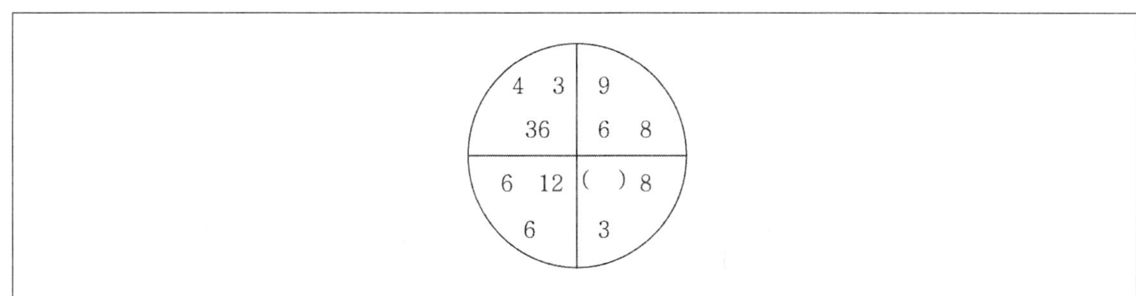

① 12

② 19

③ 25

④ 32

✔ **해설** 원의 나누어진 한 부분의 합이 33이 되어야 한다.

41

① 12

② 14

③ 16

④ 18

✔ **해설** 원의 나누어진 한 부분의 숫자는 모두 곱하면 432가 된다.

 다음 ▲ 표시된 곳의 숫자에서부터 시계방향으로 진행하면서 숫자와의 관계를 고려하여 ? 표시된 곳에 들어갈 알맞은 숫자를 고르시오.

42

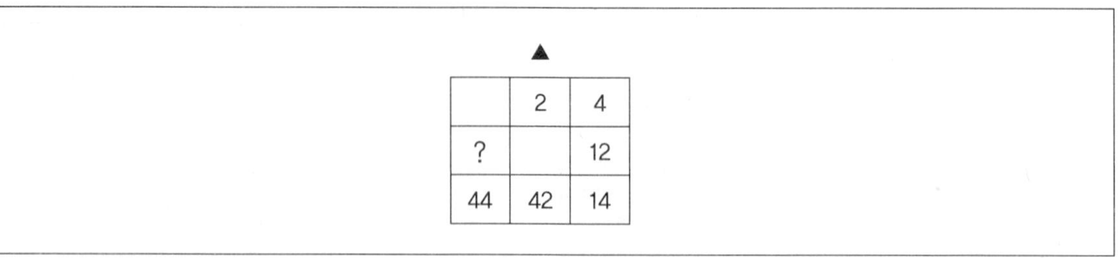

① 128
② 130
③ 132
④ 134

✔해설 각 숫자가 +2와 ×3이 순서대로 변하고 있으므로 ?에는 44×3=132이 들어간다.

43

	62208	
746496		5184
8957952		?

▲ (표시는 8957952 왼쪽)

① 432
② 288
③ 216
④ 360

✔해설 첫 번째 숫자에서 ÷12씩 변하고 있으므로 5184÷12=432이다.

44

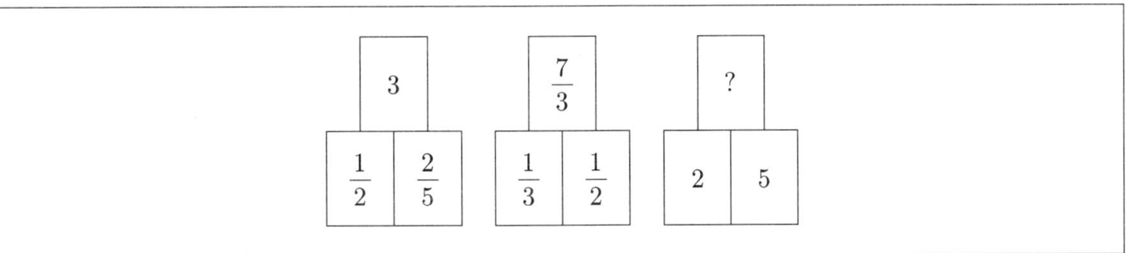

① $\dfrac{11}{5}$

② $\dfrac{17}{5}$

③ $\dfrac{11}{2}$

④ $\dfrac{17}{2}$

 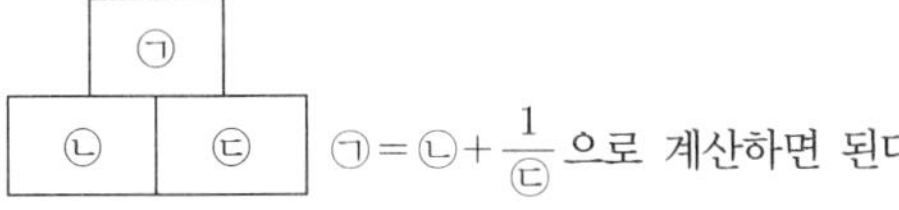 ㉠ = ㉡ + $\dfrac{1}{㉢}$ 으로 계산하면 된다.

45

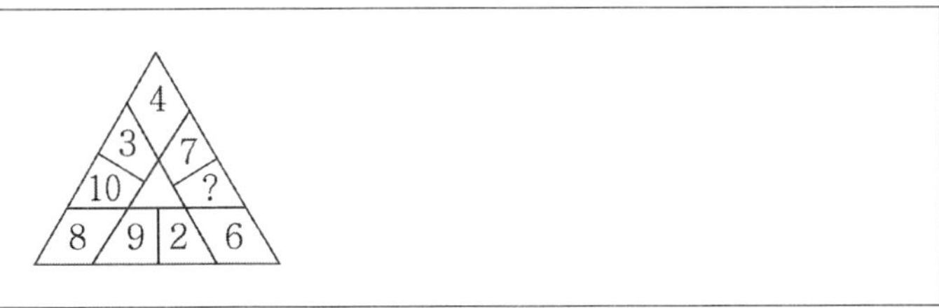

① 5

② 8

③ 11

④ 14

한 변의 숫자를 더하면 모두 25가 되어야 한다.

46

31	34
36	43

⇨

42	54
62	?

① 89

② 90

③ 91

④ 92

✔해설 각 자리의 수의 차가 4배가 된다. 따라서 빈칸에 들어갈 수는 90이다.

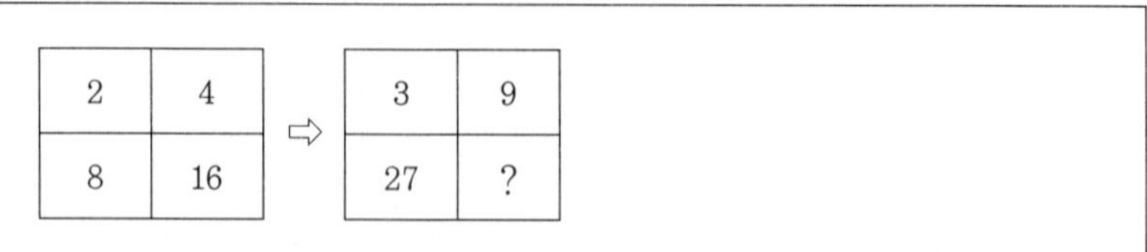

47

20	42
174	86

⇨

30	93
?	282

① 562

② 624

③ 750

④ 849

✔해설 오른쪽 상자는 시계방향으로 돌아가며 2를 곱한 뒤 2를 더하고 있으며, 왼쪽 상자는 3을 곱한 뒤 3을 더하고 있다. 따라서 $282 \times 3 + 3 = 849$이다.

48

2	4
8	16

⇨

3	9
27	?

① 81

② 82

③ 83

④ 84

✔해설 왼쪽 상자는 2의 제곱수이고, 오른쪽 상자는 3의 제곱수이다. 따라서 $3^4 = 81$이다.

|49~55| 다음 도형들의 일정한 규칙을 찾아 ? 표시된 부분에 들어갈 도형을 고르시오.

49

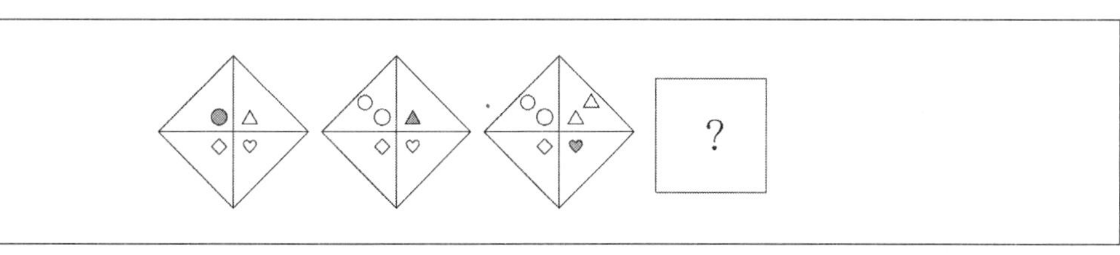

① 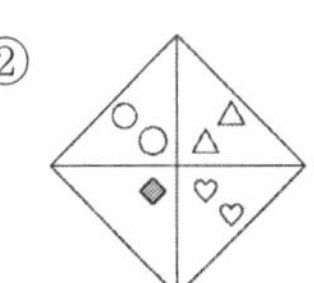　　②

③ 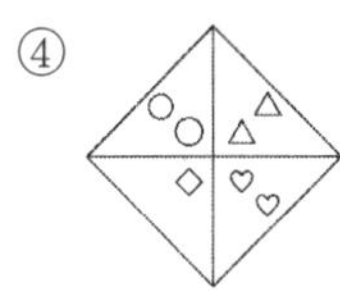　　④

> **✔해설** 주어진 도형은 시계방향으로 돌아가며 색칠된 도형이 다음 순서에 개수가 하나씩 늘어나는 규칙을 가지고 있다. 마지막 도형에서 하트에 색칠이 되어있으므로 다음 도형에서는 하트는 1개 늘어나며 다음 순서인 사각형이 색칠되어야 한다.

50

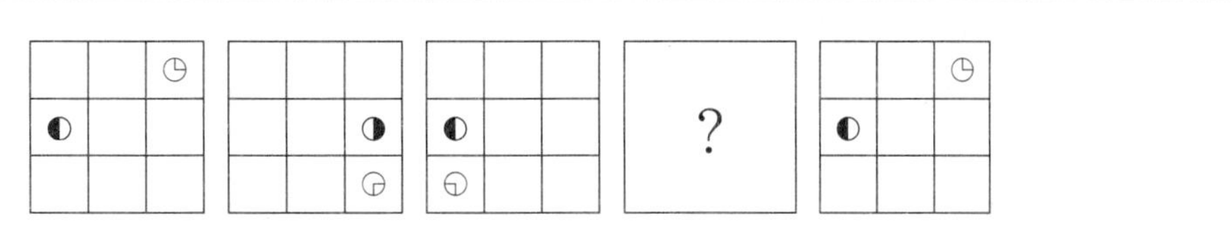

①　　②

③　　④

> **✔해설** ◐는 좌우로 움직이고, ◔는 좁은 쪽이 모서리를 향하게 시계방향으로 움직인다.

51

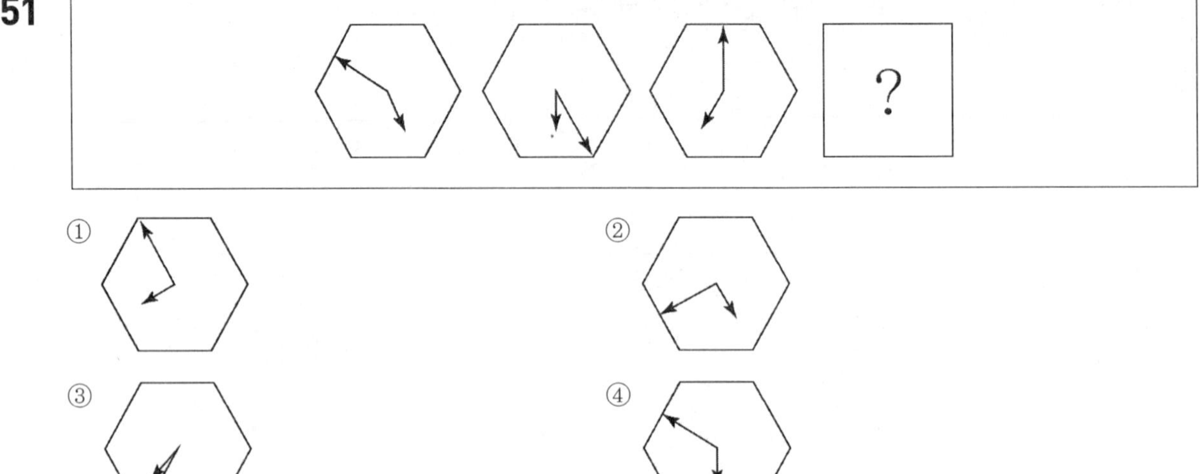

① ② ③ ④

✔해설 육각형을 하나의 시계로 보면 35분씩 증가하고 있다.

52

① ② ③ ④

✔해설 △이 시계방향으로 인접한 부분의 도형과 자리를 바꾸어 가면서 이동하고 있다.

53

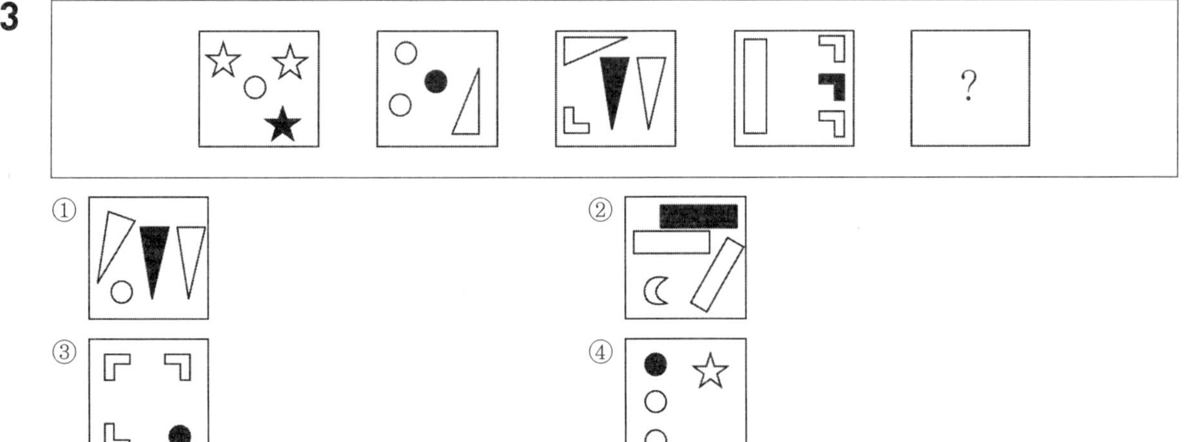

✔해설 제시된 문제는 도형의 종류와 그 수가 많아 법칙성을 찾기 힘들지만 자세히 보면, 처음 제시된 도형 중 하나만 제시된 것이 다음에서 다시 세 개로 변하고 있으며, 세 개 중 하나는 검은색이 되는 것을 알 수 있다.

54

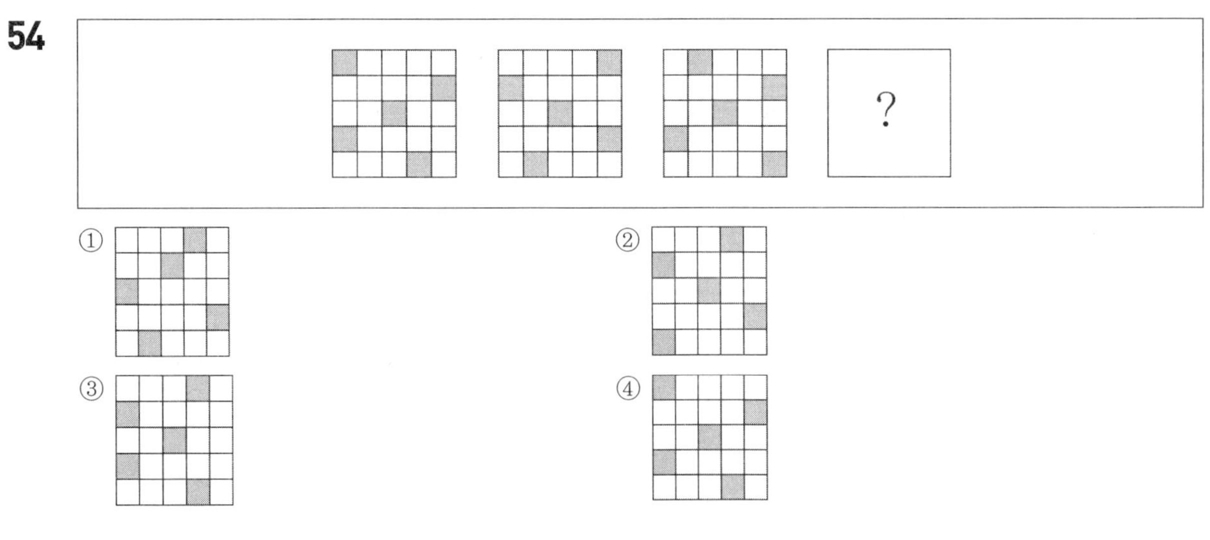

✔해설 좌우 대칭, 상하 대칭의 순서로 번갈아가면서 변하고 있다.

55

A	I	L		B	K	M					D	O	O		E	Q	P
K	G	D		M	J	F		?			Q	P	J		S	S	L
S	H	C		T	J	D					V	N	F		W	P	G

①
C	M	N
O	N	H
U	L	E

②
C	L	N
N	M	G
U	K	E

③
C	M	N
O	M	H
U	L	E

④
D	M	O
O	N	H
V	L	F

✔ 해설

a	b	c
d	e	f
g	h	i

알파벳을 숫자로 치환하여 문제를 푼다.
a, c, g, i칸은 1씩, b, d, f, h칸은 2씩 e칸은 3씩 증가하며 변환된다.

│56~58│ 다음 빈칸에 들어갈 알맞은 모양으로 옳은 것을 고르시오.

56

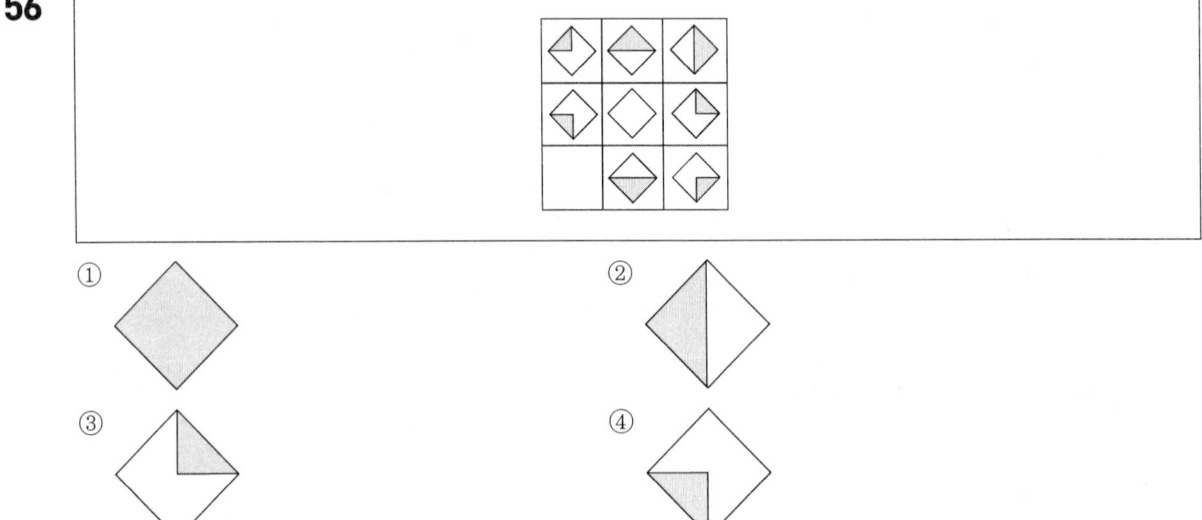

✔ 해설 가운데 마름모를 중심으로 하여 그림의 모양이 상하, 좌우, 대각선 방향끼리 대칭을 이루고 있다.

57

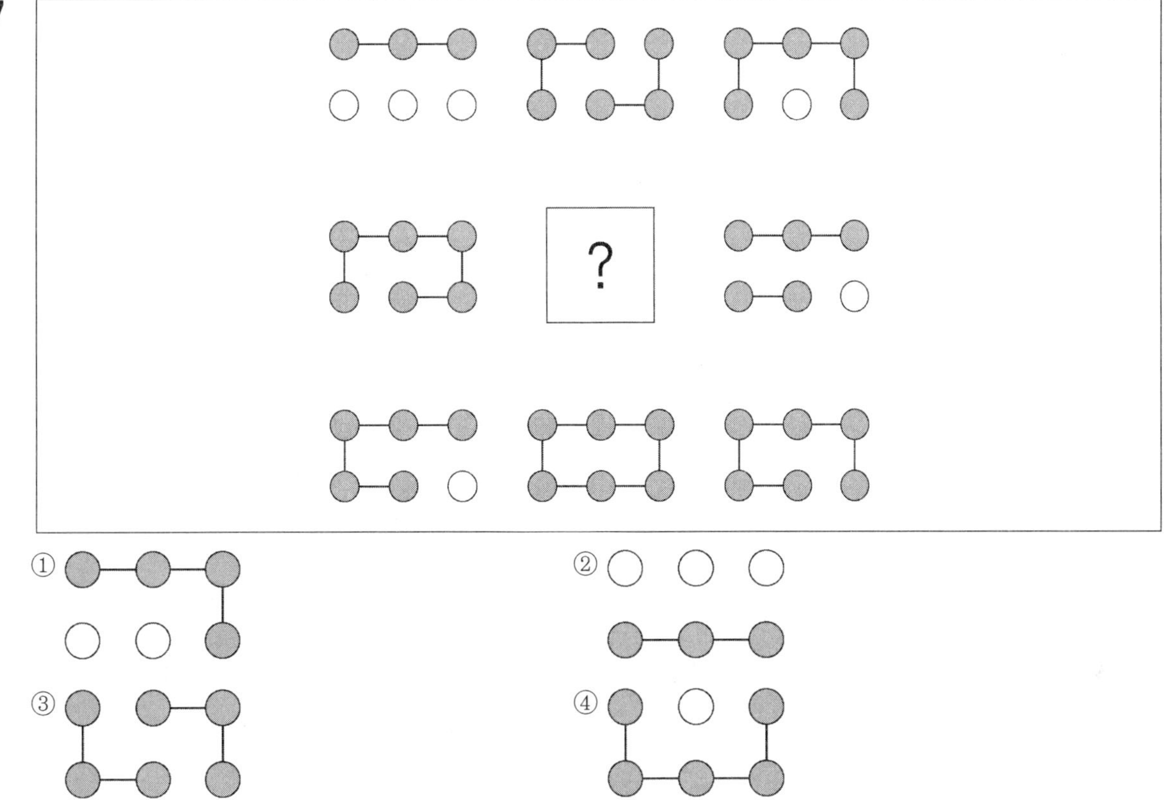

① ② ③ ④

Answer 55.③ 56.② 57.③

58

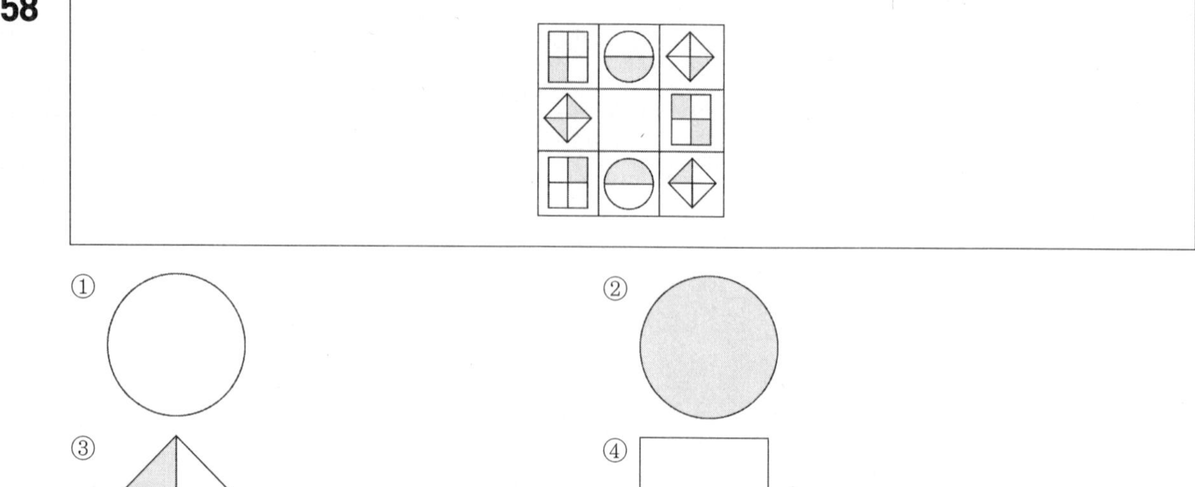

① 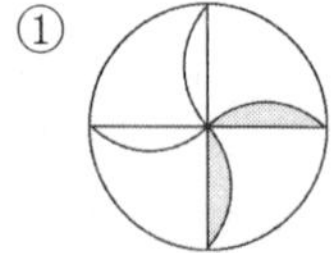

②

③

④

 각 행과 열의 가운데 부분은 양 옆의 도형의 전체 면적에 대한 색칠한 부분의 상대적 비율의 합을 나타낸다.

┃59~65┃ 다음 ? 표시된 부분에 들어갈 알맞은 모양의 도형을 고르시오.

59

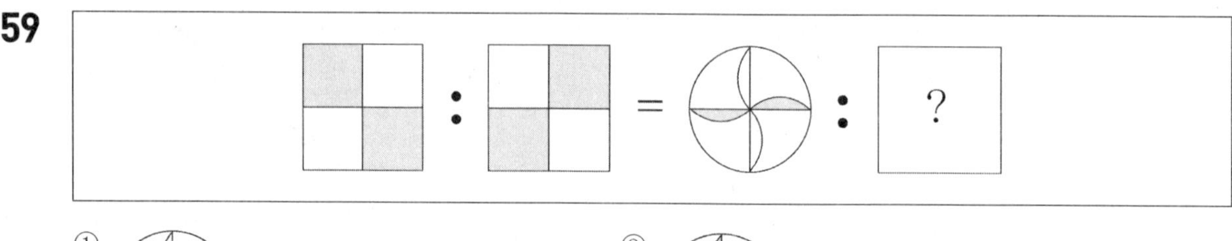

① 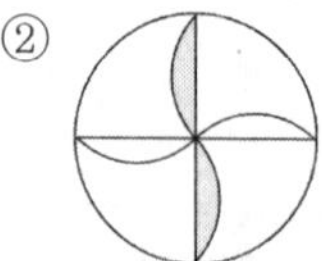

②

③ 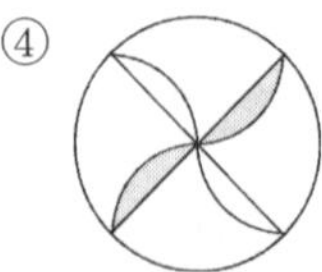

④

 시계방향으로 90° 회전하는 관계이다.

60

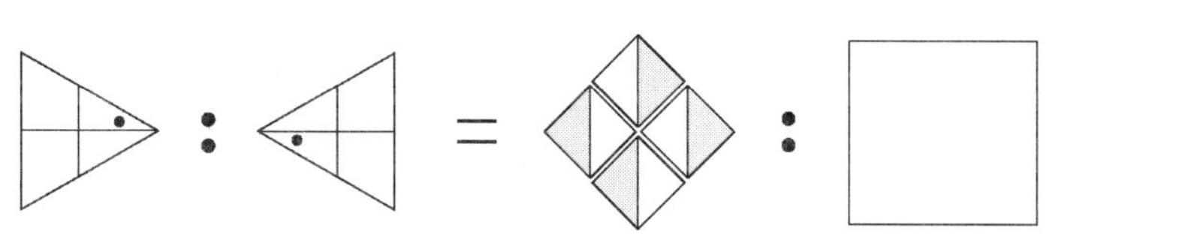

① CBAD

② CBDA

③ CADꓭ

④ CBAꓷ

✔**해설** 순서대로 대입하여 비교하여 바뀐 부분을 찾으면 된다.

61

① 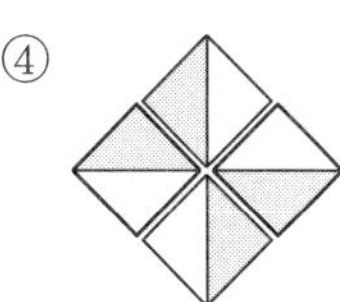

②

③

④

✔**해설** 두 그림의 관계는 180˚ 회전 관계다.

62 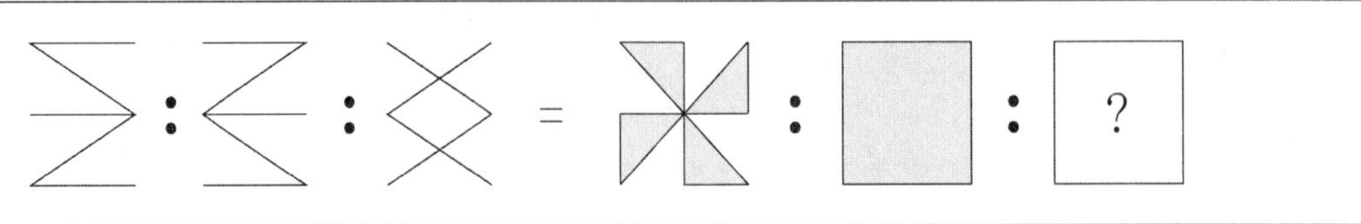

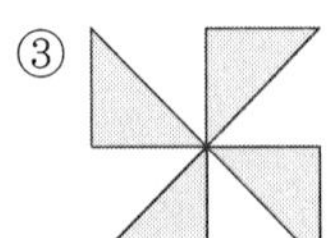

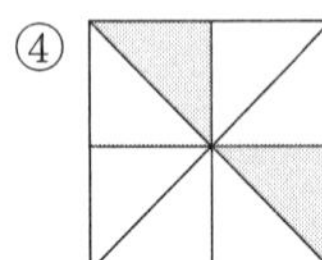

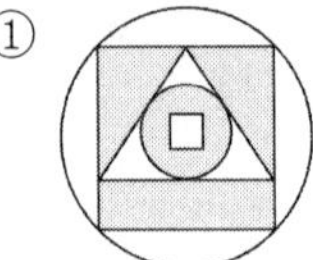

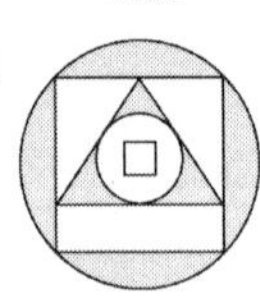

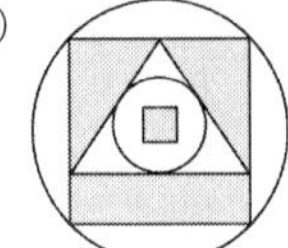

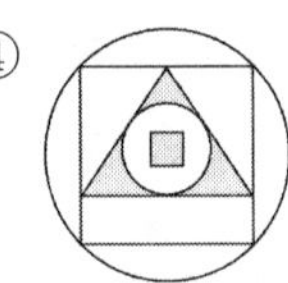

해설 처음 그림과 두 번째 그림을 합쳤을 때 겹치는 부분을 삭제한 것이 세 번째 그림이 된다.

63 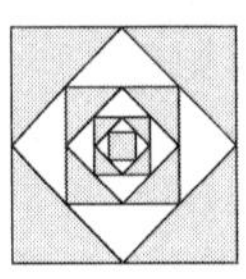

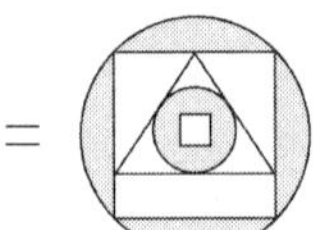

해설 색칠된 부분은 같은 도형에만 칠해져 있음을 알 수 있다.

64

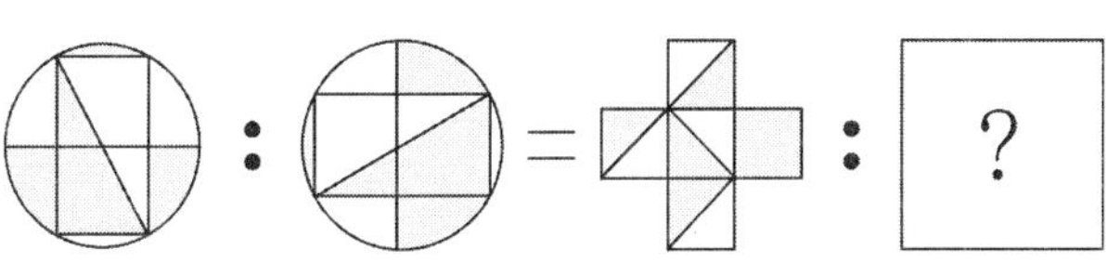

① 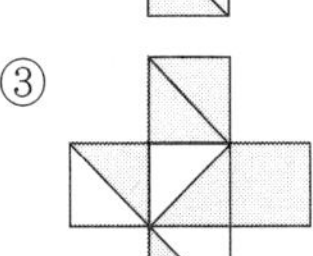

② 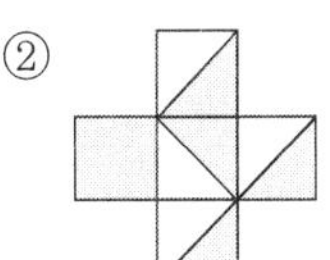

③

④ 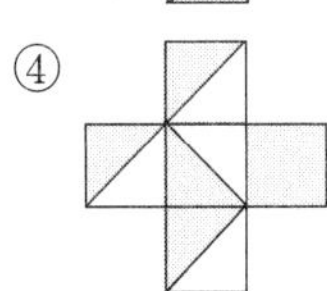

65

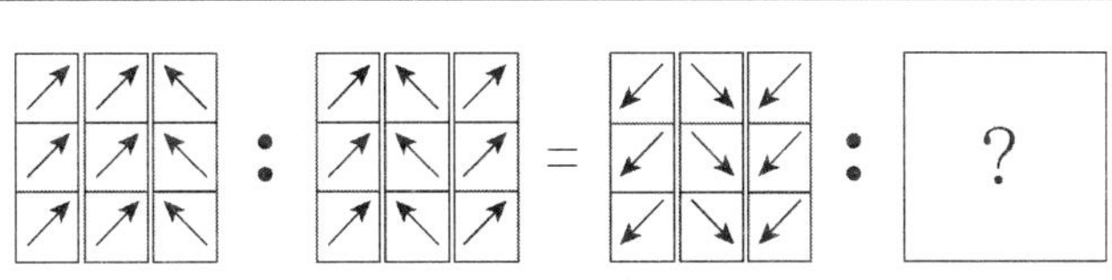

①

②

③

④

66 다음 중 공문서 작성에 대한 설명으로 가장 적절하지 못한 것은?

① 공문서나 유가증권 등에 금액을 표시할 때에는 한글로 기재하고 그 옆에 괄호를 넣어 숫자로 표기한다.

② 날짜는 숫자로 표기하되 연, 월, 일의 글자는 생략하고 그 자리에 온점(.)을 찍어 표시한다.

③ 첨부물이 있는 경우에는 붙임 표시문 끝에 1자 띄우고 "끝."이라고 표시한다.

④ 공문서의 본문이 끝났을 경우에는 1자를 띄우고 "끝."이라고 표시한다.

> ✔ 해설 공문서 금액 표시
> 아라비아 숫자로 쓰고, 숫자 다음에 괄호를 하여 한글로 기재한다.
> 예) 123,456원의 표시 : 금 123,456(금 일십이만삼천사백오십육원)

67 당신은 팀장님의 업무 지시 내용을 수행하고 결과물을 보고 드렸다. 하지만 팀장님께서는 "최대리 업무를 이렇게 처리하면 어떡하나? 누락된 부분이 있지 않은가."라고 말하였다. 이에 대해 당신이 행할 수 있는 가장 부적절한 대처 자세는?

① "죄송합니다. 제가 잘 모르는 부분이라 이수혁 과장님께 부탁을 했는데 과장님께서 실수를 하신 것 같습니다."

② "주의를 기울이지 못해 죄송합니다. 어느 부분을 수정·보완하면 될까요?"

③ "지시하신 내용을 제가 충분히 이해하지 못하였습니다. 내용을 다시 한번 여쭤보아도 되겠습니까?"

④ "부족한 내용을 보완하는 자료를 취합하기 위해서 하루 정도가 더 소요될 것 같습니다. 언제까지 재작성하여 드리면 될까요?"

> ✔ 해설 상사의 지시 사항을 다른 사람에게 부탁하는 것은 옳지 못하며 설사 그렇다고 해도 그 일의 과오에 대해 책임을 전가하는 것은 지양해야 할 자세이다.

68 다음 글과 상황을 근거로 판단할 때, A국 각 지역에 설치될 것으로 예상되는 풍력 발전기 모델명을 바르게 짝지은 것은?

풍력 발전기는 회전축의 방향에 따라 수평축 풍력 발전기와 수직축 풍력 발전기로 구분된다. 수평축 풍력 발전기는 구조가 간단하고 설치가 용이하며 에너지 변환 효율이 우수하다. 하지만 바람의 방향에 영향을 많이 받기 때문에 바람의 방향이 일정한 지역에만 설치가 가능하다. 수직축 풍력 발전기는 바람의 방향에 영향을 받지 않아 바람의 방향이 일정하지 않은 지역에도 설치가 가능하며, 이로 인해 사막이나 평원에도 설치가 가능하다. 하지만 부품이 비싸고 수평축 풍력 발전기에 비해 에너지 변환 효율이 떨어진다는 단점이 있다. B사는 현재 4가지 모델의 풍력 발전기를 생산하고 있다. 각 풍력 발전기는 정격 풍속에서 최대 발전량에 도달하며, 가동이 시작되면 최소 발전량 이상의 전기를 생산한다. 각 발전기의 특성은 아래와 같다.

모델명	U–50	U–57	U–88	U–93
시간당 최대 발전량(kW)	100	100	750	2,000
시간당 최소 발전량(kW)	20	20	150	400
발전기 높이(m)	50	68	80	84.7
회전축 방향	수직	수평	수직	수평

〈상황〉

A국은 B사의 풍력 발전기를 X, Y, Z지역에 각 1기씩 설치할 계획이다. X지역은 산악 지대로 바람의 방향이 일정하며, 최소 150kW 이상의 시간당 발전량이 필요하다. Y지역은 평원 지대로 바람의 방향이 일정하지 않으며, 철새 보호를 위해 발전기 높이는 70m 이하가 되어야 한다. Z지역은 사막 지대로 바람의 방향이 일정하지 않으며, 주민 편의를 위해 정격 풍속에서 600kW 이상의 시간당 발전량이 필요하다. 복수의 모델이 각 지역의 조건을 충족할 경우, 에너지 변환 효율을 높이기 위해 수평축 모델을 설치하기로 한다.

X지역	Y지역	Z지역		X지역	Y지역	Z지역
① U–88	U–50	U–88		② U–88	U–57	U–93
③ U–93	U–50	U–88		④ U–93	U–50	U–93

✔**해설** ㉠ X지역 : 바람의 방향이 일정하므로 수직·수평축 모두 사용할 수 있고, 최소 150kW 이상의 시간당 발전량이 필요하므로 U–88과 U–93 중 하나를 설치해야 한다. 에너지 변환 효율을 높이기 위해 수평축 모델인 U–93을 설치한다.

㉡ Y지역 : 수직축 모델만 사용 가능하며, 높이가 70m 이하인 U–50만 설치 가능하다.

㉢ Z지역 : 수직축 모델만 사용 가능하며, 시간당 발전량이 600kW 이상인 U–88만 설치 가능하다.

69 다음은 카지노를 경영하는 사업자에 대한 관광 진흥 개발 기금 납부에 관한 규정이다. 카지노를 경영하는 甲은 연간 총매출액이 90억 원이며 기한 내 납부금으로 4억 원만을 납부했다. 다음 규정에 따를 경우 甲의 체납된 납부금에 대한 가산금은 얼마인가?

> 카지노를 경영하는 사업자는 아래의 징수비율에 해당하는 납부금을 '관광 진흥 개발 기금'에 내야 한다. 만일 납부 기한까지 납부금을 내지 않으면, 체납된 납부금에 대해서 100분의 3에 해당하는 가산금이 1회에 한하여 부과된다(다만, 가산금에 대한 연체료는 없다).
>
> 〈납부금 징수비율〉
> • 연간 총매출액이 10억 원 이하인 경우 : 총매출액의 100분의 1
> • 연간 총매출액이 10억 원을 초과하고 100억 원 이하인 경우 : 1천만 원+(총매출액 중 10억 원을 초과하는 금액의 100분의 5)
> • 연간 총매출액이 100억 원을 초과하는 경우 : 4억 6천만 원+(총매출액 중 100억 원을 초과하는 금액의 100분의 10)

① 30만 원
② 90만 원
③ 160만 원
④ 180만 원

✔해설 주어진 규정에 따를 경우 甲이 납부해야 하는 금액은 4억 1천만 원이다. 甲이 4억 원만을 납부했으므로 나머지 1천만 원에 대한 가산금을 계산하면 된다. 1천만 원의 100분의 3은 30만 원이다.

70 귀하는 커피 전문점을 운영하고 있다. 아래와 같이 엑셀 워크시트로 4개 지점의 원두 구매 수량과 단가를 이용하여 금액을 산출할 때, 귀하가 다음 중 D3셀에서 사용하고 있는 함수식으로 옳은 것은? (단, 금액 = 수량 × 단가)

	A	B	C	D	E
1	지점	원두	수량(100g)	금액	
2	A	케냐	15	150000	
3	B	콜롬비아	25	175000	
4	C	케냐	30	300000	
5	D	브라질	35	210000	
6					
7		원두	100g당 단가		
8		케냐	10,000		
9		콜롬비아	7,000		
10		브라질	6,000		
11					

① =C3*VLOOKUP(B3, $B$8:$C$10, 1, 1)

② =B3*HLOOKUP(C3, $B$8:$C$10, 2, 0)

③ =C3*VLOOKUP(B3, $B$8:$C$10, 2, 0)

④ =C3*HLOOKUP($B$8:$C$10, 2, B3)

✔ **해설** "VLOOKUP(B3,$B$8:$C$10, 2, 0)"의 함수를 해설해보면 B3의 값(콜롬비아)을 B8:C10에서 찾은 후 그 영역의 2번째 열(C열, 100g당 단가)에 있는 값을 나타내는 함수이다. 금액은 "수량 × 단가"로 나타내므로 D3셀에 사용되는 함수식은 "=C3*VLOOKUP(B3, $B$8: $C$10, 2, 0)"이다.

※ HLOOKUP과 VLOOKUP

ⓐ HLOOKUP : 배열의 첫 행에서 값을 검색하여, 지정한 행의 같은 열에서 데이터를 추출

ⓑ VLOOKUP : 배열의 첫 열에서 값을 검색하여, 지정한 열의 같은 행에서 데이터를 추출

02 수리력

대표유형 1 단위 변환

길이, 넓이, 부피, 무게, 시간, 속도 등에 따른 단위를 이해하고, 단위가 달라짐에 따라 해당 값이 어떻게 변하는지 환산할 수 있는 능력을 평가한다. 소수점 계산 및 자릿수를 읽고 구분하는 능력을 요하기도 한다. 기본적인 단위 환산을 기억해 두는 것이 좋다.

구분	단위 환산
길이	$1cm = 10mm$, $1m = 100cm$, $1km = 1,000m$
넓이	$1cm^2 = 100mm^2$, $1m^2 = 10,000cm^2$, $1km^2 = 1,000,000m^2$, $1m^2 = 0.01a = 0.0001ha$
부피	$1cm^3 = 1,000mm^3$, $1m^3 = 1,000,000cm^3$, $1km^3 = 1,000,000,000m^3$
들이	$1m\ell = 1cm^3$, $1d\ell = 100cm^3$, $1L = 1,000cm^3 = 10d\ell$
무게	$1kg = 1,000g$, $1t = 1,000kg = 1,000,000g$
시간	1분 = 60초, 1시간 = 60분 = 3,600초
할푼리	1푼 = 0.1할, 1리 = 0.01할, 1모 = 0.001할

▌예제풀이

한 변의 길이가 4m인 정사각형 모양의 공원이 있다. 이 공원의 넓이를 잘못 표현한 것을 고르시오.

① $16m^2$

② $16,000cm^2$

③ $0.000016km^2$

④ $0.16a$

[해설]

② 1m는 100cm이므로 400cm × 400cm = 160,000cm²이다.

① 한 변이 길이가 4m인 정사각형 모양 공원의 넓이는 4m × 4m = 16m²이다.

③ 1m는 0.001km이므로 0.004km × 0.004km = 0.000016km²이다.

④ 1m²는 0.01a이므로 16m² = 0.16a이다.

답 ②

(1) 기초 연산

덧셈, 뺄셈, 곱셈, 나눗셈의 사칙연산을 활용한 기본적인 계산 문제이다.

(2) 대소 비교

① 분수와 소수 ··· 분수를 소수로, 또는 소수를 분수로 변환하여 둘을 같은 형태로 일치시킨 뒤 크기를 비교한다.

② 제곱근 ··· 어떤 수 x를 제곱하여 a가 되었을 때에, x를 a의 제곱근이라고 한다.

③ 방정식 및 부등식 비교 ··· 두 방정식 또는 부등식 A, B가 있을 때 A − B 값이 0보다 크면 A > B, 0보다 작으면 A < B, 0이면 A = B이다.

예제풀이

다음 A와 B의 대소 관계를 바르게 비교한 것을 고르시오.

> $6a = 2b + 42$일 때,
>
> A : $10a + 4b - 14$ B : $4a + 6b + 28$

① A > B ② A < B
③ A = B ④ 알 수 없다.

[해설]
A − B
$= (10a + 4b - 14) - (4a + 6b + 28)$
$= 6a - 2b - 42$에서 조건에 따라
$6a - 2b - 42 = 0$이므로 A = B이다.

답 ③

(1) 나이 · 금액 · 업무량

부모와 자식, 형제간의 나이를 계산하는 비례식 문제, 집합과 방정식을 이용한 인원 수, 동물의 수, 사물의 수를 구하는 문제 등이 출제된다.

① 나이 계산

　㉠ 문제에 나오는 사람의 나이는 같은 수만큼 증감한다.

　㉡ 모든 사람의 나이 차이는 바뀌지 않으며 같은 차이만큼 나이가 바뀐다.

② 금액 계산…총액 / 잔액, 지불하는 상대 등의 관계를 정확히 하여 문제를 잘 읽고, 대차 등의 관계를 파악한다.

　㉠ 정가 = 원가+이익=원가(원가 × 이율)

　㉡ 원가 = 정가×(1−할인율)

　㉢ x 원에서 y 원을 할인한 할인율 $= \dfrac{y}{x} \times 100 = \dfrac{100y}{x}(\%)$

　㉣ x 원에서 $y\%$ 할인한 가격 $= x \times \left(1 - \dfrac{y}{100}\right)$

　㉤ 단리 · 복리 계산

　　원금 : x, 이율 : y, 기간 : n, 원리금 합계 : S라고 할 때

　　• 단리 : $S = a(1 + rn)$

　　• 복리 : $S = a(1 + r)^n$

③ 손익 계산

　㉠ 이익이 원가의 20%인 경우 : 원가 × 0.2

　㉡ 정가가 원가의 20% 할증(20% 감소)의 경우 : 원가 × (1 + 0.2)

　㉢ 매가가 정가의 20% 할인(20% 감소)의 경우 : 정가 × (1 − 0.2)

④ 업무량 계산

　㉠ 인원수 × 시간 × 일수 = 전체 업무량

　㉡ 일한 시간 × 개인의 시간당 능력 = 제품 생산 개수

(2) 시간 · 거리 · 속도

① 날짜, 시계 계산

   ㉠ 1일＝24시간＝1,440분＝86,400초

   ㉡ 날짜와 요일 문제는 나머지를 이용하여 계산한다.

   ㉢ 분침에서 1분의 각도는 $360° \div 60 = 6°$

   ㉣ 시침에서 1시간의 각도는 $360° \div 12 = 30°$

   ㉤ 1시간 각도에서 시침의 분당 각도는 $30° \div 60 = 0.5°$

② 시간 · 거리 · 속도

   ㉠ 거리 = 속도 × 시간

   ㉡ 시간 $= \dfrac{거리}{속도}$

   ㉢ 속도 $= \dfrac{거리}{시간}$

   • 속도를 ν, 시간을 t, 거리를 s로 하면

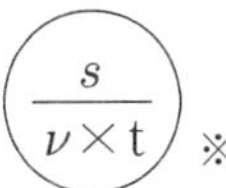 ※ 거리는 반드시 분자로 둘 것

   • 속도 · 시간 · 거리의 관계를 명확히 하며, '단위'를 착각하지 않도록 주의한다.

③ 물의 흐름

   ㉠ 강 흐름의 속도 = (내리막의 속도 − 오르막의 속도) ÷ 2

   ㉡ 오르막과 내리막의 흐르는 속도의 차이에 주목한다.

   ㉢ 오르막은 강의 흐름에 역행이므로 '배의 속도 − 강의 흐름'이며 내리막은 강의 흐름이 더해지므로 '배의 속도 + 강의 흐름'이 된다.

④ 열차의 통과

   ㉠ 열차의 이동 거리는, '목적물 + 열차의 길이'가 된다.

   ㉡ 열차가 통과한다는 것은, 선두부터 맨 끝까지 통과하는 것이다.

   ㉢ 속도 · 시간 · 거리의 단위를 일치시킨다(모두 m와 초(秒) 등으로 통일시켜 계산한다).

   ㉣ 기차가 이동한 거리는 철교의 길이와 기차의 길이를 더한 것과 같다.

(3) 나무 심기

① 직선 위의 나무 수는 최초에 심는 한 그루를 더하여 계산한다.

② 네 방향으로 심을 때는 반드시 네 모퉁이에 심어지도록 간격을 정한다.

③ 주위를 둘러싸면서 나무를 심을 경우에는 가로와 세로의 최대공약수가 나무 사이의 간격이 된다.

(4) 농도

① 식염의 양을 구한 후에 농도를 계산한다.

② 식염의 양(g) = 농도(%) × 식염수의 양(g) ÷ 100

③ 구하는 농도 $= \dfrac{식염① \times 100\,(\%)}{식염 + 물\,(= 식염수)}\,(\%)$

   ㉠ 식염수에 물을 더할 경우 : 분모에 $(+x\,\mathrm{g})$의 식을 추가한다.

   ㉡ 식염수에서 물을 증발시킬 경우 : 분모에 $(-x\,\mathrm{g})$을 추가한다.

   ㉢ 식염수에 식염을 더한 경우 : 분모, 분자 각각에 $(+x\,\mathrm{g})$을 추가한다.

대표유형 4   확률

(1) 경우의 수

① 한 사건 A가 a가지 방법으로 일어나고 다른 사건 B가 b가지 방법으로 일어난다.

   ㉠ 사건 A, B가 동시에 일어난다 : 동시에 일어나는 경우가 C가지 있을 때 경우의 수는 $a + b - c$가지이다.

   ㉡ 사건 A, B가 동시에 일어나지 않는다 : 경우의 수는 $a + b$가지이다.

② 한 사건 A가 a가지 방법으로 일어나며 일어난 각각에 대하여 다른 사건 B가 b가지 방법으로 일어날 때 A, B 동시에 일어나는 경우의 수는 $a \times b$가지이다.

(2) 확률

사건 A가 일어날 수학적 확률을 $P(A)$라 하면

$$P(A) = \frac{A\text{에 속하는 근원사건의 개수}}{\text{근원사건의 총 개수}}$$

임의의 사건 A, 전사건 S, 공사건 ϕ라면

$$0 \leq P(A) \leq 1, \ P(S) = 1, \ P(\phi) = 0$$

대표유형 5　**자료 해석**

(1) 자료 해석 문제 유형

① **자료 읽기 및 독해력** … 제시된 표나 그래프 등을 보고 표면적으로 제공하는 정보를 정확하게 읽어내는 능력을 확인하는 문제가 출제된다. 특별한 계산을 하지 않아도 자료에 대한 정확한 이해를 바탕으로 정답을 찾을 수 있다.

② **자료 이해 및 단순 계산** … 문제가 요구하는 것을 찾아 자료의 어떤 부분을 갖고 그 문제를 해결해야 하는지 파악할 수 있는 능력을 확인한다. 문제가 무엇을 요구하는지 자료를 잘 이해해서 사칙연산부터 나오는 숫자의 의미를 알아야 한다. 계산 자체는 단순한 것이 많지만 소수점의 위치 등에 유의한다. 자료 해석 문제는 무엇보다도 꼼꼼함을 요구한다. 숫자나 비율 등을 정확하게 확인하고, 이에 맞는 식을 도출해서 문제를 푸는 연습과 표를 보고 정확하게 해석할 수 있는 연습이 필요하다.

③ **응용 계산 및 자료 추리** … 자료에 주어진 정보를 응용하여 관련된 다른 정보를 도출하는 능력을 확인하는 유형으로 각 자료의 변수의 관련성을 파악하여 문제를 풀어야 한다. 하나의 자료만을 제시하지 않고 두 개 이상의 자료를 제시한 후 각 자료의 특성을 정확히 이해하여 하나의 자료에서 도출한 내용을 바탕으로 다른 자료를 이용해서 문제를 해결하는 유형도 출제된다.

(2) 대표적인 자료 해석 문제 해결 공식

① 증감률
  ㉠ 전년도 매출 : P
  ㉡ 올해 매출 : N
  ㉢ 전년도 대비 증감률 : $\dfrac{N-P}{P} \times 100$

② 비례식
  ㉠ 비교하는 양 : 기준량 = 비교하는 양 : 기준량
  ㉡ 전항 : 후항 = 전항 : 후항
  ㉢ 외항 : 내항 = 내항 : 외항

③ 백분율 … 비율 $\times 100 = \dfrac{비교하는 양}{기준량} \times 100$

출 제 예 상 문 제

|1~5| 다음 주어진 값의 단위 변환이 올바른 것을 고르시오.

1

$40kg = ($ $)$

① 0.000004kt　　　　　　　　　② 4000g

③ 0.04t　　　　　　　　　　　　④ 400000mg

> ✔ **해설** $40kg = 0.00004kt = 40000g = 0.04t = 40000000mg$

2

$4.1\ell = ($ $)$

① 410dℓ　　　　　　　　　　　② 4,100cc

③ $0.041m^3$　　　　　　　　　　④ $41cm^3$

> ✔ **해설** $4.1\ell = 41d\ell = 4,100cc = 0.0041m^3 = 4,100cm^3$

3

$17m^2$

① 0.0017ha　　　　　　　　　　② $0.17km^2$

③ $1700000mm^2$　　　　　　　　④ 0.04207ac

> ✔ **해설** $17m^2 = 0.0017ha = 0.000017km^2 = 17,000,000mm^2 = 0.004201ac$

Answer　　1.③　2.②　3.①

4

2.8m/s = (　　)

① 1.008km/h   ② 10080m/h

③ 62.63422mi/h   ④ 0.0174mi/s

    ✔ 해설   2.8m/s = 10.08km/h = 10080m/h = 6.263422mi/h = 0.00174mi/s

5

30,400mmHg = (　　　)

① 40,530hPa   ② 4atm

③ 405.3bar   ④ 4,053mb

    ✔ 해설   30,400mmHg = 40,530hPa = 40atm = 40.53bar = 40,530mb

▌6~15▐ 다음 주어진 식의 계산값이 올바른 것을 고르시오.

6

$$\frac{32}{16} \times 3$$

① 2   ② 4

③ 6   ④ 8

    ✔ 해설 $\frac{32}{16} = 2$

                 $\therefore \ 2 \times 3 = 6$

7

13.76 + 22.83

① 36.59   ② 36.39

③ 35.59   ④ 35.49

    ✔ 해설   13.76 + 22.83 = 36.59

8

$$\frac{3}{8} \times \frac{7}{5} \div \frac{9}{6}$$

① $\dfrac{7}{40}$ ② $\dfrac{21}{40}$

③ $\dfrac{7}{20}$ ④ $\dfrac{21}{20}$

✔ 해설 $\dfrac{3}{8} \times \dfrac{7}{5} \div \dfrac{9}{6} = \dfrac{3}{8} \times \dfrac{7}{5} \times \dfrac{6}{9} = \dfrac{7}{20}$

9

$$8.04 \times 10^{17} \times 25$$

① 2.01×10^{18} ② 2.01×10^{19}

③ 2.01×10^{20} ④ 2.01×10^{21}

✔ 해설 $8.04 \times 10^{17} \times 25 = 201 \times 10^{17} = 2.01 \times 10^{19}$

10

$$2.064623 + 6.254 + 0.1569 - 3.48852$$

① 1.48212   ② 2.61256

③ 3.6448   ④ 4.987003

✔ 해설 $2.064623 + 6.254 + 0.1569 - 3.48852 = 4.987003$

11

$$12 + 27 \div 3$$

① 13　　　　　　　　　　② 15

③ 18　　　　　　　　　　④ 21

✔ 해설　사칙연산은 덧셈, 뺄셈보다 곱셈, 나눗셈을 먼저 계산한다.
$\therefore 12 + (27 \div 3) = 12 + 9 = 21$

12

$$17 - 5 \times 9$$

① 108　　　　　　　　　② -28

③ 38　　　　　　　　　　④ -17

✔ 해설　사칙연산에서는 덧셈, 뺄셈보다 곱셈, 나눗셈을 먼저 계산한다.
$5 \times 9 = 45$를 먼저 하고, $17 - 45$를 나중에 계산하면
$\therefore 17 - 45 = -28$

13

$$\frac{15}{4} \times \frac{32}{9} \times 3$$

① 40　　　　　　　　　　② 50

③ 60　　　　　　　　　　④ 70

✔ 해설　$\dfrac{15}{4} \times \dfrac{32}{9} \times 3 = 40$

14

$$84 - \frac{29}{40} \times 2^4$$

① 70.4　　　　　　　② 71.4

③ 72.4　　　　　　　④ 73.4

✔ 해설　$84 - \dfrac{29}{40} \times 2^4 = 84 - 11.6 = 72.4$

15

$$7 + 7 \div 7 + 7 \times 7 - 7$$

① 1　　　　　　　② 7

③ 50　　　　　　　④ 56

✔ 해설　사칙연산은 덧셈, 뺄셈보다 곱셈, 나눗셈을 먼저 계산한다.
$7 + (7 \div 7) + (7 \times 7) - 7 = 7 + 1 + 49 - 7 = 50$

┃16~20┃ 다음 계산식 중 괄호 안에 들어갈 알맞은 수를 고르시오.

16

$$86 - (\quad) \div 3 = 54$$

① 84　　　　　　　② 90

③ 96　　　　　　　④ 102

✔ 해설　$86 - (96) \div 3 = 54$

17

$$\{(3 - 6)\times2\} \times (\quad) = 6$$

① -2 　　　　　② -1
③ 1 　　　　　④ 2

✔ **해설**　$\{(3 - 6)\times2\} \times (-1) = 6$

18

$$(\quad) + 27 \times 33 = 905$$

① 3 　　　　　② 9
③ 14 　　　　　④ 18

✔ **해설**　$14 + 27 \times 33 = 905$

19

$$2 \times (\quad) - 1978 = 4578$$

① 2638 　　　　　② 2898
③ 3018 　　　　　④ 3278

✔ **해설**　$2 \times 3278 - 1978 = 6556 - 1978 = 4578$

20

$$12\{32+(\quad)\}\div6 = 518$$

① 189 　　　　　② 227
③ 276 　　　　　④ 305

✔ **해설**　$12\{32+(227)\}\div6 = 518$

21

$$A : \frac{73}{16} \qquad\qquad B : \frac{112}{19}$$

① $A \langle B$ ② $A \rangle B$

③ $A = B$ ④ 알 수 없다.

✔ 해설 $A : \dfrac{73}{16} = 4.5625$

$B : \dfrac{112}{19} = 5.8947\ldots$

22

$$A : 4\frac{5}{11} \qquad\qquad B : 4\frac{4}{13}$$

① $A \langle B$ ② $A \rangle B$

③ $A = B$ ④ 알 수 없다.

✔ 해설 $A : 4\dfrac{5}{11} = 4.4545\ldots$

$B : 4\dfrac{4}{13} = 4.3076\ldots$

23

$$\bullet \ A : (-2)^2 \qquad\qquad \bullet \ B : -2^3$$

① $A > B$ ② $A < B$

③ $A = B$ ④ 알 수 없다.

✔ 해설 $A = 4$, $B = -8$이므로 $A > B$이다.

24

> $A : 2+\sqrt{7}$　　　　　　　　$B : \sqrt{5}+3$

① $A > B$　　　　　　　　② $A < B$

③ $A = B$　　　　　　　　④ 알 수 없다.

> ✔해설　$A : 2 < \sqrt{7} < 3$
> 　　　　　$\Rightarrow 4 < 2+\sqrt{7} < 5$
> 　　　$B : 2 < \sqrt{5} < 3$
> 　　　　　$\Rightarrow 5 < \sqrt{5}+3 < 6$
> 　　　$\therefore A < B$

25

> ・$A : \sqrt{10}$　　　　　　　　・$B : \sqrt{3}+2$

① $A > B$　　　　　　　　② $A < B$

③ $A = B$　　　　　　　　④ 알 수 없다.

> ✔해설　$A : \sqrt{10} ≒ 3.162$
> 　　　$B = \sqrt{3}+2 ≒ 1.732+2 = 3.732$
> 　　　$\therefore A < B$

26

> $2a < 3b+7$일 때,
> $A : a+b+7$　　　　　　　　$B : 4b-a$

① $A > B$　　　　　　　　② $A < B$

③ $A = B$　　　　　　　　④ 알 수 없다.

> ✔해설　$2a-3b < 7$
> 　　　$A-B = 2a-3b+7 < 14$
> 　　　$\therefore A$와 B의 대소를 비교할 수 없다.

27

> $3a = b + 21$ 일 때,
>
> $A : 5a + 2b - 7$ $\qquad\qquad$ $B : 2a + 3b + 14$

① $A > B$ $\qquad\qquad$ ② $A < B$

③ $A = B$ $\qquad\qquad$ ④ 알 수 없다.

✔해설 $A - B = 3a - b - 21 = 0$
$\therefore A = B$

28

> $A :$ 5시와 6시 사이에 시침과 분침이 만날 때의 분
>
> $B : 28$

① $A > B$ $\qquad\qquad$ ② $A < B$

③ $A = B$ $\qquad\qquad$ ④ 알 수 없다.

✔해설 5시와 6시 사이에 시침과 분침이 만날 때를 5시 A분이라고 할 때,

12시를 기준으로 시침의 각도는 $150 + 30 \times \dfrac{A}{60}$, 분침의 각도는 $6A$이므로

$150 + 30 \times \dfrac{A}{60} = 6A$

$A = 27.2727 \cdots$ 이므로 $A < B$

29

> $A :$ 정팔면체의 모서리 수를 X, 꼭짓점 수를 Y라고 할 때, $3X + 5Y$의 값
>
> $B :$ 144와 360의 최대공약수

① $A > B$ $\qquad\qquad$ ② $A < B$

③ $A = B$ $\qquad\qquad$ ④ 알 수 없다.

✔해설 $A :$ 정팔면체의 모서리 수는 12, 꼭짓점 수는 6이므로 $3X + 5Y = 66$
$B : 144 = 2^4 \times 3^2$, $360 = 2^3 \times 3^2 \times 5$ 이므로 최대공약수는 $2^3 \times 3^2 = 72$
$\therefore A < B$

30

> A : 1, 2, 3, 4가 각각 적힌 카드 네 장을 한 번씩 사용하여 세 자리 수를 만들 때 140 이상이 되는 경우의 수
>
> B : 21

① $A > B$

② $A < B$

③ $A = B$

④ 알 수 없다.

> ✔ 해설 1□□일 때 140 이상인 경우는 142, 143이고,
> 2□□, 3□□, 4□□은 무조건 140 이상이므로 $3(3 \times 2) = 18$
> ∴ 총 경우의 수는 20이므로 $A < B$

31 190원짜리 사탕과 220원짜리 초콜릿을 합하여 총 18개를 사고 구매 금액을 3,800원 이하로 할 때 초콜릿은 최고 몇 개까지 살 수 있는가?

① 10개

② 11개

③ 12개

④ 13개

> ✔ 해설 초콜릿의 개수를 x라 하면
> $$190(18-x)+220x \leq 3,800$$
> $$x \leq 12\frac{2}{3}$$
> ∴ 초콜릿은 최고 12개까지 살 수 있다.

32 2개의 주사위를 동시에 던질 때, 주사위에 나타난 숫자의 합이 7이 될 확률과 두 주사위가 같은 수가 나올 확률의 합은?

① $\dfrac{1}{12}$ ② $\dfrac{1}{2}$

③ $\dfrac{1}{9}$ ④ $\dfrac{1}{3}$

✔ **해설** 두 주사위를 동시에 던질 때 나올 수 있는 모든 경우의 수는 36이다. 숫자의 합이 7이 될 수 있는 확률은 (1,6), (2,5), (3,4), (4,3), (5,2), (6,1) 총 6가지, 두 주사위가 같은 수가 나올 확률은 (1,1), (2,2), (3,3), (4,4), (5,5), (6,6) 총 6가지다.

$$\therefore \frac{6}{36} + \frac{6}{36} = \frac{1}{3}$$

33 메뉴가 돈가스와 우동뿐인 식당에 총 50명의 손님이 다녀갔다. 돈가스를 주문한 사람은 42명, 우동을 주문한 사람은 36명일 때, 돈가스와 우동을 동시에 주문한 사람은 몇 명인가?

① 26명   ② 28명

③ 30명   ④ 32명

✔ **해설** 42(돈가스를 주문한 사람) + 36(우동을 주문한 사람) − 50(총 다녀간 손님 수) = 28

34 아시안 게임에 참가한 어느 종목의 선수들을 A, B, C 등급으로 분류하여 총 4천5백만 원의 포상금을 지급하려고 한다. A등급의 선수 각각은 B등급보다 2배, B등급은 C등급보다 1.5배 더 지급하려고 한다. A등급은 5명, B등급은 10명, C등급은 15명이라면, A등급을 받은 선수 한 명에게 지급될 금액은?

① 300만 원

② 400만 원

③ 450만 원

④ 500만 원

✔ **해설** A등급 한 명에게 지급되는 금액을 $6x$, B등급 한 명에게 지급되는 금액을 $3x$, C등급 한 명에게 지급되는 금액을 $2x$라 하면, $6x \times 5 + 3x \times 10 + 2x \times 15 = 4500$(만 원), $x = 50 \rightarrow 6x = 300$(만 원)

35 배로 강을 100km 거슬러 올라가는 데 5시간, 같은 거리를 내려오는 데 2시간이 걸렸다. 배의 속력과 강물의 속력을 각각 구하면?

① 배의 속력 : 25km/시, 강물의 속력 : 15km/시

② 배의 속력 : 28km/시, 강물의 속력 : 10km/시

③ 배의 속력 : 30km/시, 강물의 속력 : 12km/시

④ 배의 속력 : 35km/시, 강물의 속력 : 15km/시

✔ **해설** 배의 속력을 x, 강물의 속력을 y라 하면

$$\begin{cases} \dfrac{100}{x-y} = 5 \;\Rightarrow\; x-y = 20 \\ \dfrac{100}{x+y} = 2 \;\Rightarrow\; x+y = 50 \end{cases}$$

$\therefore\ x = 35\,(\text{km/시}),\ y = 15\,(\text{km/시})$

36 4%의 소금물과 10%의 소금물을 섞은 후 물을 더 부어 4.5%의 소금물 200g을 만들었다. 10%의 소금물의 양과 더 부은 물의 양이 같다고 할 때, 4% 소금물의 양은 몇 g인가?

① 100g

② 105g

③ 110g

④ 120g

 **해설** 4%의 소금물을 x, 10%의 소금물을 y라 하면

$x + 2y = 200 \;\cdots\; ①$

$\dfrac{4}{100}x + \dfrac{10}{100}y = \dfrac{45}{1000} \times 200 \;\cdots\; ②$

두 식을 연립하면 $x = 100$, $y = 50$이므로 4% 소금물의 양은 100g이다.

37 합창 단원 선발에 지원한 남녀의 비가 3 : 5이다. 응시 결과 합격자 가운데 남녀의 비가 2 : 3이고, 불합격자 남녀의 비는 4 : 7이다. 합격자가 160명이라고 할 때, 여학생 지원자의 수는 몇 명인가?

① 300명

② 305명

③ 310명

④ 320명

해설

구분	합격자	불합격자	지원자 수
남자	$2a$	$4b$	$2a + 4b$
여자	$3a$	$7b$	$3a + 7b$

합격자가 160명이므로 $5a = 160 \Rightarrow a = 32$

$3 : 5 = (2a + 4b) : (3a + 7b)$

$\Rightarrow 5(2a + 4b) = 3(3a + 7b)$

$\Rightarrow a = b = 32$

∴ 여학생 지원자의 수는 $3a + 7b = 10a = 320$(명)이다.

38 아날로그 시계에서 7시와 8시 사이에 시침과 분침이 겹치는 시각은 언제인가? (단, 초침은 고려하지 않으며 소수점 첫째 자리에서 반올림한다.)

① 36분

② 37분

③ 38분

④ 39분

해설 12시 위치에서 시계방향으로 각도를 잰다고 할 때, 시침은 $210°$ 위치에서 분당 $0.5°$씩 더하는 방향으로 움직이고, 분침은 $0°$에서 분당 $6°$씩 더해지게 된다.

$210° + \dfrac{30°}{60분} \times x분 = \dfrac{360°}{60분} \times x분,\ x = 38$

39 900원짜리 사과와 300원짜리 귤을 합하여 9개를 사고 4,500원을 지불하였다. 이때 사과는 몇 개 샀는가?

① 1개 　　　　　　　　　　　　　② 2개

③ 3개 　　　　　　　　　　　　　④ 4개

> ✔ 해설　사과를 x개, 귤을 y개 샀다고 하면
> $$\begin{cases} x+y=9 \\ 900x+300y=4,500 \end{cases}, \quad 즉 \quad \begin{cases} x+y=9 \\ 3x+y=15 \end{cases}$$
> $$\therefore \ x=3, \ y=6$$
> 따라서 사과는 3개 샀다.

40 창고의 짐을 옮기는데 첫째 날은 A 혼자, 둘째 날은 B와 C, 셋째 날은 A와 C, 넷째 날은 A와 B와 C, 마지막 날에는 B 혼자 일하여 12일이 소요되었다. 처음부터 A와 B와 C가 같이 일했다면 며칠이 걸리겠는가? (단, A, B, C 세 사람의 일의 양은 같다.)

① 3일 　　　　　　　　　　　　　② 4일

③ 5일 　　　　　　　　　　　　　④ 6일

> ✔ 해설　$A+(B+C)+(A+C)+(A+B+C)+B=12$일
> $3(A+B+C)=12$일, $A+B+C=4$일
> A, B, C가 처음부터 함께 일하면 4일이 걸린다.

41 금이 70% 포함된 합금과 금이 85% 포함된 합금을 섞어서 금이 80% 포함된 합금 600g을 만들었다. 이때 금이 85% 포함된 합금은 몇 g을 섞어야 하는가?

① 250g 　　　　　　　　　　　　② 300g

③ 350g 　　　　　　　　　　　　④ 400g

> ✔ 해설　금이 70% 포함된 합금을 xg, 금이 85% 포함된 합금을 yg 섞는다고 하면
> $$\begin{cases} x+y=600 \\ \dfrac{70}{100}x+\dfrac{85}{100}y=\dfrac{80}{100}\times 600 \end{cases}, \quad 즉 \quad \begin{cases} x+y=600 \\ 14x+17y=9600 \end{cases}$$
> $$\therefore \ x=200, \ y=400$$
> 따라서 금이 85% 포함된 합금은 400g 섞어야 한다.

42 영수가 달리기를 하는데 처음에는 초속 6m의 속력으로 뛰다가 반환점을 돈 후에는 분속 90m의 속력으로 걸어서 30분 동안 4.5km를 달렸다면 출발지에서 반환점까지의 거리는?

① 2,400m

② 3,000m

③ 3,600m

④ 4,000m

✔ 해설　처음의 초속을 분속으로 바꾸면 $6 \times 60 = 360 \text{m/min}$

출발지에서 반환점까지의 거리를 x라 하면

$\dfrac{x}{360} + \dfrac{4500 - x}{90} = 30$ 이므로 양변에 360을 곱하여 식을 간단히 하면

$x + 4(4500 - x) = 10800$

$\therefore x = 2,400 \text{(m)}$

43 지수가 낮잠을 자는 동안 엄마가 집에서 마트로 외출을 했다. 곧바로 잠에서 깬 지수는 엄마가 출발하고 10분 후 엄마의 뒤를 따라 마트로 출발했다. 엄마는 매분 100m의 속도로 걷고, 지수는 매분 150m의 속도로 걷는다면 지수는 몇 분 만에 엄마를 만나게 되는가?

① 10분

② 20분

③ 30분

④ 40분

✔ 해설　지수가 걸린 시간을 y, 엄마가 걸린 시간을 x라 하면

$\begin{cases} x - y = 10 \cdots \ \text{㉠} \\ 100x = 150y \cdots \ \text{㉡} \end{cases}$ 에서 ㉠을 ㉡에 대입한다.

$100(y + 10) = 150y \implies 5y = 100 \implies y = 20$

따라서 지수는 20분 만에 엄마를 만나게 된다.

44 서울 사람 2명과 대전 사람 2명, 대구, 부산, 세종 사람 각 1명씩 모여 7개의 의자에 일렬로 앉았다. 양쪽 끝에 같은 지역의 사람이 앉아있을 확률은?

① $\dfrac{1}{21}$

② $\dfrac{2}{21}$

③ $\dfrac{4}{21}$

④ $\dfrac{8}{21}$

✔ 해설 ㉠ 7명의 사람이 의자에 일렬로 앉을 수 있는 경우의 수 : 7!
　　　　㉡ 서울 사람이 양쪽 끝의 의자에 앉는 경우 : 5!×2
　　　　㉢ 대전 사람이 양쪽 끝의 의자에 앉는 경우 : 5!×2
　　　　$\therefore \dfrac{㉡+㉢}{㉠} = \dfrac{5!\times2\times2}{7!} = \dfrac{2}{21}$

45 학생 수가 50명인 초등학교 교실이 있다. 이 중 4명을 제외한 나머지 학생 모두가 방과 후 교실 프로그램으로 승마 또는 골프를 배우고 있다. 승마를 배우는 학생이 26명이고 골프를 배우는 학생이 30명일 때, 승마와 골프를 모두 배우는 학생은 몇 명인가?

① 9명

② 10명

③ 11명

④ 12명

✔ 해설 전체 학생의 집합을 U, 승마를 배우는 학생의 집합을 A, 골프를 배우는 학생의 집합을 B라 하면
n(U)=50, n(A)=26, n(B)=30
4명을 제외한 모든 학생이 승마 또는 골프를 배운다고 하였으므로
방과 후 교실 프로그램에 참여하는 모든 학생 수는 50−4=46(명)이다.
따라서 승마와 골프를 모두 배우는 학생의 수는
n(A)+n(B)−46=26+30−46=10(명)이다.

46 기범이네 동아리 캠핑에서 고구마 25개, 감자 40개, 옥수수 70개를 모두에게 같은 개수대로 나누어주려고 했더니 고구마는 1개 부족하고, 감자는 1개가 남고, 옥수수는 5개가 남았다. 기범이네 동아리 인원은 최대 몇 명인가?

① 11명　　　　　　　　　　　　　② 12명

③ 13명　　　　　　　　　　　　　④ 14명

> **✔ 해설** 고구마 $(25+1)$개, 감자 $(40-1)$개, 옥수수 $(70-5)$개를 똑같이 나누어줄 수 있는 최대의 사람을 구하는 것이므로 26, 39, 65의 최대공약수를 구하면 13명이 된다.

47 구리와 아연을 $4:3$의 비율로 섞은 합금 A와 구리와 아연을 $2:3$으로 섞은 합금 B가 있다. 이 두 종류의 합금을 녹여 구리와 아연을 $10:9$의 비율로 섞은 합금 950g을 만들려고 한다. 필요한 두 합금 A, B의 양을 각각 구하면?

① A＝400g, B＝550g　　　　　　② A＝500g, B＝450g

③ A＝650g, B＝300g　　　　　　④ A＝700g, B＝250g

> **✔ 해설** A 합금의 양을 x, B 합금의 양을 y라 하면
> $$\frac{4}{7}x + \frac{2}{5}y = \frac{10}{19} \times 950 \Rightarrow 10x + 7y = 8750$$
> $$\frac{3}{7}x + \frac{3}{5}y = \frac{9}{19} \times 950 \Rightarrow 5x + 7y = 5250$$
> 두 식을 연립하면 A $= x = 700g$, B $= y = 250g$

48 20,000원을 모두 사용해서 800원짜리 색연필과 2,000원짜리 볼펜을 종류에 상관없이 최대한 많이 산다고 할 때 색연필과 볼펜을 합하여 총 몇 개를 살 수 있는가? (단, 색연필과 볼펜 모두 한 개 이상 사야 한다.)

① 25개 ② 22개

③ 20개 ④ 16개

> **✔ 해설** 색연필 구매 개수를 x, 볼펜 구매 개수를 y라 할 때,
> $800x + 2000y = 20000$인 정수 x, y는 (5, 8), (10, 6), (15, 4), (20, 2)이므로 종류에 상관없이 최대한 많이 살 수 있는 경우는 (20, 2)로 총 22개를 살 수 있다.

49 원가가 2,200원인 상품을 3할의 이익이 남도록 정가를 책정하였다. 하지만 판매 부진으로 할인하여 판매하였고, 할인가가 원가보다 484원 저렴했다. 그렇다면 정가의 얼마를 할인한 것인가?

① 2할 2푼 ② 3할

③ 3할 5푼 ④ 4할

> **✔ 해설** 정가 $= 2200(1 + 0.3) = 2860$(원)
> 할인율을 x라 하면 $2860 \times (1 - x) - 2200 = -484$이므로
> $2860 - 2860x = 1716$
> $x = 0.4$
> 즉, 4할을 할인한 것이다.

50 양의 정수 x를 6배한 수는 42보다 크고, 5배한 수에서 10을 더한 수는 50보다 작을 때, 이 조건을 만족하는 모든 양의 정수 x의 합은?

① 38 ② 45

③ 57 ④ 63

> **✔ 해설** $6x > 42$, $5x + 10 < 50$를 정리하면
> $7 < x < 12$이므로 만족하는 모든 정수 x의 합은 $8 + 9 + 10 + 11 = 38$이다.

51 A전자마트에서 TV는 원가의 10%를 더하여 정가를 정하고, 에어컨은 원가의 5%를 더하여 정가를 정하는데 직원의 실수로 TV와 에어컨의 이익률을 반대로 계산했다. TV 15대, 에어컨 10대를 판매한 후에야 이 실수를 알았을 때, 제대로 계산했을 때와 잘못 계산했을 때의 손익계산으로 옳은 것은? (단, TV가 에어컨보다 원가가 높고, TV와 에어컨 원가의 차는 20만 원, 잘못 계산된 정가의 합은 150만 원이다.)

① 60만 원 이익 　　　　　　　　② 60만 원 손해

③ 30만 원 이익 　　　　　　　　④ 30만 원 손해

> **✔ 해설** TV의 원가를 x, 에어컨의 원가를 y라 할 때,
> $x - y = 20$만 원
> $1.05x + 1.1y = 150$만 원
> 두 식을 연립하여 풀면 $x = 80$, $y = 60$이다.
> ㉠ 잘못 계산된 정가
> 　TV : 1.05×80만 $= 84$만 원
> 　에어컨 : 1.1×60만 $= 66$만 원이므로
> 　TV 15대, 에어컨 10대의 가격은 $84 \times 15 + 66 \times 10 = 1,260 + 660 = 1,920$만 원
> ㉡ 제대로 계산된 정가
> 　TV : 1.1×80만 $= 88$만 원
> 　에어컨 : 1.05×60만 $= 63$만 원이므로
> 　TV 15대, 에어컨 10대의 가격은 $88 \times 15 + 63 \times 10 = 1,320 + 630 = 1,950$만 원
> $\therefore$ 30만 원 손해

52 두 자리의 자연수에 대하여 각 자리의 숫자의 합은 11이고, 이 자연수의 십의 자리 숫자와 일의 자리 숫자를 바꾼 수의 3배보다 5 큰 수는 처음 자연수와 같다고 한다. 처음 자연수의 십의 자리 숫자는?

① 9 　　　　　　　　　　　　② 7

③ 5 　　　　　　　　　　　　④ 3

> **✔ 해설** 십의 자리 숫자를 x, 일의 자리 숫자를 y라고 할 때,
> $x + y = 11 \cdots ㉠$
> $3(10y + x) + 5 = 10x + y \cdots ㉡$
> ㉡을 전개하여 정리하면 $-7x + 29y = -5$이므로
> ㉠ $\times 7 + ㉡$을 계산하면 $36y = 72$
> 따라서 $y = 2$, $x = 9$이다.

53 2022년 12월 현재 태우와 민식이의 통장에는 각각 30만 원, 50만 원이 들어있다. 2023년 1월부터 태우는 매월 1일에 5만 원씩 저축하고, 민식이는 4만 원씩 저축할 때, 두 사람의 저축액이 같아지는 달은 언제인가?

① 2023년 8월 말

② 2023년 12월 말

③ 2024년 8월 말

④ 2024년 12월 말

✔ 해설 태우와 민식이의 저축액이 같아지는 시기를 x개월 후라고 할 때,
$30 + 5x = 50 + 4x$이므로
$x = 20$(개월) 후에 태우와 민식이의 저축액이 같아진다.

54 다음은 통신사 A, B의 휴대폰 요금표이다. 통신사 B를 선택한 사람의 통화량이 최소 몇 분이 넘어야 통신사 A 를 선택했을 때보다 이익인가?

통신사	월별 기본료	월별 무료통화	초과 1분당 통화료
A	40,000원	300분	60원
B	50,000원	400분	50원

① 500분

② 600분

③ 700분

④ 800분

✔ 해설 통화량이 x분인 사람의 요금은
통신사 A의 경우 $40,000 + 60(x - 300)$, 통신사 B의 경우 $50,000 + 50(x - 400)$이므로
$50,000 + 50(x - 400) < 40,000 + 60(x - 300)$일 때 A를 선택했을 때보다 더 이익이다.
∴ $x > 800$(분)

55 등산로 A와 A보다 2km 더 긴 등산로 B가 있다. 민경이 하루는 등산로 A로 올라갈 때는 시속 2km, 내려올 때는 시속 6km의 속도로 등산을 했고, 다른 날 등산로 B로 올라갈 때는 시속 3km, 내려올 때는 시속 5km의 속도로 등산을 했다. 이틀 모두 동일한 시간에 등산을 마쳤을 때, 등산로 A, B의 거리의 합은?

① 16km ② 18km

③ 20km ④ 22km

✔해설 등산로 A의 거리를 $a$km, 등산로 B의 거리를 $(a+2)$km라 하면

$$\frac{a}{2}+\frac{a}{6}=\frac{a+2}{3}+\frac{a+2}{5}$$ 이므로

$a=8$km

∴ 등산로 A와 B의 거리의 합은 18km

56 다음은 지방섭취량과 혈중 납량의 관계 그래프이다. 이에 대한 설명으로 옳지 않은 것은?

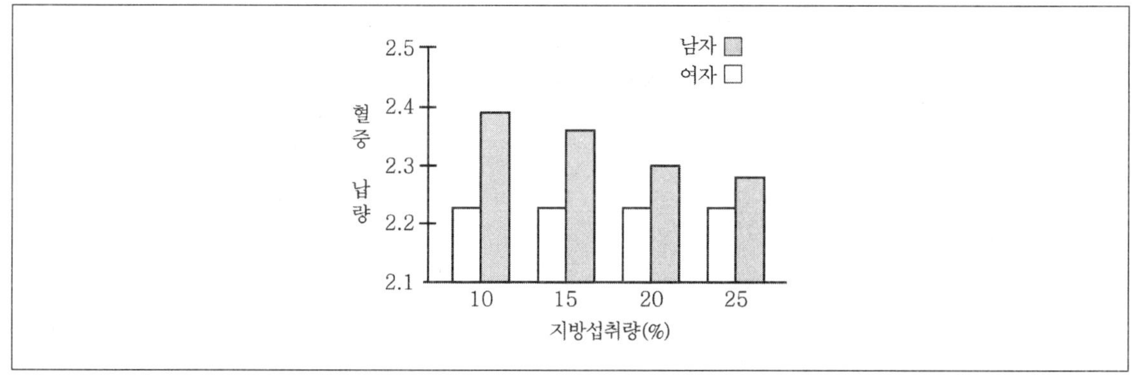

① 지방섭취량과 혈중 납량은 반비례의 관계이다.

② 남자의 경우 적절한 지방섭취는 혈액 중의 납 농도를 감소시킨다.

③ 여자의 경우 지방의 적정 권장량을 먹는 사람(25% 지방섭취량)이 10% 정도로 적게 섭취하는 사람과 혈중 납이 비슷한 결과를 보인다.

④ 남자의 경우 지방의 적정 권장량을 먹는 사람(25% 지방섭취량)이 10% 정도로 적게 섭취하는 사람보다 혈중 납이 줄어드는 결과를 보인다.

✔해설 남자의 경우 지방섭취량이 증가할수록 혈중 납 농도가 감소하나 여자의 경우 혈중 납 농도는 지방섭취량에 관계없이 일정하다.

57 다음은 2020~2024년 전체 산업과 보건복지산업 취업자 수를 표로 나타낸 것이다. 주어진 표를 그래프로 나타낸 것으로 옳은 것은?

(단위 : 천 명)

산업 구분 \ 연도	2020년	2021년	2022년	2023년	2024년
전체 산업	24,861	24,900	25,617	26,405	27,189
보건복지산업	1,971	2,127	2,594	2,813	3,187
보건업 및 사회복지서비스업	1,153	1,286	1,379	1,392	1,511
기타 보건복지산업	818	841	1,215	1,421	1,676

① 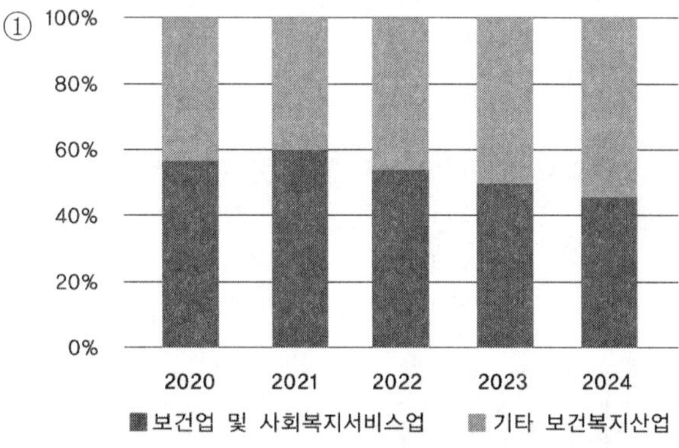

② 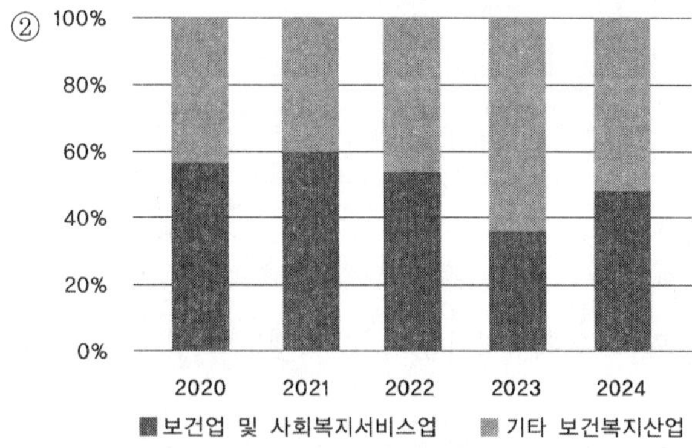

③ 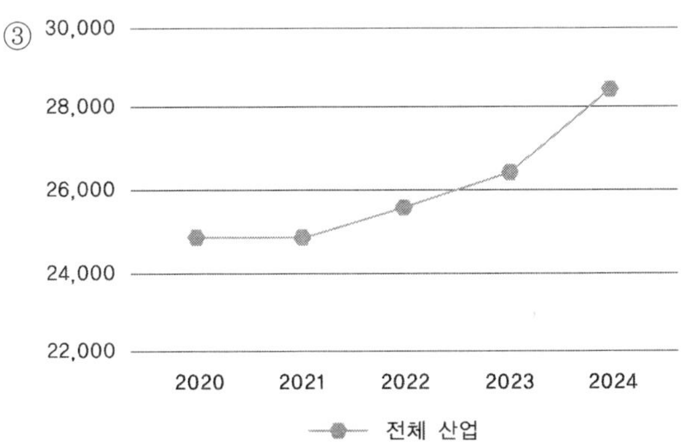

④ 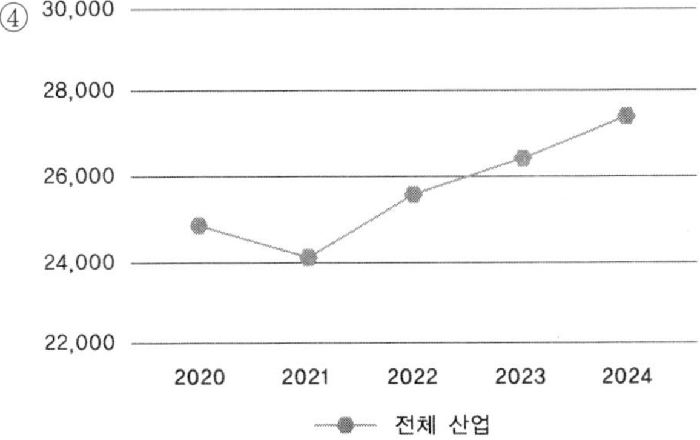

✔ 해설 ② 2023의 비율이 잘못되었다.
③ 2024의 전체 산업 취업자 수는 27,189천 명이다.
④ 2021의 전체 산업 취업자 수는 24,900천 명으로 2020년도보다 증가한다.

58 다음은 지하가 없는 동일한 바닥 면적을 가진 건물들에 관한 사항이다. 이 중 층수가 가장 높은 건물은?

건물	대지 면적	연면적	건폐율
A	$400m^2$	$1,200m^2$	50%
B	$300m^2$	$840m^2$	70%
C	$300m^2$	$1,260m^2$	60%
D	$400m^2$	$1,440m^2$	60%

※ 건축면적 $= \dfrac{건폐율 \times 대지면적}{100(\%)}$, 층수 $= \dfrac{연면적}{건축면적}$

① A ② B
③ C ④ D

✔ 해설

$$층수 = \frac{연면적}{건축면적} = \frac{연면적 \times 100(\%)}{건폐율 \times 대지면적}$$

㉠ A의 층수 : $\dfrac{1,200m^2 \times 100\%}{50\% \times 400m^2} = 6층$

㉡ B의 층수 : $\dfrac{840m^2 \times 100\%}{70\% \times 300m^2} = 4층$

㉢ C의 층수 : $\dfrac{1,260m^2 \times 100\%}{60\% \times 300m^2} = 7층$

㉣ D의 층수 : $\dfrac{1,440m^2 \times 100\%}{60\% \times 400m^2} = 6층$

59 자료에 대한 분석으로 옳은 것은?

〈고령 인구 규모 및 추이〉

(단위 : 천 명)

구분		2018년	2022년	증가율(%)
총인구		45,125	47,345	4.9
65세 이상		3,371	4,365	29.5
성별	남자	1,287	1,736	34.9
	여자	2,084	2,629	26.1
지역	도시	2,001	2,747	37.2
	농촌	1,370	1,618	18.1

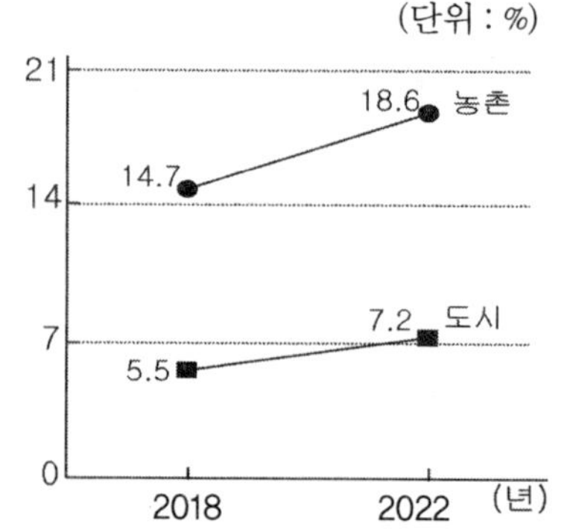

① 도시의 고령화가 농촌보다 빠르게 진행되었다.

② 도시 지역은 2018년에 고령화 단계에 진입하였다.

③ 총인구 수보다 고령 인구 수가 더 많이 증가하였다.

④ 여성 고령자의 비중이 더 크지만 증가율은 남성이 더 높다.

> **✔ 해설** ① 전체 인구에 대한 고령 인구의 비율 즉, 고령화 정도는 농촌이 도시보다 빠르게 진행되고 있다.
> ② 전체 인구 중 고령 인구가 차지하는 비율이 7%, 14%, 21% 이상이면 각각 고령화 사회, 고령 사회, 초고령 사회라고 한다.
> ③ 총인구 수는 222만 명, 고령 인구(65세 이상) 수는 99만 4천 명 증가하였다.

60 표는 갑국의 학력별, 성별 평균 임금을 비교한 것이다. 이에 대한 옳은 분석을 〈보기〉에서 고른 것은? (단, 고졸 평균 임금은 2022년보다 2024년이 많다.)

구분	2022년	2024년
중졸 / 고졸	0.78	0.72
대졸 / 고졸	1.20	1.14
여성 / 남성	0.70	0.60

〈보기〉

㉠ 2024년 중졸 평균 임금은 2022년에 비해 감소하였다.
㉡ 2024년 여성 평균 임금은 2022년에 비해 10% 감소하였다.
㉢ 2024년 남성의 평균 임금은 여성 평균 임금의 2배보다 적다.
㉣ 중졸과 대졸 간 평균 임금의 차이는 2022년보다 2024년이 크다.

① ㉠㉡
② ㉠㉢
③ ㉡㉢
④ ㉢㉣

> **✔ 해설** ㉢ 2024년 여성 평균 임금이 남성 평균 임금의 60%이므로 남성 평균 임금은 여성 평균 임금의 2배가 되지 않는다.
> ㉣ 고졸 평균 임금 대비 중졸 평균 임금의 값과 고졸 평균 임금 대비 대졸 평균 임금의 값 간의 차이는 2022년과 2024년에 0.42로 같다. 하지만 비교의 기준인 고졸 평균 임금이 상승하였으므로 중졸과 대졸 간 평균 임금의 차이는 2022년보다 2024년이 크다.

▌61~63▐ 다음은 주유소 4곳을 경영하는 서원각에서 2022년 VIP 회원의 업종별 구성 비율을 지점별로 조사한 표이다. 표를 보고 물음에 답하시오. (단, 가장 오른쪽은 각 지점의 회원수가 전 지점의 회원 총수에서 차지하는 비율을 나타낸다.)

구분	학생	회사원	자영업자	주부	각 지점 / 전 지점
A	10%	20%	40%	30%	10%
B	20%	30%	30%	20%	30%
C	10%	50%	20%	20%	40%
D	30%	40%	20%	10%	20%
전 지점	20%		30%		100%

61 서원각 전 지점에서 회사원의 수는 회원 총수의 몇 %인가?

① 24% ② 33%

③ 39% ④ 51%

> **✔ 해설** $A = 0.1 \times 0.2 = 0.02 = 2(\%)$
> $B = 0.3 \times 0.3 = 0.09 = 9(\%)$
> $C = 0.4 \times 0.5 = 0.2 = 20(\%)$
> $D = 0.2 \times 0.4 = 0.08 = 8(\%)$
> $\therefore A+B+C+D = 39(\%)$

62 A 지점의 회원수를 5년 전과 비교했을 때 자영업자의 수가 2배 증가했고 주부 회원과 회사원은 1/2로 감소하였으며 그 외는 변동이 없었다면 5년 전 학생 비율은? (단, A지점의 2022년 VIP 회원의 수는 100명이다.)

① 7.69% ② 8.53%

③ 8.67% ④ 9.12%

> **✔ 해설** 2022년 A 지점의 회원 수는 학생 10명, 회사원 20명, 자영업자 40명, 주부 30명이다. 따라서 2019년의 회원 수는 학생 10명, 회사원 40명, 자영업자 20명, 주부 60명이 된다. 이 중 학생의 비율은
> $\frac{10명}{130명} \times 100(\%) \fallingdotseq 7.69\%$가 된다.

63 B 지점의 학생 회원수가 300명일 때 C 지점의 학생 회원수는?

① 100명

② 200명

③ 300명

④ 400명

> ✔ **해설** B 지점의 차지하는 비율 $= 0.3 \times 0.2 = 0.06 = 6(\%)$
> C 지점의 차지하는 비율 $= 0.4 \times 0.1 = 0.04 = 4(\%)$
> B 지점 수가 300명이므로 $6 : 4 = 300 : x$
> $\therefore x = 200$(명)

64 다음은 어느 통계사항을 나타낸 표이다. (개)에 들어갈 수로 알맞은 것은? (단, 모든 계산은 소수점 첫째 자리에서 반올림한다.)

구분	접수 인원	응시 인원	합격자수	합격률
1회	1,808	1,404	(개)	43.1
2회	2,013	1,422	483	34.0
3회	1,148	852	540	63.4

① 601

② 605

③ 613

④ 617

> ✔ **해설** $\dfrac{x}{1404} \times 100 = 43.1$
> $100x = 60512.4$
> $\therefore x = 605$(명)

〈연도별 국가지정 문화재 현황〉

(단위 : 건)

	2018년	2019년	2020년	2021년	2022년
계	3,583	3,622	3,877	3,940	3,999
국보	315	317	328	331	336
보물	1,813	1,842	2,060	2,107	2,146
사적	488	491	495	500	505
명승	109	109	109	110	112
천연기념물	454	455	456	457	459
국가무형문화재	a	122	135	138	142
국가민속문화재	284	286	294	297	299

〈2022년 행정구역별 국가지정 문화재 현황〉

	서울	경기·인천	강원	전라	충청	경상	제주	기타
계	1,021	365	191	609	463	1,172	86	92
국보	163	12	11	31	42	77	0	0
보물	706	190	81	291	239	630	9	0
사적	67	87	18	86	70	170	7	0
명승	3	5	25	28	13	29	9	0
천연기념물	b	33	42	95	43	123	49	62
국가무형문화재	29	16	3	24	8	28	4	30
국가민속문화재	41	22	11	54	48	115	8	0

65 2021년 대비 2022년의 총 문화재 증가율은 얼마인가?

① 1.0%

② 1.5%

③ 2.3%

④ 2.5%

✔ 해설 2021년의 문화재는 3,940건, 2022년의 문화재는 3,999건이므로 2017년 대비 2022년 총 문화재 증가율은 다음과 같다.
$(3,999-3,940) \div 3,940 \times 100 = 1.49 ≒ 1.5$

66 위 자료의 $\frac{a}{b}$ 의 값은?

① 13

② 12

③ 11

④ 10

✔ 해설 $a = 3,583 - (315 + 1,813 + 488 + 109 + 454 + 284) = 120$
$b = 1,021 - (163 + 706 + 67 + 3 + 29 + 41) = 12$
$\therefore \ \frac{a}{b} = 10$

67 다음 표는 A백화점의 판매비율 증가를 나타낸 것으로 전체 평균 판매증가비율과 할인기간의 판매증가비율을 구분하여 표시한 것이다. 주어진 조건을 고려할 때 A~F에 해당하는 순서대로 차례로 나열한 것은?

구분 월별	A		B		C		D		E		F	
	전체	할인	전체	할인	전체	할인	전체	할인	전체	할인	전체	할인
1	20.5	30.9	15.1	21.3	32.1	45.3	25.6	48.6	33.2	22.5	31.7	22.5
2	19.3	30.2	17.2	22.1	31.5	41.2	23.2	33.8	34.5	27.5	30.5	22.9
3	17.2	28.7	17.5	12.5	29.7	39.7	21.3	32.9	35.6	29.7	30.2	27.5
4	16.9	27.8	18.3	18.9	26.5	38.6	20.5	31.7	36.2	30.5	29.8	28.3
5	15.3	27.7	19.7	21.3	23.2	36.5	20.3	30.5	37.3	31.3	27.5	27.2
6	14.7	26.5	20.5	23.5	20.5	33.2	19.5	30.2	38.1	39.5	26.5	25.5

㉠ 의류, 냉장고, 보석, 핸드백, TV, 가구에 대한 표이다.
㉡ 가구는 1월에 비해 6월에 전체 평균 판매증가비율이 높아졌다.
㉢ 냉장고는 3월을 제외하고는 할인기간의 판매증가비율이 전체 평균 판매증가비율보다 크다.
㉣ 핸드백은 할인기간의 판매증가비율보다 전체 평균 판매증가비율이 더 크다.
㉤ 1월과 6월을 비교할 때 의류는 전체 평균 판매증가비율의 감소가 가장 크다.
㉥ 보석은 1월에 전체 평균 판매증가비율과 할인기간의 판매증가비율의 차이가 가장 크다.

① TV – 의류 – 보석 – 핸드백 – 가구 – 냉장고
② TV – 냉장고 – 의류 – 보석 – 가구 – 핸드백
③ 의류 – 보석 – 가구 – 냉장고 – 핸드백 – TV
④ 의류 – 냉장고 – 보석 – 가구 – 핸드백 – TV

해설 주어진 표에 따라 조건을 확인해 보면, 조건의 ㉡은 B, E가 해당하는데 ㉢에서 B가 해당하므로 ㉡은 E가 된다. ㉣은 F가 되고 ㉤은 C가 되며 ㉥은 D가 된다. 남은 것은 TV이므로 A는 TV가 된다. 그러므로 TV – 냉장고 – 의류 – 보석 – 가구 – 핸드백 순이다.

│68~69│ 다음은 4개 대학교 학생들의 하루 평균 독서 시간을 조사한 결과이다. 다음 물음에 답하시오.

구분	1학년	2학년	3학년	4학년
㉠	3.4	2.5	2.4	2.3
㉡	3.5	3.6	4.1	4.7
㉢	2.8	2.4	3.1	2.5
㉣	4.1	3.9	4.6	4.9
대학생 평균	2.9	3.7	3.5	3.9

- A대학은 고학년이 될수록 독서 시간이 증가하는 대학이다
- B대학은 각 학년별 독서 시간이 항상 평균 이상이다.
- C대학은 3학년의 독서 시간이 가장 낮다.
- 2학년의 하루 독서 시간은 C대학과 D대학이 비슷하다.

68 표의 처음부터 차례대로 들어갈 대학으로 옳은 것은?

㉠ ㉡ ㉢ ㉣

① C→A→D→B

③ D→B→A→C

㉠ ㉡ ㉢ ㉣

② A→B→C→D

④ D→C→A→B

✔ **해설** 고학년이 될수록 독서 시간이 증가하는 A대학은 ㉡, 대학생 평균 독서량은 3.5인데 이를 넘는 B대학은 ㉣, 3학년의 독서 시간이 가장 낮은 평균 이하의 C대학은 ㉠이다. 따라서 2학년의 하루 독서 시간이 2.5인 C대학과 비슷한 D대학은 2.4가 되므로 ㉢이 된다.

69 다음 중 옳지 않은 것은?

① C대학은 학년이 높아질수록 독서 시간이 줄어들었다.

② A대학은 3, 4학년부터 대학생 평균 독서 시간보다 독서 시간이 증가하였다.

③ B대학은 학년이 높아질수록 독서 시간이 증가하였다.

④ D대학은 대학생 평균 독서 시간보다 매 학년 독서 시간이 적다.

✔ **해설** B대학은 2학년의 독서 시간이 1학년보다 줄었다.

Answer 67.② 68.① 69.③

70 다음은 출산율과 출생 성비의 변화를 나타낸 표이다. 이에 대한 설명으로 옳은 것은?

구분	2018년	2019년	2020년	2021년	2022년	2023년
출산율	1.57	1.63	1.47	1.17	1.15	1.08
총 출생 성비	116.5	113.2	110.2	110.0	108.2	107.7
첫째 아이	108.5	105.8	106.2	106.5	105.2	104.8
둘째 아이	117.0	111.7	107.4	107.3	106.2	106.4
셋째 아이	192.7	180.2	143.9	141.2	132.7	128.2

① 출생 성비의 불균형이 심화되고 있다.

② 신생아 중 여아가 차지하는 비중은 증가하고 있다.

③ 신생아 중 남아의 수는 2020년보다 2018년에 많다.

④ 2018년 이후 신생아 수가 지속적으로 감소하고 있다.

✔해설 총 출생 성비가 점차적으로 감소한다는 것은 여아 출생자 수 100명 당 남아 출생자 수가 감소한다는 것을 의미하므로 총 출생자 중 여아 출생자의 비중은 증가함을 알 수 있다.

71 다음은 성인 직장인을 대상으로 소속감에 대하여 조사한 결과를 정리한 표이다. 조사 결과를 사회 집단 개념을 사용하여 분석한 내용으로 옳은 것은?

(단위 : %)

구분		가정	직장	동창회	친목 단체	합계
성별	남성	53.1	21.9	16.1	8.9	100.0
	여성	68.7	13.2	9.8	8.3	100.0
학력	중졸 이하	71.5	8.2	10.6	9.7	100.0
	고졸	62.5	17.7	11.8	8.0	100.0
	대졸 이상	54.0	22.5	16.0	7.5	100.0

① 학력이 높을수록 공동 사회라고 응답한 비율이 높다.

② 이익 사회라고 응답한 비율은 남성이 여성보다 높다.

③ 성별과 상관없이 자발적 결사체라고 응답한 비율이 가장 높다.

④ 과업 지향적인 집단이라고 응답한 비율은 여성이 남성보다 높다.

✔해설 직장, 동창회, 친목 단체는 이익 사회에 해당하며, 이들 집단에서 소속감을 가장 강하게 느낀다고 응답한 비율은 남성이 더 높다.

72 다음은 A도시의 생활비 지출에 관한 자료이다. 연령에 따른 전년도 대비 지출 증가비율을 나타낸 것이라 할 때 작년에 비해 가게 운영이 더 어려웠을 가능성이 높은 업소는?

품목 \ 연령(세)	24 이하	25~29	30~34	35~39	40~44	45~49	50~54	55~59	60~64	65 이상
식료품	7.5	7.3	7.0	5.1	4.5	3.1	2.5	2.3	2.3	2.1
의류	10.5	12.7	−2.5	0.5	−1.2	1.1	−1.6	−0.5	−0.5	−6.5
신발	5.5	6.1	3.2	2.7	2.9	−1.2	1.5	1.3	1.2	−1.9
의료	1.5	1.2	3.2	3.5	3.2	4.1	4.9	5.8	6.2	7.1
교육	5.2	7.5	10.9	15.3	16.7	20.5	15.3	−3.5	−0.1	−0.1
교통	5.1	5.5	5.7	5.9	5.3	5.7	5.2	5.3	2.5	2.1
오락	1.5	2.5	−1.2	−1.9	−10.5	−11.7	−12.5	−13.5	−7.5	−2.5
통신	5.3	5.2	3.5	3.1	2.5	2.7	2.7	−2.9	−3.1	−6.5

① 30대 후반이 주로 찾는 의류 매장

② 중학생 대상의 국어 · 영어 · 수학 학원

③ 30대 초반의 사람들이 주로 찾는 볼링장

④ 65세 이상 사람들이 자주 이용하는 마을버스 회사

✔ **해설** 마이너스가 붙은 수치들은 전년도에 비해 지출이 감소했음을 뜻하므로 주어진 보기 중 마이너스 부호가 붙은 것을 찾으면 된다. 중학생 대상의 국 · 영 · 수 학원비 부담 계층은 대략 50세 이하인데 모두 플러스 부호에 해당하므로 전부 지출이 증가하였고, 30대 초반의 오락비 지출은 감소하였다.

(단위 : ℃)

도시 \ 월	1월	4월	7월	10월
서울	−2.5	9.5	28.4	10.2
경기	−1.8	9.2	26.2	6.8
강원	−6.9	5.8	23.4	3.7
충청	1.2	8.3	25.1	4.3
제주	3.7	13.4	27.8	12.3

73 1월의 제주는 서울에 비하여 평균 기온이 몇 ℃ 높은가?

① 3.8℃
② 5.4℃
③ 6.2℃
④ 8.7℃

✔ 해설　$3.7-(-2.5)=6.2(℃)$

74 강원 지역의 1월과 7월의 평균 기온 차이는 몇 ℃인가?

① 23.2℃
② 28.2℃
③ 28.4℃
④ 30.3℃

✔ 해설　$23.4-(-6.9)=30.3(℃)$

75 다음 자료는 A 나라의 연도별 자동차 사고 발생 상황을 정리한 것이다. 다음의 자료로부터 추론하기 어려운 내용은?

연도 \ 구분	발생건수(건)	사망자 수(명)	10만명당 사망자 수(명)	차 1만대당 사망자 수(명)	부상자 수(명)
2020년	246,452	11,603	24.7	11	343,159
2021년	239,721	9,057	13.9	9	340,564
2022년	275,938	9,353	19.8	8	402,967
2023년	290,481	10,236	21.3	7	426,984
2024년	260,579	8,097	16.9	6	386,539

① 연도별 자동차 수의 변화
② 운전자 1만명당 사고 발생 건수
③ 자동차 1만대당 사고율
④ 자동차 1만대당 부상자 수

✔ **해설** ② 운전자 수가 제시되어 있지 않아서 운전자 1만명당 사고 발생 건수는 알 수 없다.

① 연도별 자동차 수 $= \dfrac{\text{사망자 수}}{\text{차 1만대당 사망자 수}} \times 10{,}000$

③ 자동차 1만대당 사고율 $= \dfrac{\text{발생건수}}{\text{자동차 수}} \times 10{,}000$

④ 자동차 1만대당 부상자 수 $= \dfrac{\text{부상자 수}}{\text{자동차 수}} \times 10{,}000$

Answer   73.③ 74.④ 75.②

03 언어논리력

대표유형 1 **단어 관계**

(1) 동의어

두 개 이상의 단어가 소리는 다르나 의미가 같아 모든 문맥에서 서로 대치되어 쓰일 수 있는 것을 동의어라고 한다. 그러나 이렇게 쓰일 수 있는 동의어의 수는 극히 적다. 말이란 개념뿐만 아니라 느낌까지 싣고 있어서 문장 환경에 따라 미묘한 차이가 있기 때문이다. 따라서 동의어는 의미와 결합성의 일치로써 완전동의어와 의미의 범위가 서로 일치하지는 않으나 공통되는 부분의 의미를 공유하는 부분동의어로 구별된다.

① **완전동의어** ⋯ 둘 이상의 단어가 그 의미의 범위가 서로 일치하여 모든 문맥에서 치환이 가능하다.
　예 사람 : 인간, 사망 : 죽음

② **부분동의어** ⋯ 의미의 범위가 서로 일치하지는 않으나 공통되는 어느 부분만 의미를 서로 공유하는 부분적인 동의어이다. 부분동의어는 일반적으로 유의어(類義語)라 불린다. 사실, 동의어로 분류되는 거의 모든 단어들이 부분동의어에 속한다.
　예 이유 : 원인

(2) 유의어

둘 이상의 단어가 소리는 다르면서 뜻이 비슷할 때 유의어라고 한다. 유의어는 뜻은 비슷하나 단어의 성격 등이 다른 경우에 해당하는 것이다. A와 B가 유의어라고 했을 때 문장에 들어 있는 A를 B로 바꾸면 문맥이 이상해지는 경우가 있다. 예를 들어 어머니, 엄마, 모친(母親)은 자손을 출산한 여성을 자식의 관점에서 부르는 호칭으로 유의어이다. 그러나 "어머니, 학교 다녀왔습니다."라는 문장을 "모친, 학교 다녀왔습니다."라고 바꾸면 문맥상 자연스럽지 못하게 된다.

(3) 동음이의어

둘 이상의 단어가 소리는 같으나 의미가 다를 때 동음이의어라고 한다. 동음이의어는 문맥과 상황에 따라, 말소리의 길고 짧음에 따라, 한자에 따라 의미를 구별할 수 있다.

예 • 밥을 먹었더니 <u>배</u>가 부르다. (복부)
　　• 과일 가게에서 <u>배</u>를 샀다. (과일)
　　• 항구에 <u>배</u>가 들어왔다. (선박)

(4) 다의어

하나의 단어에 뜻이 여러 가지인 단어로 대부분의 단어가 다의를 갖고 있기 때문에 의미 분석이 어려운 것이라고 볼 수 있다. 하나의 의미만 갖는 단의어 및 동음이의어와 대립되는 개념이다.

예 • 밥 먹기 전에 가서 <u>손</u>을 씻고 오너라. (신체)　　• 너무 바빠서 <u>손</u>이 모자란다. (일손)
　　• 우리 언니는 <u>손</u>이 큰 편이야. (씀씀이)　　• 그 사람과는 <u>손</u>을 끊어라. (교제)
　　• 그 사람의 <u>손</u>을 빌렸어. (도움)　　• 넌 나의 <u>손</u>에 놀아난 거야. (꾀)
　　• 저 사람 <u>손</u>에 집이 넘어가게 생겼다. (소유)　　• 반드시 내 <u>손</u>으로 해내고 말겠다. (힘, 역량)

(5) 반의어

단어들의 의미가 서로 반대되거나 짝을 이루어 관계를 맺고 있는 경우가 있다. 이를 '반의어 관계'라고 한다. 그리고 이러한 반의어 관계에 있는 어휘를 반의어라고 한다. 반의 및 대립 관계를 형성하는 어휘 쌍을 일컫는 용어들은 관점과 유형에 따라 '반대말, 반의어, 반대어, 상대어, 대조어, 대립어' 등으로 다양하다. 반의어 관계에서 특히 중간 항이 허용되는 관계를 '반대 관계'라고 하며, 중간 항이 허용되지 않는 관계를 '모순 관계'라고 한다.

예 • 반대 관계 : 크다 ↔ 작다
　　• 모순 관계 : 남자 ↔ 여자

(6) 상 · 하의어

단어의 의미 관계로 보아 어떤 단어가 다른 단어에 포함되는 경우를 '하의어 관계'라고 하고, 이러한 관계에 있는 어휘가 상의어 · 하의어이다. 상의어로 갈수록 포괄적이고 일반적이며, 하의어로 갈수록 한정적이고 개별적인 의미를 지닌다. 따라서 하의어는 상의어에 비해 자세하다.

① 상의어…다른 단어의 의미를 포함하는 단어를 말한다.
　　예 꽃

② 하의어 … 다른 단어의 의미에 포함되는 단어를 말한다.
　　예 장미, 국화, 맨드라미, 수선화, 개나리 등

(1) 관용 표현

관용 표현이란 둘 이상의 낱말이 합쳐져 원래의 뜻과는 전혀 다른 새로운 뜻으로 굳어져서 쓰이는 표현을 말한다.

예 발을 끊다. → 오가지 않거나 관계를 끊다.
　　손이 크다. → 씀씀이가 후하고 크다.

(2) 단위를 나타내는 말

① 길이

뼘	엄지손가락과 다른 손가락을 완전히 펴서 벌렸을 때에 두 끝 사이의 거리
발	한 발은 두 팔을 양옆으로 펴서 벌렸을 때 한쪽 손끝에서 다른 쪽 손끝까지의 길이
길	한 길은 여덟 자 또는 열 자로 약 3m에 해당함. 사람의 키 정도의 길이
치	길이의 단위. 한 치는 한 자의 10분의 1 또는 약 3.33cm
자	길이의 단위. 한 자는 한 치의 열 배로 약 30.3cm
리	거리의 단위. 1리는 약 0.393km
마장	거리의 단위. 오 리나 십 리가 못 되는 거리

② 부피

술	한 술은 숟가락 하나 만큼의 양
홉	곡식의 부피를 재기 위한 기구들이 만들어지고, 그 기구들의 이름이 그대로 부피를 재는 단위가 되었다. '홉'은 그 중 가장 작은 단위(180ml에 해당)이며, 곡식 외에 가루, 액체 따위의 부피를 잴 때도 씀(10홉 = 1되, 10되 = 1말, 10말 = 1섬)
되	곡식이나 액체 따위의 분량을 헤아리는 단위. '말'의 10분의 1, '홉'의 10배이며, 약 1.8l
섬	곡식 · 가루 · 액체 따위의 부피를 잴 때 씀. 한 섬은 한 말의 열 배로 약 180l

③ 무게

돈	귀금속이나 한약재 따위의 무게를 잴 때 쓰는 단위. 한 돈은 한 냥의 10분의 1, 한 푼의 열 배로 3.75g
냥	한 냥은 귀금속 무게를 잴 때는 한 돈의 열 배이고, 한약재의 무게를 잴 때는 한 근의 16분의 1로 37.5g
근	고기나 한약재의 무게를 잴 때는 600g에 해당하고, 과일이나 채소 따위의 무게를 잴 때는 한 관의 10분의 1로 375g
관	한 관은 한 근의 열 배로 3.75kg

④ 낱개

개비	가늘고 짤막하게 쪼개진 도막을 세는 단위
그루	식물, 특히 나무를 세는 단위
닢	가마니, 돗자리, 멍석 등을 세는 단위
땀	바느질할 때 바늘을 한 번 뜬, 그 눈
마리	짐승이나 물고기, 벌레 따위를 세는 단위
모	두부나 묵 따위를 세는 단위
올(오리)	실이나 줄 따위의 가닥을 세는 단위
자루	필기도구나 연장, 무기 따위를 세는 단위
채	집이나 큰 가구, 기물, 가마, 상여, 이불 등을 세는 단위
코	그물이나 뜨개질한 물건에서 지어진 하나하나의 매듭
타래	사리어 뭉쳐 놓은 실이나 노끈 따위의 뭉치를 세는 단위
톨	밤이나 곡식의 낟알을 세는 단위
통	배추나 박 따위를 세는 단위
포기	뿌리를 단위로 하는 초목을 세는 단위

⑤ 넓이

평	땅 넓이의 단위. 한 평은 여섯 자 제곱으로 약 3.3058m^2
홉지기	땅 넓이의 단위. 한 홉은 1평의 10분의 1
마지기	논과 밭의 넓이를 나타내는 단위. 한 마지기는 볍씨 한 말의 모 또는 씨앗을 심을 만한 넓이로, 지방마다 다르나 논은 약 150~300평. 밭은 약 100평 정도
되지기	넓이의 단위. 한 되지기는 볍씨 한 되의 모 또는 씨앗을 심을 만한 넓이로 한 마지기의 10분의 1
섬지기	논과 밭의 넓이를 나타내는 단위. 한 섬지기는 볍씨 한 섬의 모 또는 씨앗을 심을 만한 넓이로, 한 마지기의 10배이며, 논은 약 2,000평, 밭은 약 1,000평 정도
간	가옥의 넓이를 나타내는 말. '간'은 네 개의 도리로 둘러싸인 면적의 넓이로, 약 6자×6자 정도의 넓이

⑥ 수량

갓	굴비, 고사리 따위를 묶어 세는 단위. 고사리 따위 10모숨을 한 줄로 엮은 것
꾸러미	달걀 10개
동	붓 10자루
두름	조기 따위의 물고기를 짚으로 한 줄에 10마리씩 두 줄로 엮은 것을 세는 단위. 고사리 따위의 산나물을 10모숨 정도로 엮은 것을 세는 단위
벌	옷이나 그릇 따위가 짝을 이루거나 여러 가지가 모여 갖추어진 한 덩이를 세는 단위
손	한 손에 잡을 만한 분량을 세는 단위. 조기·고등어·배추 따위의 한 손은 큰 것과 작은 것을 합한 것을 이르고, 미나리나 파 따위 한 손은 한 줌 분량을 말함
쌈	바늘 24개를 한 묶음으로 하여 세는 단위
접	채소나 과일 따위를 묶어 세는 단위. 한 접은 채소나 과일 100개
제(劑)	탕약 20첩 또는 그만한 분량으로 지은 환약
죽	옷이나 그릇 따위의 10벌을 묶어 세는 단위
축	오징어를 묶어 세는 단위. 오징어 한 축은 20마리
켤레	신, 양말, 버선, 방망이 따위의 짝이 되는 2개를 한 벌로 세는 단위
쾌	북어 20마리
톳	김을 묶어 세는 단위. 김 한 톳은 100장

(3) 나이에 관한 어휘

나이	어휘	나이	어휘
10대	충년(沖年)	15세	지학(志學)
20세	약관(弱冠)	30세	이립(而立)
40세	불혹(不惑)	50세	지천명(知天命)
60세	이순(耳順)	61세	환갑(還甲), 화갑(華甲), 회갑(回甲)
62세	진갑(進甲)	70세	고희(古稀)
77세	희수(喜壽)	80세	산수(傘壽)
88세	미수(米壽)	90세	졸수(卒壽)
99세	백수(白壽)	100세	기원지수(期願之壽)

(4) 가족에 관한 호칭

구분	본인의 가족		타인의 가족	
	생전	사후	생전	사후
父(아버지)	家親(가친) 嚴親(엄친) 父主(부주)	先親(선친) 先考(선고) 先父君(선부군)	椿府丈(춘부장) 椿丈(춘장) 椿堂(춘당)	先大人(선대인) 先考丈(선고장) 先人(선인)
母(어머니)	慈親(자친) 母生(모생) 家慈(가자)	先妣(선비) 先慈(선자)	慈堂(자당) 大夫人(대부인) 萱堂(훤당) 母堂(모당) 北堂(북당)	先大夫人(선대부인) 先大夫(선대부)
子(아들)	家兒(가아) 豚兒(돈아) 家豚(가돈) 迷豚(미돈)		令郎(영랑) 令息(영식) 令胤(영윤)	
女(딸)	女兒(여아) 女息(여식) 息鄙(식비)		令愛(영애) 令嬌(영교) 令孃(영양)	

(5) 어림수를 나타내는 수사, 수관형사

한두	하나나 둘쯤	예 어려움이 한두 가지가 아니다.
두세	둘이나 셋	예 두세 마리
두셋	둘 또는 셋	예 사람 두셋
두서너	둘 혹은 서너	예 과일 두서너 개
두서넛	둘 혹은 서넛	예 과일을 두서넛 먹었다.
두어서너	두서너	
서너	셋이나 넷쯤	예 쌀 서너 되
서넛	셋이나 넷	예 사람 서넛
서너너덧	서넛이나 너덧. 셋이나 넷 또는 넷이나 다섯	예 서너너덧 명
너덧	넷 가량	예 너덧 개
네댓	넷이나 다섯 가량	
네다섯	넷이나 다섯	
대엿	대여섯. 다섯이나 여섯 가량	
예닐곱	여섯이나 일곱	예 예닐곱 사람이 왔다.
일여덟	일고여덟	예 과일 일여덟 개

(1) 한글 맞춤법

① **표기 원칙** … 한글 맞춤법은 표준어를 소리대로 적되, 어법에 맞도록 함을 원칙으로 한다.

② **맞춤법에 유의해야 할 말**

　㉠ 한 단어 안에서 뚜렷한 까닭 없이 나는 된소리는 다음 음절의 첫소리를 된소리로 적는다.

　　예 소쩍새, 아끼다, 어떠하다, 해쓱하다, 거꾸로, 가끔, 어찌, 이따금, 산뜻하다, 몽땅

　　※ 다만, 'ㄱ, ㅂ' 받침 뒤에서는 된소리로 적지 아니한다.

　　　예 국수, 깍두기, 색시, 싹둑, 법석, 갑자기, 몹시, 딱지

　㉡ 'ㄷ' 소리로 나는 받침 중에서 'ㄷ'으로 적을 근거가 없는 것은 'ㅅ'으로 적는다.

　　예 덧저고리, 돗자리, 엇셈, 웃어른, 핫옷, 무릇, 사뭇, 얼핏, 자칫하면

　㉢ '계, 례, 몌, 폐, 혜'의 'ㅖ'는 'ㅔ'로 소리 나는 경우가 있더라도 'ㅖ'로 적는다.

　　예 계수(桂樹), 혜택(惠澤), 사례(謝禮), 연몌(連袂), 계집, 핑계

　　※ 다만, 다음 말은 본음대로 적는다.

　　　예 게송(偈頌), 게시판(揭示板), 휴게실(休憩室)

　㉣ '의'나, 자음을 첫소리로 가지고 있는 음절의 'ㅢ'는 'ㅣ'로 소리 나는 경우가 있더라도 'ㅢ'로 적는다.

　　예 무늬(紋), 보늬, 늴리리, 닁큼, 오늬, 하늬바람

　㉤ 어간에 '-이'나 '-음/-ㅁ'이 붙어서 명사로 된 것과 '-이'나 '-히'가 붙어서 부사로 된 것은 그 어간의 원형을 밝히어 적는다.

　　예 얼음, 굳이, 더욱이, 일찍이, 익히, 앎, 만듦, 짓궂이, 밝히

　• 어간에 '-이'나 '-음'이 붙어서 명사로 바뀐 것이라도 그 어간의 뜻과 멀어진 것은 원형을 밝히어 적지 아니한다.

　　예 굽도리, 다리(髢), 목거리(목병), 무녀리, 거름(비료), 고름(膿), 노름(도박)

　• 어간에 '-이'나 '-음' 이외의 모음으로 시작된 접미사가 붙어서 다른 품사로 바뀐 것은 그 어간의 원형을 밝히어 적지 아니한다.

　　예 귀머거리, 까마귀, 너머, 마개, 비렁뱅이, 쓰레기, 올가미, 주검, 도로, 뜨덤뜨덤, 바투, 비로소

　㉥ 명사 뒤에 '-이'가 붙어서 된 말은 그 명사의 원형을 밝히어 적는다.

　　예 곳곳이, 낱낱이, 몫몫이, 샅샅이, 집집이, 곰배팔이, 바둑이, 삼발이, 애꾸눈이, 육손이, 절뚝발이 / 절름발이, 딸
　　깍발이

　　※ '-이' 이외의 모음으로 시작된 접미사가 붙어서 된 말은 그 명사의 원형을 밝히어 적지 아니한다.

　　　예 꼬락서니, 끄트머리, 모가치, 바가지, 사타구니, 싸라기, 이파리, 지붕, 지푸라기, 짜개

㈅ '-하다'가 붙는 어근에 '-히'나 '-이'가 붙어 부사가 되거나, 부사에 '-이'가 붙어서 뜻을 더하는 경우에는 그 어근이나 부사의 원형을 밝히어 적는다.

예 급히, 꾸준히, 도저히, 딱히, 어렴풋이, 깨끗이, 곰곰이, 더욱이, 생긋이, 오뚝이, 일찍이, 해죽이

※ '-하다'가 붙지 않는 경우에는 소리대로 적는다.
예 갑자기, 반드시(꼭), 슬며시

㈆ 사이시옷은 다음과 같은 경우에 받치어 적는다.
• 순 우리말로 된 합성어로서 앞말이 모음으로 끝난 경우
－뒷말의 첫소리가 된소리로 나는 것
예 귓밥, 나룻배, 나뭇가지, 냇가, 댓가지, 뒷갈망, 맷돌, 머릿기름, 모깃불, 부싯돌, 선짓국, 잇자국, 쳇바퀴, 킷값, 핏대, 혓바늘
－뒷말의 첫소리 'ㄴ, ㅁ' 앞에서 'ㄴ' 소리가 덧나는 것
예 멧나물, 아랫니, 텃마당, 아랫마을, 뒷머리, 잇몸, 깻묵
－뒷말의 첫소리 모음 앞에서 'ㄴㄴ' 소리가 덧나는 것
예 도리깻열, 뒷윷, 두렛일, 뒷일, 뒷입맛, 베갯잇, 욧잇, 깻잎, 나뭇잎, 댓잎
• 순 우리말과 한자어로 된 합성어로서 앞말이 모음으로 끝난 경우
－뒷말의 첫소리가 된소리로 나는 것
예 귓병, 머릿방, 샛강, 아랫방, 자릿세, 전셋집, 찻잔, 콧병, 탯줄, 텃세, 햇수, 횟배
－뒷말의 첫소리 'ㄴ, ㅁ' 앞에서 'ㄴ' 소리가 덧나는 것
예 곗날, 제삿날, 훗날, 툇마루, 양칫물
－뒷말의 첫소리 모음 앞에서 'ㄴㄴ' 소리가 덧나는 것
예 가욋일, 사삿일, 예삿일, 훗일
• 두 음절로 된 다음 한자어
예 곳간(庫間), 셋방(貰房), 숫자(數字), 찻간(車間), 툇간(退間), 횟수(回數)

※ 사이시옷을 붙이지 않는 경우
예 개수(個數), 전세방(傳貰房), 초점(焦點), 대구법(對句法)

㈈ 두 말이 어울릴 적에 'ㅂ' 소리나 'ㅎ' 소리가 덧나는 것은 소리대로 적는다.
예 댑싸리, 멥쌀, 볍씨, 햅쌀, 머리카락, 살코기, 수컷, 수탉, 안팎, 암캐, 암탉

㈉ 어간의 끝음절 '하'의 'ㅏ'가 줄고 'ㅎ'이 다음 음절의 첫소리와 어울려 거센소리로 될 적에는 거센소리로 적는다.

본말	준말	본말	준말
간편하게	간편케	다정하다	다정타
연구하도록	연구토록	정결하다	정결타
가하다	가타	흔하다	흔타

• 어간의 끝음절 '하'가 아주 줄 적에는 준 대로 적는다.

본말	준말	본말	준말
거북하지	거북지	넉넉하지 않다	넉넉지 않다
생각하건대	생각건대	생각하다 못해	생각다 못해
섭섭하지 않다	섭섭지 않다	익숙하지 않다	익숙지 않다

• 다음과 같은 부사는 소리대로 적는다.

  예 결단코, 결코, 기필코, 무심코, 아무튼, 요컨대, 정녕코, 필연코, 하마터면, 하여튼, 한사코

㉿ 부사의 끝음절이 분명히 '이'로만 나는 것은 '−이'로 적고, '히'로만 나거나 '이'나 '히'로 나는 것은 '−히'로 적는다.

• '이'로만 나는 것

  예 가붓이, 깨끗이, 나붓이, 느긋이, 둥긋이, 따뜻이, 반듯이, 버젓이, 산뜻이, 의젓이, 가까이, 고이, 날카로이, 대수로이, 번거로이, 많이, 적이, 겹겹이, 번번이, 일일이, 틈틈이

• '히'로만 나는 것

  예 극히, 급히, 딱히, 속히, 작히, 족히, 특히, 엄격히, 정확히

• '이, 히'로 나는 것

  예 솔직히, 가만히, 소홀히, 쓸쓸히, 정결히, 꼼꼼히, 열심히, 급급히, 답답히, 섭섭히, 공평히, 분명히, 조용히, 간소히, 고요히, 도저히

③ 띄어쓰기 … 문장의 각 단어는 띄어 씀을 원칙으로 한다(다만, 조사는 붙여 씀).

㉠ 조사는 그 앞말에 붙여 쓴다.

  예 너조차, 꽃마저, 꽃입니다, 꽃처럼, 어디까지나, 거기도, 멀리는, 웃고만

㉡ 의존 명사는 띄어 쓴다.

  예 아는 것이 힘이다. 나도 할 수 있다. 먹을 만큼 먹어라. 아는 이를 만났다.

㉢ 단위를 나타내는 명사는 띄어 쓴다.

  예 한 개, 차 한 대, 금 서 돈, 조기 한 손, 버선 한 죽

  ※ 다만, 순서를 나타내는 경우나 숫자와 어울리어 쓰이는 경우에는 붙여 쓸 수 있다.

  예 두시 삼십분 오초, 제일과, 삼학년, 1446년 10월 9일, 2대대, 16동 502호, 제1어학 실습실

㉣ 수를 적을 적에는 '만(萬)' 단위로 띄어 쓴다.

  예 십이억 삼천사백오십육만 칠천팔백구십팔, 12억 3456만 7898

㉤ 두 말을 이어 주거나 열거할 적에 쓰이는 말들은 띄어 쓴다.

  예 국장 겸 과장, 열 내지 스물, 청군 대 백군, 이사장 및 이사들

㉥ 단음절로 된 단어가 연이어 나타날 적에는 붙여 쓸 수 있다.

  예 그때 그곳, 좀더 큰것, 이말 저말, 한잎 두잎

Ⓢ 보조 용언은 띄어 씀을 원칙으로 하되, 경우에 따라 붙여 씀도 허용한다.

원칙	허용
불이 꺼져 간다.	불이 꺼져간다.
내 힘으로 막아 낸다.	내 힘으로 막아낸다.
어머니를 도와 드린다.	어머니를 도와드린다.
비가 올 성싶다.	비가 올성싶다.
잘 아는 척한다.	잘 아는척한다.

ⓞ 성과 이름, 성과 호 등은 붙여 쓰고, 이에 덧붙는 호칭어, 관직명 등은 띄어 쓴다.

예 서화담(徐花潭), 채영신 씨, 최치원 선생, 박동식 박사, 충무공 이순신 장군

ⓩ 성명 이외의 고유 명사는 단어별로 띄어 씀을 원칙으로 하되, 단위별로 띄어 쓸 수 있다.

예 한국 대학교 사범 대학(원칙), 한국대학교 사범대학(허용)

(2) 표준어 규정

① 제정 원칙 … 표준어는 교양 있는 사람들이 두루 쓰는 현대 서울말로 정함을 원칙으로 한다.

② 주요 표준어

ㄱ 다음 단어들은 거센소리를 가진 형태를 표준어로 삼는다.

예 끄나풀, 빈 칸, 부엌, 살쾡이, 녘

ㄴ 어원에서 멀어진 형태로 굳어져서 널리 쓰이는 것은, 그것을 표준어로 삼는다.

ㄷ 다음 단어들은 의미를 구별함이 없이, 한 가지 형태만을 표준어로 삼는다.

예 돌, 둘째, 셋째, 넷째, 열두째, 빌리다

ㄹ 수컷을 이르는 접두사는 '수-'로 통일한다.

예 수꿩, 수소, 수나사, 수놈, 수사돈, 수은행나무

• 다음 단어에서는 접두사 다음에서 나는 거센소리를 인정한다. 접두사 '암-'이 결합되는 경우에도 이에 준한다.

예 수캉아지, 수캐, 수컷, 수키와, 수탉, 수탕나귀, 수톨쩌귀, 수퇘지, 수평아리

• 다음 단어의 접두사는 '숫-'으로 한다.

예 숫양, 숫쥐, 숫염소

ㅁ 양성 모음이 음성 모음으로 바뀌어 굳어진 다음 단어는 음성 모음 형태를 표준어로 삼는다.

예 깡충깡충, -둥이, 발가숭이, 보퉁이, 뻗정다리, 아서, 아서라, 오뚝이, 주추

※ 다만, 어원 의식이 강하게 작용하는 다음 단어에서는 양성 모음 형태를 그대로 표준어로 삼는다.

예 부조(扶助), 사돈(査頓), 삼촌(三寸)

ⓑ ‘ㅣ’ 역행 동화 현상에 의한 발음은 원칙적으로 표준 발음으로 인정하지 아니하되, 다음 단어들은 그러한 동화가 적용된 형태를 표준어로 삼는다.

 예 풋내기, 냄비, 동댕이치다

- 다음 단어는 ‘ㅣ’ 역행 동화가 일어나지 아니한 형태를 표준어로 삼는다.

 예 아지랑이

- 기술자에게는 ‘-장이’, 그 외에는 ‘-쟁이’가 붙는 형태를 표준어로 삼는다.

 예 미장이, 유기장이, 멋쟁이, 소금쟁이, 담쟁이덩굴

ⓢ 다음 단어는 모음이 단순화한 형태를 표준어로 삼는다.

 예 괴팍하다, 미루나무, 미륵, 여느, 으레, 케케묵다, 허우대

ⓞ 다음 단어에서는 모음의 발음 변화를 인정하여, 발음이 바뀌어 굳어진 형태를 표준어로 삼는다.

 예 깍쟁이, 나무라다, 바라다, 상추, 주책, 지루하다, 튀기, 허드레, 호루라기, 시러베아들

ⓩ ‘웃-’ 및 ‘윗-’은 명사 ‘위’에 맞추어 ‘윗-’으로 통일한다.

 예 윗도리, 윗니, 윗목, 윗몸, 윗자리, 윗잇몸

- 된소리나 거센소리 앞에서는 ‘위-’로 한다.

 예 위쪽, 위층, 위치마, 위턱

- ‘아래, 위’의 대립이 없는 단어는 ‘웃-’으로 발음되는 형태를 표준어로 삼는다.

 예 웃국, 웃돈, 웃비, 웃어른, 웃옷

ⓧ 준말이 널리 쓰이고 본말이 잘 쓰이지 않는 경우에는, 준말만을 표준어로 삼는다.

 예 귀찮다, 똬리, 무, 뱀, 빔, 샘, 생쥐, 솔개, 온갖, 장사치

ⓚ 준말이 쓰이고 있더라도, 본말이 널리 쓰이고 있으면 본말을 표준어로 삼는다.

 예 경황없다, 궁상떨다, 귀이개, 낌새, 낙인찍다, 돗자리, 뒤웅박, 마구잡이, 부스럼, 살얼음판, 수두룩하다, 일구다, 퇴박맞다

ⓣ 어감의 차이를 나타내는 단어 또는 발음이 비슷한 단어들이 다 같이 널리 쓰이는 경우에는, 그 모두를 표준어로 삼는다.

 예 거슴츠레하다 / 게슴츠레하다, 고린내 / 코린내, 꺼림하다 / 께름하다, 나부랭이 / 너부렁이

ⓟ 사어(死語)가 되어 쓰이지 않게 된 단어는 고어로 처리하고, 현재 널리 사용되는 단어를 표준어로 삼는다.

 예 난봉, 낭떠러지, 설거지하다, 애달프다, 자두

ⓗ 한 가지 의미를 나타내는 형태 몇 가지가 널리 쓰이며 표준어 규정에 맞으면, 그 모두를 표준어로 삼는다(복수 표준어).

 예 멍게 / 우렁쉥이, 가엾다 / 가엽다, 넝쿨 / 덩굴, 눈대중 / 눈어림 / 눈짐작, -뜨리다 / -트리다, 부침개질 / 부침질 / 지짐질, 생 / 새앙 / 생강, 여쭈다 / 여쭙다, 우레 / 천둥, 엿가락 / 엿가래, 자물쇠 / 자물통

③ **표준 발음법** … 표준 발음법은 표준어의 실제 발음을 따르되, 국어의 전통성과 합리성을 고려하여 정함을 원칙으로 한다.

　㉠ 겹받침 'ㄳ', 'ㄵ', 'ㄼ, ㄽ, ㄾ', 'ㅄ'은 어말 또는 자음 앞에서 각각 [ㄱ, ㄴ, ㄹ, ㅂ]으로 발음한다.
　　예 넋[넉], 넋과[넉꽈], 앉다[안따], 여덟[여덜], 넓다[널따], 외곬[외골], 핥다[할따], 값[갑], 없다[업 : 따]

　㉡ '밟-'은 자음 앞에서 [밥]으로 발음하고, '넓-'은 다음과 같은 경우에 [넙]으로 발음한다.
　　예 밟다[밥 : 따], 밟는[밤 : 는], 넓죽하다[넙쭈카다], 넓둥글다[넙뚱글다]

　㉢ 겹받침 'ㄺ', 'ㄻ', 'ㄿ'은 어말 또는 자음 앞에서 각각 [ㄱ, ㅁ, ㅂ]으로 발음한다.
　　예 닭[닥], 흙과[흑꽈], 맑다[막따], 늙지[늑찌], 삶[삼 :], 젊다[점 : 따], 읊고[읍꼬], 읊다[읍따]

　㉣ 용언의 어간 말음 'ㄺ'은 'ㄱ' 앞에서 [ㄹ]로 발음한다.
　　예 맑게[말께], 묽고[물꼬], 얽거나[얼꺼나]

　㉤ 'ㅎ(ㄶ, ㅀ)' 뒤에 'ㄱ, ㄷ, ㅈ'이 결합되는 경우에는, 뒤음절 첫소리와 합쳐서 [ㅋ, ㅌ, ㅊ]으로 발음한다.
　　예 놓고[노코], 좋던[조 : 턴], 쌓지[싸치], 많고[만 : 코], 닳지[달치]

　㉥ 'ㅎ(ㄶ, ㅀ)' 뒤에 모음으로 시작된 어미나 접미사가 결합되는 경우에는, 'ㅎ'을 발음하지 않는다.
　　예 낳은[나은], 놓아[노아], 쌓이다[싸이다], 싫어도[시러도]

　㉦ 받침 뒤에 모음 'ㅏ, ㅓ, ㅗ, ㅜ, ㅟ'들로 시작되는 실질 형태소가 연결되는 경우에는, 대표음으로 바꾸어서 뒤 음절 첫소리로 옮겨 발음한다.
　　예 밭 아래[바다래], 늪 앞[느밥], 젖어미[저더미], 맛없다[마덥따], 겉옷[거돋], 헛웃음[허두슴], 꽃 위[꼬뒤]
　　※ '맛있다, 멋있다'는 [마싣따], [머싣따]로도 발음할 수 있다.

　㉧ 받침 'ㄷ, ㅌ(ㄾ)'이 조사나 접미사의 모음 'ㅣ'와 결합되는 경우에는, [ㅈ, ㅊ]으로 바꾸어서 뒤 음절 첫소리로 옮겨 발음한다.
　　예 곧이듣다[고지듣따], 굳이[구지], 미닫이[미다지], 땀받이[땀바지]

　㉨ 받침 'ㄱ(ㄲ, ㅋ, ㄳ, ㄺ), ㄷ(ㅅ, ㅆ, ㅈ, ㅊ, ㅌ, ㅎ), ㅂ(ㅍ, ㄼ, ㄿ, ㅄ)'은 'ㄴ, ㅁ' 앞에서 [ㅇ, ㄴ, ㅁ]으로 발음한다.
　　예 먹는[멍는], 국물[궁물], 깎는[깡는], 키읔만[키응만], 몫몫이[몽목씨], 긁는[긍는], 흙만[흥만], 짓는[진 : 는], 옷맵시[온맵씨], 맞는[만는], 젖멍울[전멍울], 쫓는[쫀는], 꽃망울[꼰망울], 놓는[논는], 잡는[잠는], 앞마당[암마당], 밟는[밤 : 는], 읊는[음는], 없는[엄 : 는]

　㉩ 받침 'ㅁ, ㅇ' 뒤에 연결되는 'ㄹ'은 [ㄴ]으로 발음한다.
　　예 담력[담 : 녁], 침략[침냑], 강릉[강능], 대통령[대 : 통녕]

　㉪ 'ㄴ'은 'ㄹ'의 앞이나 뒤에서 [ㄹ]로 발음한다.
　　예 난로[날 : 로], 신라[실라], 광한루[광 : 할루], 대관령[대 : 괄령], 칼날[칼랄]
　　※ 다만, 다음과 같은 단어들은 'ㄹ'을 [ㄴ]으로 발음한다.
　　예 의견란[의 : 견난], 임진란[임 : 진난], 생산량[생산냥], 결단력[결딴녁], 공권력[공꿘녁], 상견례[상견녜], 횡단로[횡단노], 이원론[이 : 원논], 입원료[이붠뇨]

ⓔ 받침 'ㄱ(ㄲ, ㅋ, ㄳ, ㄺ), ㄷ(ㅅ, ㅆ, ㅈ, ㅊ, ㅌ), ㅂ(ㅍ, ㄼ, ㄿ, ㅄ)' 뒤에 연결되는 'ㄱ, ㄷ, ㅂ, ㅅ, ㅈ'은 된소리로 발음한다.

> 예 국밥[국빱], 깎다[깍따], 삯돈[삭똔], 닭장[닥짱], 옷고름[옫꼬름], 낯설다[낟썰다], 덮개[덥깨], 넓죽하다[넙쭈카
> 다], 읊조리다[읍쪼리다], 값지다[갑찌다]

ⓕ 어간 받침 'ㄴ(ㄵ), ㅁ(ㄻ)' 뒤에 결합되는 어미의 첫소리 'ㄱ, ㄷ, ㅅ, ㅈ'은 된소리로 발음한다.

> 예 신고[신 : 꼬], 껴안다[껴안따], 앉고[안꼬], 닮고[담 : 꼬], 젊지[점 : 찌]

※ 다만, 피동, 사동의 접미사 '-기-'는 된소리로 발음하지 않는다.

> 예 안기다, 감기다, 굶기다, 옮기다

ⓖ 사이시옷이 붙은 단어는 다음과 같이 발음한다.

- 'ㄱ, ㄷ, ㅂ, ㅅ, ㅈ'으로 시작되는 단어 앞에 사이시옷이 올 때에는 이들 자음만을 된소리로 발음하는 것을 원칙으로 하되, 사이시옷을 [ㄷ]으로 발음하는 것도 허용한다.

> 예 냇가[내 : 까 / 낻 : 까], 샛길[새 : 낄 / 샏 : 낄], 깃발[기빨 / 긷빨], 뱃전[배쩐 / 밷쩐]

- 사이시옷 뒤에 'ㄴ, ㅁ'이 결합되는 경우에는 [ㄴ]으로 발음한다.

> 예 콧날[콛날 → 콘날], 아랫니[아랟니 → 아랜니], 툇마루[퇻 : 마루 → 퇸 : 마루], 뱃머리[밷머리 → 밴머리]

- 사이시옷 뒤에 '이' 음이 결합되는 경우에는 [ㄴㄴ]으로 발음한다.

> 예 베갯잇[베갣닏 → 베갠닏], 깻잎[깯닙 → 깬닙], 나뭇잎[나묻닙 → 나문닙], 도리깻열[도리깯녈 → 도리깬녈], 뒷윷[뒫
> : 늍 → 뒨 : 늍]

(3) 외래어 표기법

① 외래어는 국어의 현용 24자모만으로 적는다.

② 외래어의 1음운은 원칙적으로 1기호로 적는다.

③ 받침에는 'ㄱ, ㄴ, ㄹ, ㅁ, ㅂ, ㅅ, ㅇ'만을 쓴다.

④ 파열음 표기에는 된소리를 쓰지 않는 것을 원칙으로 한다.

⑤ 이미 굳어진 외래어는 관용을 존중하되, 그 범위와 용례는 따로 정한다.

자주 출제되지만 틀리기 쉬운 외래어 표기

- 초콜렛 → 초콜릿
- 부르조아 → 부르주아
- 비스켓 → 비스킷
- 앰브란스 → 앰뷸런스
- 스티로폴 → 스티로폼
- 상들리에 → 샹들리에
- 샌달 → 샌들
- 쇼파 → 소파
- 렌트카 → 렌터카
- 요쿠르트 → 요구르트
- 카운셀링 → 카운슬링
- 플랭카드 → 플래카드
- 심포지움 → 심포지엄
- 팜플렛 → 팸플릿
- 앵콜 → 앙코르
- 레미컨 → 레미콘
- 스폰지 → 스펀지
- 모라토리옴 → 모라토리엄

(4) 로마자 표기법

① 표기의 기본 원칙

　㉠ 국어의 로마자 표기는 국어의 표준 발음법에 따라 적는 것을 원칙으로 한다.

　㉡ 로마자 이외의 부호는 되도록 사용하지 않는다.

　㉢ 표기 일람

　• 모음

　－단모음

ㅏ	ㅓ	ㅗ	ㅜ	ㅡ	ㅣ	ㅐ	ㅔ	ㅚ	ㅟ
a	eo	o	u	eu	i	ae	e	oe	wi

　－이중모음

ㅑ	ㅕ	ㅛ	ㅠ	ㅒ	ㅖ	ㅘ	ㅙ	ㅝ	ㅞ	ㅢ
ya	yeo	yo	yu	yae	ye	wa	wae	wo	we	ui

　• 자음

　－파열음

ㄱ	ㄲ	ㅋ	ㄷ	ㄸ	ㅌ	ㅂ	ㅃ	ㅍ
g, k	kk	k	d, t	tt	t	b, p	pp	p

-파찰음

ㅈ	ㅉ	ㅊ
j	jj	ch

-마찰음

ㅅ	ㅆ	ㅎ
s	ss	h

-비음

ㄴ	ㅁ	ㅇ
n	m	ng

-유음

ㄹ
r, l

② 로마자 표기 용례

㉠ 자음 사이에서 동화 작용이 일어나는 경우

　예 백마[뱅마] Baengma, 신문로[신문노] Sinmunno, 종로[종노] Jongno, 신라[실라] Silla, 왕십리[왕심니] Wangsimni

㉡ 'ㄴ, ㄹ'이 덧나는 경우

　예 학여울[항녀울] Hangnyeoul

㉢ 구개음화가 되는 경우

　예 해돋이[해도지] haedoji　같이[가치] gachi

㉣ 체언에서 'ㄱ, ㄷ, ㅂ' 뒤에 'ㅎ'이 따를 때에는 'ㅎ'을 밝혀 적는다.

　예 묵호 Mukho　집현전 Jiphyeonjeon

㉤ 된소리되기는 표기에 반영하지 않는다.

　예 압구정 Apgujeong, 샛별 saetbyeol, 울산 Ulsan, 낙성대 Nakseongdae, 합정 Hapjeong, 낙동강 Nakdonggang

㉥ 인명은 성과 이름의 순서로 띄어 쓴다. 이름은 붙여 쓰는 것을 원칙으로 하되 음절 사이에 붙임표(-)를 쓰는 것을 허용한다(〈 〉안의 표기를 허용함).

　예 민용하 Min Yongha 〈Min Yong-ha〉, 송나리 Song Nari 〈Song Na-ri〉

㉦ '도, 시, 군, 구, 읍, 면, 리, 동'의 행정 구역 단위와 '가'는 각각 'do, si, gun, gu, eup, myeon, ri, dong, ga'로 적고, 그 앞에는 붙임표(-)를 넣는다. 붙임표(-) 앞뒤에서 일어나는 음운 변화는 표기에 반영하지 않는다.

　예 양주군 Yangju-gun, 충청북도 Chungcheongbuk-do, 종로 2가 Jongno 2(i)-ga, 도봉구 Dobong-gu, 신창읍 Sinchang-eup, 의정부시 Uijeongbu-si

◎ 자연 지물명, 문화재명, 인공 축조물명은 붙임표(-) 없이 붙여 쓴다.

　　예 독도 Dokdo, 경복궁 Gyeongbokgung, 독립문 Dongnimmun, 현충사 Hyeonchungsa, 남산 Namsan, 속리산
　　Songnisan, 금강 Geumgang, 남한산성 Namhansanseong

(5) 높임 표현

① 주체 높임법 ··· 용언 어간 + 선어말 어미 '-시-'의 형태로 이루어져 서술어가 나타내는 행위의 주체를 높여
표현하는 문법 기능을 말한다.

　예 선생님께서 그 책을 읽으셨(시었)다.

② 객체 높임법 ··· 말하는 이가 서술의 객체를 높여 표현하는 문법 기능을 말한다(드리다, 여쭙다, 뵙다, 모시다 등).

　예 나는 그 책을 선생님께 드렸다.

③ 상대 높임법 ··· 말하는 이가 말을 듣는 상대를 높여 표현하는 문법 기능을 말한다.

　㉠ 격식체

등급	높임 정도	종결 어미	예
해라체	아주 낮춤	-아라	여기에 앉아라.
하게체	예사 낮춤	-게	여기에 앉게.
하오체	예사 높임	-시오	여기에 앉으시오.
합쇼체	아주 높임	-ㅂ시오	여기에 앉으십시오.

　㉡ 비격식체

등급	높임 정도	종결 어미	예
해체	두루 낮춤	-아	여기에 앉아.
해요체	두루 높임	-아요	여기에 앉아요.

※ 공손한 뜻으로 높임을 나타낼 때는 선어말 어미 '-오-', '-사오-' 등을 쓴다.

　예 변변치 못하오나 선물을 보내 드리오니 받아 주십시오.

(1) 속담

- **가까운 제 눈썹 못 본다** : 멀리 보이는 것은 용케 잘 보면서도 자기 눈앞에 가깝게 보이는 것은 잘 못 본다는 뜻
- **가꿀 나무는 밑동을 높이 자른다** : 어떠한 일이나 장래의 안목을 생각해서 미리부터 준비를 철저하게 해 두어야 한다는 뜻
- **가난한 집 제사 돌아오듯 한다** : 힘들고 괴로운 일이 자주 닥쳐옴을 일컫는 말
- **가난할수록 기와집 짓는다** : 가난할수록 업신여김을 당하기 싫어서 허세를 부린다는 뜻
- **가을에는 부지깽이도 덤빈다** : 가을걷이 때는 매우 바빠서 누구나 일을 거들러 나선다는 뜻
- **가을 바람에 새털 날 듯 한다** : 가을 바람에 새털이 잘 날듯이 사람의 처신머리가 몹시 가볍다는 뜻
- **가지 따먹고 외수 한다** : 남의 눈을 피하여 나쁜 짓을 하고 시치미를 뗀다는 뜻
- **간다 간다 하면서 아이 셋 낳고 간다** : 하던 일을 말로만 그만둔다고 하고서 실제로는 그만두지 못하고 질질 끈다는 말
- **갈치가 갈치 꼬리 문다** : 친근한 사이에 서로 싸운다는 말
- **감투가 크면 어깨를 누른다** : 실력이나 능력도 없이 과분한 지위에서 일을 하게 되면 감당할 수 없게 된다는 뜻
- **강아지 메주 먹듯 한다** : 강아지가 좋아하는 메주를 먹듯이 음식을 매우 맛있게 먹는다는 말
- **같은 값이면 다홍치마** : 같은 조건이라면 좀 더 좋고 편리한 것을 택함
- **개도 얻어맞은 골목에는 가지 않는다** : 한 번 실패한 경험이 있는 사람은 다시는 그 때의 전철을 밟지 않도록 경계한다는 뜻
- **개 못된 것은 들에 나가 짖는다** : 자기의 할 일은 하지 않고 쓸데없는 짓을 하는 사람을 가리키는 말
- **개미가 절구통을 물어 간다** : 개미들도 서로 힘을 합치면 절구통을 운반할 수 있듯이 사람들도 협동하여 일을 하면 불가능한 일이 없다는 뜻
- **개미 나는 곳에 범 난다** : 처음에는 개미만큼 작고 대수롭지 않던 것이 점점 커져서 나중에는 범같이 크고 무서운 것이 된다는 말
- **개살구가 먼저 익는다** : 개살구가 참살구보다 먼저 익듯이 악이 선보다 더 가속도로 발전하게 된다는 뜻(개살구가 지레 터진다)
- **거미줄로 방귀 동이 듯 한다** : 일을 함에 있어 건성으로 형용만 하는 체 하는 말
- **게으른 놈 짐 많이 진다** : 게으른 사람이 일을 조금이라도 덜 할까 하고 짐을 한꺼번에 많이 지면 힘에 겨워 움직이지 못하므로 도리어 더 더디다는 말
- **경치고 포도청 간다** : 죽을 고비를 넘겨가면서도 또 제 스스로 고문을 당하려고 포도청을 가듯이 혹독한 형벌을 거듭 당한다는 뜻
- **군자는 입을 아끼고 범은 발톱을 아낀다** : 학식과 덕망이 높은 사람일수록 항상 말을 조심해서 한다는 뜻

- 굴러 온 돌이 박힌 돌 뺀다 : 외부에서 들어온 지 얼마 안 된 사람이나 물건이 원래의 것을 내쫓고 대치함
- 굽은 나무가 선산을 지킨다 : 쓸모없는 것이 도리어 소용이 된다는 뜻
- 굿하고 싶어도 맏며느리 춤추는 것 보기 싫다 : 무엇을 하려고 할 때 자기 마음에 들지 않는 미운 사람이 참여하여 기뻐함이 보기 싫어서 꺼려한다는 말
- 그물이 열 자라도 벼리가 으뜸이다 : 아무리 수가 많더라도 주장되는 것이 없으면 소용이 없다는 뜻
- 급하면 임금 망건 값도 쓴다 : 경제적으로 곤란에 빠지면 아무 돈이라도 있기만 하면 쓰게 된다는 뜻
- 기름 엎지르고 깨 줍는다 : 많은 손해를 보고 조그만 이익을 추구한다는 말

- 나무는 큰 나무 덕을 못 보아도 사람은 큰 사람의 덕을 본다 : 뛰어난 인물에게서는 알게 모르게 가르침이나 영향을 받게 된다는 말
- 내 발등의 불을 꺼야 아비 발등의 불을 끈다 : 급할 때는 남의 일보다 자기 일을 먼저 하기 마련이라는 뜻
- 노름에 미치면 신주도 팔아먹는다 : 노름에 깊이 빠져든 사람은 노름 돈을 마련하기 위해 수단과 방법을 가리지 않고 나쁜 짓까지 해 가면서 노름하게 된다는 뜻
- 놀부 제사지내듯 한다 : 놀부가 제사를 지낼 때 제물 대신 돈을 놓고 제사를 지냈듯이 몹시 인색하고 고약한 짓을 한다는 뜻

- 다리가 위에 붙었다 : 몸체의 아래에 붙어야 할 다리가 위에 가 붙어서 쓸모 없듯이 일이 반대로 되어 아무짝에도 소용이 없다는 뜻
- 다리 아래서 원을 꾸짖는다 : 직접 말을 못하고 안 들리는 곳에서 불평이나 욕을 한다는 말
- 대가리 삶으면 귀까지 익는다 : 제일 중요한 것만 처리하면 다른 것은 자연히 해결된다는 뜻
- 도깨비도 수풀이 있어야 모인다 : 의지할 곳이 있어야 무슨 일이나 이루어진다는 뜻
- 도둑놈 개 꾸짖듯 한다 : 남에게 들리지 않게 입 속으로 중얼거림
- 도둑은 뒤로 잡으랬다 : 도둑을 섣불리 앞에서 잡으려 하다가는 해를 당할 수 있기 때문에 뒤로 잡아야 한다는 뜻으로, 어떤 일을 할 때 직접적으로 하기보다 우회적으로 하는 게 더 낫다는 것을 비유적으로 이르는 말
- 도둑의 때는 벗어도 자식의 때는 못 벗는다 : 도둑의 누명은 범인이 잡히면 벗을 수 있으나 자식의 잘못을 그 부모가 지지 않을 수 없다는 뜻
- 독을 보아 쥐를 못 잡는다 : 독 사이에 숨은 쥐를 독 깰까봐 못 잡듯이 감정나는 일이 있어도 곁에 있는 사람 체면을 생각해서 자신이 참는다는 뜻
- 들은 풍월 얻은 문자다 : 자기가 직접 공부해서 배운 것이 아니라 보고 들어서 알게 된 글이라는 뜻
- 등잔불에 콩 볶아 먹는 놈 : 어리석고 옹졸하며 하는 짓마다 보기에 답답한 일만 하는 사람을 두고 이름

- 디딜방아질 삼 년에 엉덩이춤만 배웠다 : 디딜방아질을 오랫동안 하다보면 엉덩이춤도 절로 추게 된다는 뜻
- 떠들기는 천안(天安) 삼거리 같다 : 늘 끊이지 않고 떠들썩한 것
- 똥 싼 주제에 매화타령 한다 : 잘못하고도 뉘우치지 못하고 비위 좋게 행동하는 사람을 비웃는 말

- 마디가 있어야 새순이 난다 : 어떤 일이든 특정한 계기가 있어야 참신한 일이 생긴다는 말
- 망건 쓰자 파장된다 : 준비를 하다가 때를 놓쳐 목적한 바를 달성하지 못함
- 망신살이 무지갯살 뻗치듯 한다 : 많은 사람으로부터 심한 원망과 욕을 먹게 되었을 때 쓰는 말
- 망치로 얻어맞고 홍두깨로 친다 : 복수란 언제나 제가 받은 피해보다 더 무섭게 한다는 뜻
- 명태 한 마리 놓고 딴전 본다 : 곁에 벌여 놓고 있는 일보다는 딴 벌이하는 일이 있다는 뜻
- 문전 나그네 흔연대접 : 어떤 신분의 사람이라도 자기를 찾아온 사람은 친절히 대하라는 말
- 물방아 물도 서면 언다 : 물방아가 정지하고 있으면 그 물도 얼듯이 사람도 일을 할 때 꾸준하고 부지런하게 하지 않으면 안 된다는 뜻

- 백 일 장마에도 하루만 더 왔으면 한다 : 자기 이익 때문에 자기 본위로 이야기하는 것을 말함
- 뱁새는 작아도 알만 잘 낳는다 : 작아도 제 구실 못하는 법이 없다는 뜻
- 버들가지가 바람에 꺾일까 : 부드러워서 곧 바람에 꺾일 것 같은 버들가지가 끝까지 꺾이지 않듯이 부드러운 것이 단단한 것보다 더 강하다는 뜻
- 벌거벗고 환도 찬다 : 그것이 그 격에 어울리지 않음을 두고 이르는 말
- 벙어리 재판 : 옳고 그름을 판단하기가 매우 어렵거나 곤란한 경우를 비유적으로 이르는 말
- 벼룩의 간에 육간 대청을 짓겠다 : 도량이 좁고 하는 일이 이치에 어긋남
- 변죽을 치면 복판이 운다 : 슬며시 귀띔만 해 주어도 눈치가 빠른 사람은 곧 알아듣는다는 뜻
- 보리 주면 오이 안 주랴 : 제 것은 아끼면서 남만 인색하다고 여기는 사람에게 하는 말
- 분다 분다 하니 하루아침에 왕겨 석 섬 분다 : 잘한다고 추어주니까 무작정 자꾸 한다는 뜻
- 빛 좋은 개살구 : 겉만 그럴듯하고 실속이 없음 · 뺨을 맞아도 은가락지 낀 손에 맞는 것이 좋다 : 이왕 욕을 당하거나 복종할 바에야 지위가 높고 덕망이 있는 사람에게 당하는 것이 낫다는 말

- 사람과 쪽박은 있는 대로 쓴다 : 살림살이를 하는 데 있어 쪽박이 있는 대로 다 쓰이듯 사람도 다 제각기 쓸모가 있다는 말
- 사람 살 곳은 골골이 있다 : 이 세상은 어디에 가나 서로 도와주는 풍습이 있어 살아갈 수 있다는 말
- 사자 어금니 같다 : 사자의 어금니는 가장 요긴한 것이니 반드시 있어야만 하는 것을 말함
- 사주팔자에 없는 관을 쓰면 이마가 벗어진다 : 제 분수에 넘치는 일을 하게 되면 도리어 괴롭다는 뜻
- 산 개가 죽은 정승보다 낫다 : 아무리 구차하고 천한 신세라도 죽는 것보다는 사는 것이 낫다는 말
- 산 밑 집에 방앗공이가 논다 : 그 고장 산물이 오히려 그곳에서 희귀하다는 말
- 산에 들어가 호랑이를 피하랴 : 이미 앞에 닥친 위험은 도저히 못 피한다는 말
- 산이 높아야 골이 깊다 : 원인이나 조건이 갖추어져야 일이 이루어진다는 뜻
- 산 호랑이 눈썹 : 도저히 얻을 수 없는 것을 얻으려 하는 것
- 삼수갑산을 가도 님 따라 가랬다 : 부부 간에는 아무리 큰 고생이 닥치더라도 같이 해야 한다는 뜻
- 삼촌 못난 것이 조카 짐만 지고 다닌다 : 체구는 크면서 못난 짓만 하는 사람을 비웃는 말
- 새도 날려면 움츠린다 : 어떤 일이든지 사전에 만반의 준비가 있어야 한다는 뜻
- 새 옷도 두드리면 먼지 난다 : 아무리 청백한 사람이라도 속속들이 파헤쳐 보면 부정이 드러난다는 뜻
- 생나무에 좀이 날까 : 생나무에는 좀이 나지 않듯이 건실하고 튼튼하면 내부가 부패되지 않는다는 뜻
- 생 감도 떨어지고 익은 감도 떨어진다 : 늙은 사람만 죽는 것이 아니라 젊은 사람도 죽는다는 뜻
- 섣달 그믐날 개밥 퍼주듯 한다 : 시집을 가지 못하고 해를 넘기게 된 처녀가 홧김에 개밥을 퍽퍽 퍼주듯, 무엇을 푹푹 퍼 주는 모양을 나타내는 말
- 섶을 지고 불로 들어가려 한다 : 미련하게 행동하여 위험을 자초하려는 어리석음을 비유적으로 이르는 말
- 소매 긴 김에 춤춘다 : 별로 생각이 없던 일이라도 그 일을 할 조건이 갖추어졌기 때문에 하게 될 때 쓰는 말
- 쇠가 쇠를 먹고 살이 살을 먹는다 : 동족끼리 서로 싸우는 것
- 쇠가죽을 무릅쓰다 : 체면을 생각하지 아니한다는 말
- 숙수가 많으면 국수가 수제비 된다 : 일을 하는 데 참견하는 사람이 많으면 오히려 일을 그르치게 된다는 뜻
- 시루에 물 퍼붓기 : 아무리 비용을 들이고 애를 써도 효과가 나타나지 않음
- 신 신고 발바닥 긁기다 : 일하기는 해도 시원치 않다는 말
- 씻어 놓은 흰 죽사발 같다 : 생김새가 허여멀건한 사람을 가리키는 말

- 안방에 가면 시어머니 말이 옳고 부엌에 가면 며느리 말이 옳다 : 각각 일리가 있어 그 시비를 가리기 어렵다는 말
- 언 발에 오줌 누기 : 눈앞에 급한 일을 피하기 위해서 하는 임시변통이 결과적으로 더 나쁘게 되었을 때 하는 말
- 얻은 떡이 두레 반이다 : 여기저기서 조금씩 얻은 것이 남이 애써 만든 것보다 많다는 말
- 염불 못하는 중이 아궁이에 불 땐다 : 무능한 사람은 같은 계열이라도 가장 천한 일을 하게 된다는 뜻
- 오소리 감투가 둘이다 : 한 가지 일에 책임질 사람이 두 명이 있어서 서로 다툰다는 뜻
- 오동나무 보고 춤춘다 : 성미가 급하여 빨리 서둔다는 뜻
- 우박 맞은 호박잎이다 : 우박 맞아 잎이 다 찢어져 보기가 흉한 호박잎처럼 모양이 매우 흉측하다는 뜻
- 윷짝 가르듯 한다 : 윷짝의 앞뒤가 분명하듯이 무슨 일에 대한 판단을 분명히 한다는 말
- 이사 가는 놈이 계집 버리고 간다 : 자신이 하는 일 중에서 가장 중요한 것을 잊어버렸거나 잃었다는 말
- 우선 먹기는 곶감이 달다 : 당장은 실속 있고 이득이 되는 것 같지만 뒤에는 손해를 본다는 말

- 자는 범 침 주기 : 그대로 가만 두었으면 아무 일도 없었을 것을 공연히 건드려서 일을 저질러 위태롭게 된다는 말
- 자라 알 지켜보듯 한다 : 어떻게 일을 처리하려고 노력하지는 않고 그저 묵묵히 들여다 보고만 있다는 뜻
- 자루 속 송곳은 빠져나오기 마련이다 : 남들이 알지 못하도록 아무리 은폐하려 해도 탄로날 것은 저절로 탄로가 난다는 뜻
- 잔고기가 가시는 세다 : 몸집이 자그마한 사람이 속은 꽉 차고 야무지며 단단할 때 이르는 말
- 장구 치는 놈 따로 있고 고개 까딱이는 놈 따로 있나? : 저 혼자서 할 수 있는 일을 남에게 나누어 하자고 할 때 핀잔주는 말
- 적게 먹으면 명주요 많이 먹으면 망주라 : 모든 일은 정도에 맞게 하여야 한다는 말
- 접시 밥도 담을 탓이다 : 좋지 아니한 조건에서도 솜씨나 마음가짐에 따라서 좋은 성과를 이룰 수 있다는 말
- 정성이 있으면 한식에도 세배 간다 : 정성만 있으면 언제라도 제 성의는 표시할 수 있다는 말
- 주린 개 뒷간 넘겨다보듯 한다 : 누구나 배가 몹시 고플 때는 무엇이고 먹을 것을 찾기 위해 여기저기를 기웃거린다는 말
- 주인 많은 나그네 밥 굶는다 : 해 준다는 사람이 너무 많으면 서로 미루다가 결국 안 된다는 뜻
- 주인 모르는 공사 없다 : 무슨 일이든지 주장하는 사람이 모르거나 참여하지 않으면 안 된다는 뜻
- 죽 푸다 흘려도 솥 안에 떨어진다 : 일이 제대로 안 되어 막상 손해를 본 것 같지만 따지고 보면 결코 손해는 없다는 뜻
- 쥐 잡으려다가 장독 깬다 : 조그만 일을 하려다가 큰일을 그르친다는 말
- 지붕 호박도 못 따는 주제에 하늘의 천도 따겠단다 : 아주 쉬운 일도 못하면서 당치도 않은 어려운 일을 하겠다고 덤빈다는 뜻

- 참새가 허수아비 무서워 나락 못 먹을까 : 반드시 큰 일을 하려면 다소의 위험 정도는 감수해야 한다는 뜻
- 참외 장수는 사촌이 지나가도 못 본 척 한다 : 장사하는 사람은 인색하다는 뜻
- 책망은 몰래 하고 칭찬은 알게 하랬다 : 남을 책망할 때에는 다른 사람이 없는 데에서 하고 칭찬할 때에는 다른 사람 보는 앞에서 하여 자신감을 심어주라는 뜻
- 처갓집에 송곳 차고 간다 : 처갓집 밥은 눌러 담았기 때문에 송곳으로 파야 먹을 수 있다는 말로, 처갓집에서 사위 대접을 극진히 한다는 뜻
- 천둥에 개 놀라듯 한다 : 몹시도 놀라서 허둥대며 정신을 못 차리고 날뛴다는 뜻
- 천만 재산이 서투른 기술만 못하다 : 자기가 지닌 돈은 있다가도 없어질 수 있지만 한 번 배운 기술은 죽을 때까지 지니고 있기 때문에 생활의 안정을 기할 수 있다는 뜻
- 초사흘 달은 부지런한 며느리만 본다 : 부지런한 사람이 아니고서는 사소한 일까지 모두 헤아려서 살필 수 없다는 뜻
- 초상 술에 권주가 부른다 : 때와 장소를 분별하지 못하고 행동한다는 말
- 촌놈은 밥그릇 큰 것만 찾는다 : 무식한 사람은 어떠한 물건의 질은 무시하고 그저 양이 많은 것만 요구한다는 뜻
- 칠 년 가뭄에 하루 쓸 날 없다 : 오랫동안 날씨가 개고 좋다가도 모처럼 무슨 일을 하려고 하면 비가 온다는 말

- 콩 볶아 먹다가 가마솥 터뜨린다 : 작은 이익을 탐내다가 도리어 큰 해를 입는다는 말
- 콩 심은 데 콩 나고 팥 심은 데 팥 난다 : 원인에 따라서 결과가 생긴다는 말
- 콩으로 메주를 쑨다 하여도 곧이 듣지 않는다 : 거짓말을 잘하여 신용할 수 없다는 말

- 태산 명동에 서일필(泰山 鳴動에 鼠一匹) : 무엇을 크게 떠벌였는데 실제의 결과는 작다는 뜻
- 태산을 넘으면 평지를 본다 : 고생을 하게 되면 그 다음에는 즐거움이 온다는 말
- 털을 뽑아 신을 삼겠다 : 자신의 온 정성을 다하여 은혜를 꼭 갚겠다는 말
- 토끼를 다 잡으면 사냥개를 삶는다 : 필요할 때에는 소중히 여기다가도 필요 없게 되면 천대하고 없애 버림을 비유하는 말

- 평생 신수가 편하려면 두 집을 거느리지 말랬다 : 두 집 살림을 차리게 되면 집안이 항상 편하지 못하다는 뜻으로, 첩살림을 삼가라는 뜻
- 포도청 문고리도 빼겠다 : 겁이 없고 대담한 사람을 두고 하는 말
- 풍년거지 더 섧다 : 다른 사람들은 모두 잘 살아가는데, 자신만 고달프고 서러운 신세를 이르는 말
- 핑계 없는 무덤 없다 : 무슨 일이라도 반드시 핑계거리는 있다는 말

- 함박 시키면 바가지 시키고, 바가지 시키면 쪽박 시킨다 : 어떤 일을 윗사람이 아랫사람에게 시키면 그는 또 제 아랫사람에게 다시 시킨다는 말
- 항우도 댕댕이 덩굴에 넘어진다 : 항우와 같은 장사라도 보잘 것 없는 덩굴에 걸려 낙상할 때가 있다는 말로 아무리 작은 일도 무시하면 실패하기 쉽다는 뜻
- 허허해도 빚이 열닷 냥이다 : 겉으로는 호기 있게 보이나 속으로는 근심이 가득하다는 뜻
- 호랑이에게 개 꾸어 주기 : 빌려주면 다시 받을 가망이 없다는 말
- 황금 천 냥이 자식 교육만 못 하다 : 막대한 유산을 남겨 주는 것보다는 자녀 교육이 더 중요한 것이라는 뜻

(2) 한자성어

- 家給人足(가급인족) : 집집마다 살림이 넉넉하고, 사람마다 의식에 부족함이 없음
- 街談巷說(가담항설) : 길거리나 항간에 떠도는 소문
- 苛斂誅求(가렴주구) : 조세 따위를 가혹하게 거두어들여 백성을 못살게 들볶음
- 家無擔石(가무담석) : 담(擔)은 두 항아리, 석(石)은 한 항아리라는 뜻으로 집에 저축이 조금도 없음을 이르는 말
- 可東可西(가동가서) : 동쪽이라도 좋고 서쪽이라도 좋다. 이러나 저러나 상관없다.
- 佳人薄命(가인박명) : 여자의 용모가 아름다우면 운명이 기박하다는 말
- 刻骨難忘(각골난망) : 입은 은혜에 대한 고마움을 뼛속 깊이 새기어 잊지 않음
- 刻舟求劍(각주구검) : 판단력이 둔하여 세상일에 어둡고 어리석다는 말
- 竿頭之勢(간두지세) : 댓가지 꼭대기에 서게 된 현상으로 어려움이 극도에 달하여 아주 위태로운 형세를 이르는 말
- 敢不生心(감불생심) : 힘이 부치어 감히 마음을 먹지 못함
- 感之德之(감지덕지) : 몹시 고맙게 여김

• 甘呑苦吐(감탄고토) : 달면 삼키고 쓰면 뱉는다는 뜻으로 신의(信義)를 돌보지 않고 사리(私利)를 꾀한다는 말
• 甲男乙女(갑남을녀) : 보통의 평범한 사람들
• 康衢煙月(강구연월) : 태평한 시대의 평화스러운 길거리의 모습
• 强近之親(강근지친) : 도와줄 만한 가까운 친척
• 江湖煙波(강호연파) : 강이나 호수 위에 안개처럼 보얗게 이는 잔물결. 대자연의 풍경을 뜻함
• 改過遷善(개과천선) : 지나간 허물을 고치고 착하게 됨
• 去頭截尾(거두절미) : 앞뒤의 잔 사설을 빼놓고 요점만을 말함
• 車載斗量(거재두량) : 차에 싣고 말로 잴 만큼 많다는 뜻으로 물건이나 인재 따위가 아주 흔하여 귀하지 않음을 이르는 말
• 乾坤一擲(건곤일척) : 흥망, 승패를 걸고 단판 승부를 겨룸
• 隔靴搔癢(격화소양) : 신을 신은 채 가려운 발바닥을 긁음과 같이 일의 효과를 나타내지 못함을 이르는 말
• 牽强附會(견강부회) : 이치에 맞지 않는 말을 억지로 끌어 붙여 자기의 주장하는 조건에 맞도록 함
• 犬馬之勞(견마지로) : 임금이나 나라를 위하여 바치는 자기의 노력을 낮추어 이르는 말
• 見物生心(견물생심) : 물건을 보면 욕심이 생긴다는 말
• 見危致命(견위치명) : 나라의 위태로움을 보고는 목숨을 아끼지 않고 나라를 위하여 싸움
• 堅忍不拔(견인불발) : 굳게 참고 견디어 마음이 흔들리지 않음
• 結草報恩(결초보은) : 죽어 혼령이 되어도 은혜를 잊지 않고 갚음
• 經國濟世(경국제세) : 나라 일을 경륜하고 세상을 구함
• 傾國之色(경국지색) : 임금이 혹하여 국정을 게을리함으로써 나라를 위태롭게 할 정도의 미인(美人)을 일컫는 말
• 輕佻浮薄(경조부박) : 마음이 침착하지 못하고 행동이 신중하지 못함
• 驚天動地(경천동지) : 하늘이 놀라고 땅이 흔들린다는 뜻으로 세상을 몹시 놀라게 함
• 鏡花水月(경화수월) : 거울에 비친 꽃과 물에 비친 달처럼 볼 수만 있고 가질 수 없는 것
• 鷄卵有骨(계란유골) : 달걀 속에도 뼈가 있다는 뜻으로 뜻밖의 장애물이 생김을 이르는 말
• 鷄鳴狗盜(계명구도) : '닭의 울음소리를 잘 내는 사람과 개의 흉내를 잘 내는 좀도둑'이라는 뜻으로, 천한 재주를 가진 사람도 때로는 요긴하게 쓸모가 있음을 비유하여 이르는 말(학문이 깊지 않으면서 잔재주만 지닌 사람을 가리킬 때는 부정적 의미로 쓰임)
• 股肱之臣(고굉지신) : 자신의 팔, 다리와 같이 믿고 중하게 여기는 신하
• 孤掌難鳴(고장난명) : 손바닥 하나로는 소리가 나지 않는다는 뜻으로 상대가 없이 혼자 힘으로 일하기 어렵다는 말
• 苦盡甘來(고진감래) : 고생 끝에 낙이 온다는 말
• 曲學阿世(곡학아세) : 그릇된 학문을 하여 세속에 아부함
• 骨肉相殘(골육상잔) : 같은 혈족끼리 서로 다투고 해하는 것[骨肉相爭(골육상쟁)]
• 空手來空手去(공수래공수거) : 세상에 빈 손으로 왔다가 빈 손으로 간다는 뜻으로, 재물에 대한 욕심을 부릴 필요가 없음을 이르는 말

- 誇大妄想(과대망상) : 자기의 능력, 용모, 지위 등을 과대하게 평가하여 사실인 것처럼 믿는 일. 또는 그런 생각
- 過猶不及(과유불급) : 지나친 것은 미치지 못한 것과 같다는 말
- 管鮑之交(관포지교) : 제(薺)나라 관중(管仲)과 포숙(鮑叔)의 사귐이 매우 친밀했다는 고사에서 유래한 말로, 친구끼리의 매우 두터운 사귐을 이르는 말
- 刮目相對(괄목상대) : 눈을 비비고 다시 본다는 말로, 다른 사람의 학문이나 덕행이 크게 진보한 것을 말함
- 矯角殺牛(교각살우) : 뿔을 고치려다 소를 죽인다는 뜻으로, 작은 일에 힘쓰다가 큰 일을 망친다는 말
- 巧言令色(교언영색) : 교묘한 말과 보기 좋게 꾸민 얼굴 빛
- 膠柱鼓瑟(교주고슬) : 고지식하여 융통성이 없는 사람을 이르는 말
- 敎學相長(교학상장) : 가르쳐 주거나 배우거나 다 나의 학업을 증진시킨다는 뜻
- 九十春光(구십춘광) : 노인의 마음이 청년같이 젊음을 이르는 말. 또는 봄의 석 달 동안 화창한 날씨
- 九折羊腸(구절양장) : 아홉 번 꼬부라진 양의 창자라는 뜻으로 산길 따위가 몹시 험하게 꼬불꼬불한 것을 이르는 말
- 群鷄一鶴(군계일학) : 닭의 무리 속에 끼어 있는 한 마리의 학이란 뜻으로 평범한 사람 가운데서 뛰어난 사람을 일컫는 말
- 權謀術數(권모술수) : 목적 달성을 위해서는 인정이나 도덕을 가리지 않고 권세와 모략, 중상 등 갖은 방법과 수단을 쓰는 술책
- 勸善懲惡(권선징악) : 착한 행실을 권장하고 악한 행실을 징계함
- 捲土重來(권토중래) : 한 번 실패에 굴하지 않고 몇 번이고 다시 일어남. 한 번 패하였다가 세력을 회복하여 다시 쳐들어옴
- 近墨者黑(근묵자흑) : 먹을 가까이 하면 검어진다는 뜻으로 나쁜 사람과 사귀면 그 버릇에 물들기 쉽다는 말
- 金科玉條(금과옥조) : 금이나 옥같이 귀중한 법칙이나 규정
- 錦上添花(금상첨화) : 좋고 아름다운 것 위에 더 좋은 것을 더함
- 金石盟約(금석맹약) : 쇠와 돌같이 굳게 맹세하여 맺은 약속
- 錦衣還鄉(금의환향) : 비단 옷을 입고 고향으로 돌아온다는 뜻으로 타향에서 크게 성공하여 자기 집으로 돌아감을 이르는 말
- 金枝玉葉(금지옥엽) : 임금의 자손이나 집안을 높여 이르거나 귀여운 자손을 일컫는 말
- 氣高萬丈(기고만장) : 씩씩한 기운이 크게 떨침. 일이 뜻대로 잘 되어 기세가 대단함

- 落井下石(낙정하석) : 우물 아래에 돌을 떨어뜨린다는 뜻으로, 다른 사람이 재앙을 당하면 도와주기는커녕 오히려 더 큰 재앙이 닥치도록 한다는 말
- 爛商公論(난상공론) : 여러 사람들이 잘 의논함
- 難兄難弟(난형난제) : 누구를 형이라 하고 누구를 동생이라 해야 할지 분간하기 어렵다는 뜻으로 사물의 우열이 없다는 말

- 南柯一夢(남가일몽) : 꿈과 같이 헛된 한때의 부귀영화
- 男負女戴(남부여대) : 남자는 짐을 등에 지고 여자는 짐을 머리에 인다는 뜻으로 가난에 시달린 사람들이 살 곳을 찾아 떠돌아 다님
- 南船北馬(남선북마) : 바쁘게 여기저기를 돌아다님
- 囊中之錐(낭중지추) : 주머니 속에 든 송곳이라는 뜻으로 재주가 뛰어난 사람은 숨어 있어도 저절로 사람들이 알게 됨을 이르는 말
- 囊中取物(낭중취물) : 주머니 속의 물건을 꺼내는 것과 같이 매우 용이한 일
- 勞心焦思(노심초사) : 몹시 마음을 졸이는 것
- 綠衣紅裳(녹의홍상) : 연두 저고리에 다홍 치마라는 뜻으로 곱게 차려 입은 젊은 아가씨의 복색을 이르는 말
- 論功行賞(논공행상) : 공로를 논하여 그에 맞는 상을 줌
- 弄璋之慶(농장지경) : 아들을 낳은 기쁨
- 累卵之危(누란지위) : 달걀을 쌓아 놓은 것과 같이 매우 위태함

- 多岐亡羊(다기망양) : 길이 여러 갈래여서 양을 잃다는 뜻으로 학문의 길이 다방면이어서 진리를 깨치기 어려움을 이르는 말
- 多多益善(다다익선) : 많으면 많을수록 좋음
- 斷機之戒(단기지계) : 학문을 중도에 그만둔다는 것은 짜던 베를 끊음과 같다는 맹자 어머니의 교훈
- 簞食瓢飮(단사표음) : 한 소쿠리 밥과 표주박 물, 즉 변변치 못한 살림을 가리키는 말로 청빈한 생활을 이름
- 丹脣皓齒(단순호치) : 붉은 입술과 흰 이, 즉 미인의 얼굴
- 螳螂拒轍(당랑거철) : 제 분수도 모르고 강적에게 대항함
- 大器晩成(대기만성) : 큰 그릇은 이루어짐이 더디다는 뜻으로 크게 될 사람은 성공이 늦다는 말
- 道聽塗說(도청도설) : 거리에서 들은 것을 곧 남에게 아는 체하며 말함. 깊이 생각하지 않고 예사로 듣고 예사로 말함. 떠돌아다니는 뜬소문
- 塗炭之苦(도탄지고) : 진흙탕이나 숯불에 빠졌다는 뜻으로 몹시 고생스러움을 일컬음
- 東家食西家宿(동가식서가숙) : 동쪽 집에서 먹고 서쪽 집에서 잔다는 뜻으로, 일정한 거처 없이 떠돌아다님을 뜻함
- 棟樑之材(동량지재) : 기둥이나 들보가 될 만한 훌륭한 인재, 즉 한 집이나 한 나라의 요한 일을 맡을 만한 사람
- 同病相憐(동병상련) : 처지가 서로 비슷한 사람끼리 서로 동정하고 도움
- 東奔西走(동분서주) : 사방으로 이리저리 부산하게 돌아다님
- 同床異夢(동상이몽) : 같은 처지와 입장에서 저마다 딴 생각을 함
- 杜門不出(두문불출) : 세상과 인연을 끊고 출입을 하지 않음
- 得隴望蜀(득롱망촉) : 인간의 욕심은 한이 없음

• 登高自卑(등고자비) : 높은 곳에 오르려면 낮은 곳에서부터 오른다는 뜻으로, 일을 순서대로 하여야 함을 이르는 말. 또는 지위가 높아질수록 자신을 낮춤을 뜻하는 말
• 燈下不明(등하불명) : 등잔 밑이 어둡다는 뜻으로 가까이 있는 것이 오히려 알아내기 어려움을 이르는 말

• 磨斧爲針(마부위침) : 아무리 이루기 힘든 일이라도 끊임없는 노력과 끈기 있는 인내가 있으면 성공하고야 만다는 뜻
• 馬耳東風(마이동풍) : 남의 말을 귀담아 듣지 않고 흘려 버림
• 萬頃蒼波(만경창파) : 한없이 넓고 푸른 바다
• 面從腹背(면종복배) : 겉으로는 순종하는 척하고 속으로 딴 마음을 먹음
• 明若觀火(명약관화) : 불을 보는 듯이 환하게 분명히 알 수 있음
• 命在頃刻(명재경각) : 곧 숨이 끊어질 지경에 이름
• 矛盾撞着(모순당착) : 같은 사람의 문장이나 언행이 앞뒤가 서로 어그러져서 모순됨
• 目不忍見(목불인견) : 차마 눈 뜨고 볼 수 없는 참상이나 꼴불견
• 無不通知(무불통지) : 무슨 일이든 모르는 것이 없음
• 門前成市(문전성시) : 권세를 드날리거나 부자가 되어 찾아오는 손님들로 문 앞이 가득 차서 시장을 이룬 것 같음
• 門前沃畓(문전옥답) : 집 앞 가까이에 있는 좋은 논, 즉 많은 재산을 일컫는 말

• 拍掌大笑(박장대소) : 손바닥을 치면서 크게 웃음
• 拔本塞源(발본색원) : 폐단의 근원을 아주 뽑아서 없애 버림
• 傍若無人(방약무인) : 언행이 방자하고 제멋대로 행동하는 사람
• 背恩忘德(배은망덕) : 은혜를 잊고 도리어 배반함
• 白骨難忘(백골난망) : 죽어서도 잊지 못할 큰 은혜를 입음
• 百年河淸(백년하청) : 아무리 세월이 가도 일을 해결할 희망이 없음
• 伯樂一顧(백낙일고) : 남이 자기 재능을 알고 잘 대우함
• 白面書生(백면서생) : 한갓 글만 읽고 세상 일에 어두운 사람
• 百折不屈(백절불굴) : 아무리 꺾으려 해도 굽히지 않음
• 辟邪進慶(벽사진경) : 간사한 귀신을 물리치고 경사스러운 일로 나아감
• 夫唱婦隨(부창부수) : 남편이 창을 하면 아내가 따른다는 뜻으로 부부 간의 정이 깊고 화목함을 일컫는 말
• 附和雷同(부화뇌동) : 제 주견이 없이 남이 하는 대로 그저 무턱대고 따라함

- 粉骨碎身(분골쇄신) : 뼈가 가루가 되고 몸이 부서지도록 힘을 다하고 고생하며 일함
- 不共戴天之讎(불공대천지수) : 세상을 같이 살 수 없는 원수, 즉 어버이의 원수
- 不問可知(불문가지) : 묻지 않아도 가히 알 수 있음
- 不問曲直(불문곡직) : 옳고 그름을 가리지 않고 함부로 일을 처리함
- 非夢似夢(비몽사몽) : 꿈인지 생시인지 알 수 없는 어렴풋함
- 氷炭之間(빙탄지간) : 얼음과 숯불처럼 서로 화합될 수 없음

- 四顧無親(사고무친) : 친척이 없어 의지할 곳 없이 외로움[四顧無人(사고무인)]
- 四面楚歌(사면초가) : 한 사람도 도우려는 자가 없이 고립되어 곤경에 처해 있음
- 四面春風(사면춘풍) : 항상 좋은 얼굴로 남을 대하여 누구에게나 호감을 삼
- 事必歸正(사필귀정) : 무슨 일이든지 결국은 옳은 대로 돌아간다는 뜻
- 死後藥方文(사후약방문) : 이미 때가 늦음
- 山海珍味(산해진미) : 산과 바다의 산물(産物)을 다 갖추어 썩 잘 차린 귀한 음식
- 殺身成人(살신성인) : 자기의 몸을 희생하여 옳은 도리를 행함
- 三顧草廬(삼고초려) : 유비가 제갈량을 세 번이나 찾아가 군사로 초빙한 데에서 유래한 말로 인재를 얻기 위해 끈기 있게 노력한다는 말
- 三遷之敎(삼천지교) : 맹자의 어머니가 아들의 교육을 위하여 세 번 거처를 옮겼다는 고사에서 유래하는 말로 생활 환경이 교육에 있어 큰 구실을 한다는 말
- 桑田碧海(상전벽해) : 뽕나무밭이 변하여 바다가 된다는 뜻으로 세상일의 변천이 심하여 사물이 바뀜을 비유하는 말
- 塞翁之馬(새옹지마) : 세상일은 복이 될지 화가 될지 예측할 수 없다는 말
- 黍離之歎(서리지탄) : 세상의 영고성쇠가 무상함
- 仙姿玉質(선자옥질) : 용모가 아름답고 재질도 뛰어남
- 雪膚花容(설부화용) : 눈처럼 흰 살결과 꽃같이 예쁜 얼굴이라는 뜻으로 아름다운 여인의 모습을 이르는 말
- 雪上加霜(설상가상) : 눈 위에 또 서리가 덮인다는 뜻으로 불행이 엎친 데 덮친 격으로 거듭 생김을 이르는 말
- 說往說來(설왕설래) : 서로 변론(辯論)을 주고 받으며 옥신각신함
- 小隙沈舟(소극침주) : 작은 일을 게을리하면 큰 재앙이 닥치게 됨을 비유하는 말
- 首丘初心(수구초심) : 고향을 그리워하는 마음을 일컫는 말
- 壽福康寧(수복강녕) : 오래 살고 복되며 건강하고 편안함
- 袖手傍觀(수수방관) : 팔짱을 끼고 보고만 있다는 뜻으로 마땅히 해야 할 일에 그저 옆에서 보고만 있는 것을 이르는 말
- 水深可知 人心難知(수심가지 인심난지) : 물의 깊이는 알 수 있으나 사람의 속마음은 헤아리기가 어렵다는 뜻

- 水魚之交(수어지교) : 교분이 매우 깊은 것을 말함[君臣水魚(군신수어)]
- 誰怨誰咎(수원수구) : 남을 원망하거나 책망할 것이 없음
- 脣亡齒寒(순망치한) : 입술이 없으면 이가 시린 것처럼 서로 돕던 이가 망하면 다른 한쪽 사람도 함께 위험하다는 말
- 是是非非(시시비비) : 옳고 그름을 가림
- 識字憂患(식자우환) : 아는 것이 탈이라는 말로 학식이 있는 것이 도리어 근심을 사게 됨을 이름
- 身言書判(신언서판) : 사람됨을 판단하는 네 가지 기준, 즉 신수(身手)와 말씨와 문필과 판단력을 일컬음
- 心心相人(심심상인) : 마음에서 마음을 전한다는 뜻으로, 묵묵한 가운데 서로 마음이 통함.
- 十匙一飯(십시일반) : 열 사람이 한 술씩 보태면 한 사람 먹을 분량이 된다는 뜻으로 여러 사람이 힘을 합하면 한 사람을 쉽게 도울 수 있다는 말

- 阿鼻叫喚(아비규환) : 지옥 같은 고통에 못 견디어 구원을 부르짖는 소리라는 뜻으로 참혹한 고통 가운데에서 살려 달라고 울부짖는 상태를 이르는 말
- 我田引水(아전인수) : 제 논에 물 대기. 자기에게 유리하도록 행동하는 것
- 安貧樂道(안빈낙도) : 빈궁한 가운데 편안하게 생활하여 도(道)를 즐김
- 眼下無人(안하무인) : 태도가 몹시 거만하여 모든 사람을 업신여김
- 暗中摸索(암중모색) : 물건을 어둠 속에서 더듬어 찾는다는 뜻으로, 확실한 방법을 모르는 채 이리저리 시도해 본다는 말
- 羊頭狗肉(양두구육) : 양의 머리를 내걸고 개고기를 판다는 뜻으로 겉모양은 훌륭하나 속은 변변치 않음을 이르는 말
- 梁上君子(양상군자) : 들보 위에 있는 군자라는 뜻으로 도둑을 미화(美化)한 말
- 漁父之利(어부지리) : 도요새가 조개를 쪼아 먹으려다가 둘 다 물리어 서로 다투고 있을 때 어부가 와서 둘을 잡아갔다는 고사에서 나온 말로 둘이 다투는 사이에 제3자가 이득을 보는 것
- 言中有骨(언중유골) : 예사로운 말 속에 깊은 뜻이 있음
- 如履薄氷(여리박빙) : 살얼음을 밟는 듯 아슬아슬하고 불안한 지경을 비유하여 이르는 말
- 如反掌(여반장) : 손바닥을 뒤집는 것과 같이 매우 쉬움
- 緣木求魚(연목구어) : 나무에 올라가 물고기를 구하듯 불가능한 일을 하고자 할 때를 비유하는 말
- 寤寐不忘(오매불망) : 자나 깨나 잊지 못함
- 烏飛梨落(오비이락) : 까마귀 날자 배 떨어진다는 뜻으로 공교롭게도 어떤 일이 같은 때에 일어나 남의 의심을 받게 됨을 이르는 말
- 傲霜孤節(오상고절) : 서릿발 속에서도 굴하지 않고 외로이 지키는 절개라는 뜻으로 충신 또는 국화를 두고 하는 말
- 五十步百步(오십보백보) : 양자 간에 차이는 있으나 본질적으로는 같다는 뜻

- 吳越同舟(오월동주) : 사이가 좋지 못한 사람끼리도 자기의 이익을 위해서는 행동을 같이 한다는 말
- 溫故知新(온고지신) : 옛 것을 익히고 나아가 새 것을 앎
- 臥薪嘗膽(와신상담) : 섶에 누워 자고 쓴 쓸개를 씹는다는 뜻으로 원수를 갚고자 고생을 참고 견딤을 이르는 말
- 樂山樂水(요산요수) : '智者樂水 仁者樂山(지자요수 인자요산)'의 준말로 지혜 있는 자는 사리에 통달하여 물과 같이 막힘이 없으므로 물을 좋아하고, 어진 자는 의리에 밝고 산과 같이 중후하여 변하지 않으므로 산을 좋아한다는 말
- 窈窕淑女(요조숙녀) : 마음씨가 얌전하고 자태가 아름다운 여자
- 欲速不達(욕속부달) : 일을 빨리 하려고 하면 도리어 이루지 못한다는 말
- 龍頭蛇尾(용두사미) : 처음엔 그럴 듯하다가 끝이 흐지부지되는 것
- 雲泥之差(운니지차) : 구름과 진흙의 차이란 뜻으로 주로 사정이 크게 다를 경우나 서로의 차이가 클 때 사용함
- 有備無患(유비무환) : 어떤 일에 미리 준비가 있으면 걱정이 없다는 말
- 唯我獨尊(유아독존) : 이 세상에 나보다 더 잘난 사람이 없다고 뽐냄
- 流言蜚語(유언비어) : 근거 없는 좋지 못한 말
- 泣斬馬謖(읍참마속) : 큰 목적을 위해 아끼는 사람을 버림
- 以心傳心(이심전심) : 마음과 마음이 서로 통함
- 二律背反(이율배반) : 서로 모순되는 명제(命題), 즉 정립(定立)과 반립(反立)이 동등한 권리를 가지고 주장되는 일
- 李下不整冠(이하부정관) : 자두나무 아래에서는 갓을 고쳐 쓰지 말라는 뜻으로 남에게 의심받을 일을 하지 않도록 주의하라는 말
- 耳懸令 鼻懸令(이현령 비현령) : 귀에 걸면 귀걸이, 코에 걸면 코걸이라는 뜻으로 이렇게도 저렇게도 될 수 있음을 비유하는 말
- 益者三友(익자삼우) : 사귀어 이롭고 보탬이 되는 세 벗으로 정직한 사람, 신의 있는 사람, 학식 있는 사람을 가리킴
- 因果應報(인과응보) : 좋은 일에는 좋은 결과가, 나쁜 일에는 나쁜 결과가 따름
- 一擧兩得(일거양득) : 하나의 행동으로 두 가지의 성과를 거두는 것
- 一網打盡(일망타진) : 한꺼번에 모조리 다 잡음
- 一魚濁水(일어탁수) : 물고기 한 마리가 큰 물을 흐리게 하듯 한 사람의 악행으로 인하여 여러 사람이 그 피해를 입게 되는 것을 뜻함
- 一場春夢(일장춘몽) : 인생의 영화(榮華)는 한바탕의 봄꿈과 같이 헛됨
- 日就月將(일취월장) : 나날이 다달이 진보함
- 一筆揮之(일필휘지) : 단숨에 글씨나 그림을 줄기차게 쓰거나 그림

- 自家撞着(자가당착) : 자기의 언행이 전후 모순되어 들어맞지 않음
- 自繩自縛(자승자박) : 자기의 줄로 자기를 묶는다는 뜻으로 자신이 한 말이나 행동 때문에 자기가 얽매이게 된다는 말
- 張三李四(장삼이사) : 장씨(張氏)의 삼남(三男)과 이씨(李氏)의 사남(四男)이라는 뜻으로 평범한 사람을 가리키는 말
- 賊反荷杖(적반하장) : 도둑이 도리어 매를 든다는 뜻으로 잘못한 사람이 도리어 잘한 사람을 나무라는 경우에 쓰는 말
- 戰戰兢兢(전전긍긍) : 몹시 두려워 벌벌 떨면서 조심한다는 말
- 轉禍爲福(전화위복) : 화를 바꾸어 복이 되게 한다는 뜻으로 궂은 일을 당하였을 때 그것을 잘 처리하여 좋은 일이 되게 하는 것
- 切磋琢磨(절차탁마) : 학문과 덕행을 갈고 닦음을 가리키는 말
- 漸入佳境(점입가경) : 점점 더 재미있는 경지로 들어감
- 頂門一鍼(정문일침) : 정수리에 침을 놓는다는 뜻으로 따끔한 비판이나 충고를 뜻함
- 井底之蛙(정저지와) : 우물 안 개구리. 견문이 좁고 세상 형편을 모름
- 糟糠之妻(조강지처) : 가난을 참고 고생을 같이 하며 남편을 섬긴 아내
- 朝令暮改(조령모개) : 법령을 자꾸 바꾸어서 종잡을 수 없음을 비유하는 말
- 朝三暮四(조삼모사) : 간사한 꾀로 사람을 속여 희롱함. 눈앞에 당장 나타나는 차이만 알고 그 결과가 같음을 모름
- 鳥足之血(조족지혈) : 새 발의 피. 양이 아주 적음
- 左顧右眄(좌고우면) : 좌우를 자주 둘러본다는 뜻으로 무슨 일에 얼른 결정을 짓지 못함을 이르는 말[左右顧眄(좌우고면)]
- 坐不安席(좌불안석) : 마음에 불안이나 근심 등이 있어 한 자리에 오래 앉아 있지 못함
- 晝耕夜讀(주경야독) : 낮에 일하고 밤에 공부함. 바쁜 틈을 타서 어렵게 공부를 함
- 主客顚倒(주객전도) : 주인과 손님이 뒤바뀌다라는 뜻으로 주되는 것과 종속되는 것의 위치가 뒤바뀜을 말함
- 走馬加鞭(주마가편) : 달리는 말에 채찍을 더한다는 뜻으로 잘하는 사람에게 더 잘하도록 하는 것을 일컬음
- 走馬看山(주마간산) : 말을 달리면서 산천을 본다는 말로 바빠서 자세히 보지 못하고 지나침을 뜻함
- 竹馬故友(죽마고우) : 죽마를 타고 놀던 벗, 즉 어릴 때 같이 놀던 친한 친구
- 竹杖芒鞋(죽장망혜) : 대지팡이와 짚신. 먼 길을 떠날 때의 간편한 차림
- 衆寡不敵(중과부적) : 적은 수효로는 많은 수효를 대적하지 못한다는 뜻
- 衆口難防(중구난방) : 여러 사람의 입을 막기 어렵다는 뜻으로, 막기 어려울 정도(程度)로 여럿이 마구 지껄임을 이르는 말
- 重言復言(중언부언) : 이미 한 말을 자꾸 되풀이함

- 指鹿爲馬(지록위마) : 중국 진나라의 조고(趙高)가 황제를 농락하려고 일부러 사슴을 말이라고 속여 바쳤다는 고사에서 유래한 것으로 윗사람을 농락하여 권세를 마음대로 함을 가리킴
- 支離滅裂(지리멸렬) : 갈갈이 흩어지고 찢기어 갈피를 잡을 수 없음
- 知足不辱(지족불욕) : 모든 일에 분수를 알고 만족하게 생각하면 모욕을 받지 않는다는 말
- 盡人事待天命(진인사대천명) : 노력을 다한 후에 천명을 기다림
- 進退維谷(진퇴유곡) : 앞으로 나아갈 수도 뒤로 물러설 수도 없이 꼼짝할 수 없는 궁지에 빠짐[進退兩難(진퇴양난)]
- 嫉逐排斥(질축배척) : 시기하고 미워하여 물리침

- 創業易守成難(창업이수성난) : 어떤 일을 시작하기는 쉬우나, 이룬 것을 지키기는 어렵다는 말
- 滄海桑田(창해상전) : 푸른 바다가 변하여 뽕밭이 된다는 뜻으로 세상일이 덧없이 바뀜을 이르는 말[桑田碧海(상전벽해)]
- 滄海一粟(창해일속) : 넓은 바다에 떠 있는 한 알의 좁쌀이라는 뜻으로 아주 큰 물건 속에 있는 아주 작은 물건을 이르는 말
- 天高馬肥(천고마비) : 하늘이 높고 말이 살찐다는 뜻으로 가을철을 일컫는 말
- 千慮一得(천려일득) : 천 번을 생각하면 한 번 얻는 것이 있다는 뜻으로, 많이 생각할수록 좋은 것을 얻음을 비유하는 말
- 千慮一失(천려일실) : 여러 번 생각하여 신중하고 조심스럽게 한 일에도 때로는 한 가지 실수가 있음을 이르는 말
- 天方地軸(천방지축) : 너무 바빠서 두서를 잡지 못하고 허둥대는 모습. 어리석은 사람이 갈 바를 몰라 두리번거리는 모습
- 泉石膏肓(천석고황) : 고질병이 되다시피 산수 풍경을 좋아함
- 千衣無縫(천의무봉) : 천사의 옷은 바느질 자국이 없다는 뜻으로 문장이 훌륭하여 손댈 곳이 없을 만큼 잘 되었음을 일컫는 말
- 千仞斷崖(천인단애) : 천 길이나 되는 깎아지른 듯한 벼랑
- 千紫萬紅(천자만홍) : 여러 가지 빛깔의 꽃이 만발함
- 千載一遇(천재일우) : 천 년에나 한 번 만날 수 있는 기회, 즉 좀처럼 얻기 어려운 기회
- 徹頭徹尾(철두철미) : 머리에서 꼬리까지 투철함, 즉 처음부터 끝까지 투철함
- 靑天霹靂(청천벽력) : 맑게 갠 하늘에서 치는 벼락, 즉 뜻밖에 생긴 변을 일컫는 말
- 靑出於藍(청출어람) : 쪽에서 우러난 푸른 빛이 쪽보다 푸르다는 뜻으로 제자가 스승보다 더 뛰어남을 이르는 말
- 草綠同色(초록동색) : 풀과 녹색은 같은 빛임. 같은 처지나 같은 유의 사람들은 그들끼리 함께 행동함
- 寸鐵殺人(촌철살인) : 조그만 쇠붙이로 사람을 죽인다는 뜻으로 간단한 말이나 문장으로 사물의 가장 요긴한 데를 찔러 듣는 사람을 감동하게 하는 것

- 春秋筆法(춘추필법) : 5경의 하나인 춘추와 같이 비판의 태도가 썩 엄정함을 이르는 말. 대의명분을 밝히어 세우는 사실의 논법
- 醉生夢死(취생몽사) : 아무 뜻과 이룬 일도 없이 한평생을 흐리멍텅하게 살아감
- 七顚八起(칠전팔기) : 여러 번 실패해도 굽히지 않고 분투함을 일컫는 말
- 七縱七擒(칠종칠금) : 제갈량의 전술로 일곱 번 놓아 주고 일곱 번 잡는다는 뜻으로 신묘한 전술을 일컬음
- 針小棒大(침소봉대) : 바늘을 몽둥이라고 말하듯 과장해서 말하는 것

- 他山之石(타산지석) : 다른 산에서 나는 하찮은 돌도 자기의 옥(玉)을 가는 데에 도움이 된다는 뜻으로 다른 사람의 하찮은 언행일지라도 자기의 지덕을 연마하는 데에 도움이 된다는 말
- 卓上空論(탁상공론) : 실현성이 없는 허황된 이론
- 太剛則折(태강즉절) : 너무 강하면 부러지기 쉽다는 말
- 泰山北斗(태산북두) : 태산과 북두칠성을 여러 사람이 우러러 보는 것처럼 남에게 존경받는 뛰어난 존재
- 兎營三窟(토영삼굴) : 자신의 안전을 위하여 미리 몇 가지 술책을 마련함
- 吐盡肝膽(토진간담) : 솔직한 심정을 숨김없이 모두 말함

- 波瀾萬丈(파란만장) : 물결이 만 길 높이로 인다는 뜻으로 인생을 살아가는 데 있어 기복과 변화가 심함을 이르는 말
- 波瀾重疊(파란중첩) : 일의 진행에 있어서 온갖 변화나 난관이 많음
- 破竹之勢(파죽지세) : 대를 쪼개는 것처럼 거침없이 나아가는 세력
- 弊袍破笠(폐포파립) : 해진 옷과 부서진 갓, 즉 너절하고 구차한 차림새를 말함
- 抱腹絶倒(포복절도) : 배를 안고 몸을 가누지 못할 정도로 몹시 웃음
- 風樹之嘆(풍수지탄) : 부모가 이미 세상을 떠나 효도할 수 없음을 한탄함
- 風前燈火(풍전등화) : 바람 앞의 등불처럼 매우 위급한 경우에 놓여 있음을 일컫는 말
- 風餐露宿(풍찬노숙) : 바람과 이슬을 무릅쓰고 한 데에서 먹고 잠
- 匹夫匹婦(필부필부) : 평범한 남자와 평범한 여자
- 必有曲折(필유곡절) : 반드시 어떠한 까닭이 있음

- 夏爐冬扇(하로동선) : 여름의 화로와 겨울의 부채라는 뜻으로 쓸모없는 재능을 말함
- 下石上臺(하석상대) : 아랫돌을 빼서 윗돌을 괴고 윗돌을 빼서 아랫돌을 괸다는 뜻으로 임시변통으로 이리저리 둘러 맞춤을 말함
- 鶴首苦待(학수고대) : 학의 목처럼 목을 길게 늘여 몹시 기다린다는 뜻
- 漢江投石(한강투석) : 한강에 돌 던지기라는 뜻으로 지나치게 미미하여 전혀 효과가 없음을 이르는 말
- 緘口無言(함구무언) : 입을 다물고 아무런 말이 없음
- 含哺鼓腹(함포고복) : 배불리 먹고 즐겁게 지냄
- 咸興差使(함흥차사) : 심부름을 시킨 뒤 아무 소식이 없거나 회답이 더디 올 때 쓰는 말
- 孑孑單身(혈혈단신) : 의지할 곳 없는 외로운 홀몸
- 螢雪之功(형설지공) : 중국 진나라의 차윤(車胤)이 반딧불로 글을 읽고 손강(孫康)은 눈(雪)의 빛으로 글을 읽었다는 고사에서 유래된 말로 고생하면서도 꾸준히 학문을 닦은 보람을 이르는 말
- 糊口之策(호구지책) : 살아갈 방법. 그저 먹고 살아가는 방책
- 好事多魔(호사다마) : 좋은 일에는 방해가 되는 일이 많다는 뜻
- 虎死留皮(호사유피) : 범이 죽으면 가죽을 남김과 같이 사람도 죽은 뒤 이름을 남겨야 한다는 말[豹死留皮(표사유피)]
- 浩然之氣(호연지기) : 잡다한 일에서 해방된 자유로운 마음. 하늘과 땅 사이에 넘치게 가득찬 넓고도 큰 원기. 공명정대하여 조금도 부끄러울 바 없는 도덕적 용기
- 魂飛魄散(혼비백산) : 몹시 놀라 넋을 잃음
- 和而不同(화이부동) : 남과 화목하게 지내지만 자신의 중심과 원칙을 잃지 않음
- 畵龍點睛(화룡점정) : 용을 그려 놓고 마지막으로 눈을 그려 넣음, 즉 가장 긴요한 부분을 완성시킴
- 換骨奪胎(환골탈태) : 얼굴이 이전보다 더 아름다워짐. 선인의 시나 문장을 살리되, 자기 나름의 새로움을 보태어 자기 작품으로 삼는 일
- 會者定離(회자정리) : 만나면 반드시 헤어짐
- 後生可畏(후생가외) : 후진들이 젊고 기력이 있어 두렵게 여겨짐
- 橫說竪說(횡설수설) : 조리가 없는 말을 함부로 지껄임 또는 그 말
- 興盡悲來(흥진비래) : 즐거운 일이 다하면 슬픔이 옴, 즉 흥망과 성쇠가 엇바뀜을 일컫는 말

출 제 예 상 문 제

|1~10| 다음 제시된 단어와 의미가 유사한 단어를 고르시오.

1

우회

① 흐름　　　　　　　　　　　　② 근심
③ 진행　　　　　　　　　　　　④ 위선

> **✔ 해설** 우회 … 해결되지 않은 일 때문에 속을 태우거나 우울해 함
> ② 근심 : 해결되지 않은 일 때문에 속을 태우거나 우울해 함
> ① 흐름 : 한 줄기로 잇따라 진행되는 현상을 비유적으로 이르는 말
> ③ 진행 : 앞으로 향하여 나아감
> ④ 위선 : 겉으로만 착한 체함. 또는 그런 짓이나 일

2

전횡

① 독재　　　　　　　　　　　　② 건널목
③ 착복　　　　　　　　　　　　④ 전람

> **✔ 해설** 전횡 … 권세를 혼자 쥐고 제 마음대로 함
> ① 특정한 개인, 단체, 계급, 당파 따위가 어떤 분야에서 모든 권력을 차지하여 모든 일을 독단으로 처리함
> ② 강, 길, 내 따위에서 건너다니게 된 일정한 곳
> ③ 남의 금품을 부당하게 자기 것으로 함
> ④ 소개, 교육, 선전 따위를 목적으로 필요한 물품을 일정한 장소에 모아 진열하여 놓고 여러 사람에게 보임

호평

① 지평   ② 정평
③ 화평   ④ 비평

✔ 해설   호평…좋게 평함. 또는 그런 평판이나 평가
    ② 정평 : 모든 사람이 다 같이 인정하는 평판
    ① 지평 : 사물의 전망이나 가능성 따위를 비유적으로 이르는 말
    ③ 화평 : 화목하고 평온함
    ④ 비평 : 사물의 옳고 그름, 아름다움과 추함 따위를 분석하여 가치를 논함

4

도탄

① 당착   ② 곤궁
③ 외탄   ④ 상도

✔ 해설   도탄…진구렁에 빠지고 숯불에 탄다는 뜻으로, 몹시 곤궁하여 고통스러운 지경을 이르는 말
    ② 곤궁 : 처지가 이러지도 저러지도 못하게 난처하고 딱함
    ① 당착 : 말이나 행동 따위의 앞뒤가 맞지 않음
    ③ 외탄 : 두려워하고 꺼림
    ④ 상도 : 상업자들 사이에서 지켜야 할 도의

5

유념

① 좌절   ② 재원
③ 명심   ④ 단념

✔ 해설   유념…잊거나 소홀히 하지 않도록 마음속에 깊이 간직하여 생각함
    ③ 명심 : 잊지 않도록 마음에 깊이 새겨 둠
    ① 좌절 : 마음이나 기운이 꺾임
    ② 재원 : 재주가 뛰어난 젊은 여자
    ④ 단념 : 품었던 생각을 아주 끊어 버림

Answer   1.②   2.①   3.②   4.②   5.③

6

은닉

① 묻다   ② 파다

③ 알다   ④ 꼬다

> ✔ **해설** 은닉 … 남의 물건이나 범죄인을 감춤
> ① 일을 드러내지 아니하고 속 깊이 숨기어 감추다.
> ② 구멍이나 구덩이를 만들다.
> ③ 사물이나 상황에 대하여 정보나 지식을 갖추다.
> ④ 여러 가닥을 비비면서 엇감아 하나의 줄로 만들다.

7

가멸다

① 마르다   ② 넉넉하다

③ 굳세다   ④ 곰삭다

> ✔ **해설** 가멸다 … 재산이나 자원 따위가 넉넉하고 많다.
> ※ 곰삭다
> ㉠ 옷 따위가 오래되어서 올이 삭고 질이 약해지다.
> ㉡ 젓갈 따위가 오래되어서 푹 삭다.
> ㉢ 풀, 나뭇가지 따위가 썩거나 오래되어 푸슬푸슬해지다.

8

정양(靜養)

① 배양   ② 함양

③ 부양   ④ 요양

> ✔ **해설** 정양(靜養) … 몸과 마음을 편하게 하여 피로나 병을 요양함
> ④ 휴양하면서 조리하여 병을 치료함
> ① 인격, 역량, 사상 따위가 발전하도록 가르치고 키움
> ② 능력이나 품성 따위를 길러 쌓거나 갖춤
> ③ 생활 능력이 없는 사람의 생활을 돌봄

9

당면

① 조치 ② 즉결
③ 우상 ④ 봉착

 당면… 바로 눈앞에 당함
④ 봉착 : 어떤 처지나 상태에 부닥침
① 조치 : 벌어지는 사태를 잘 살펴서 필요한 대책을 세워 행함
② 즉결 : 그 자리에서 곧 결정함. 또는 그런 결정에 따라 마무리를 지음
③ 우상 : 신처럼 숭배의 대상이 되는 물건이나 사람

10

요해

① 깨닫다 ② 느끼다
③ 맛보다 ④ 바라다

 요해(了解) … 깨달아 알아냄

▌11~20▐ 다음 제시된 단어와 의미가 상반된 단어를 고르시오.

11

숭배

① 소유 ② 숭상
③ 멸시 ④ 재배

 숭배… 우러러 공경함
③ 멸시 : 업신여기거나 하찮게 여겨 깔봄
① 소유 : 가지고 있음
② 숭상 : 높여 소중히 여김
④ 재배 : 식물을 심어 가꿈

<table><tr><td>**12**</td><td>험구</td></tr></table>

① 유순 ② 사랑
③ 칭찬 ④ 암묵

> **해설** 험구…남의 흠을 들추어 헐뜯거나 험상궂은 욕을 함. 또는 그런 욕
> ③ 좋은 점이나 착하고 훌륭한 일을 높이 평가함. 또는 그런 말
> ① 성질이나 태도, 표정 따위가 부드럽고 순함
> ② 어떤 사람이나 존재를 몹시 아끼고 귀중히 여기는 마음
> ④ 자기 의사를 밖으로 나타내지 아니함

<table><tr><td>**13**</td><td>상봉</td></tr></table>

① 양봉 ② 상징
③ 붕우 ④ 작별

> **해설** 상봉…서로 만남
> ④ 작별 : 인사를 나누고 헤어짐
> ① 양봉 : 꿀을 얻기 위하여 벌을 기름
> ② 상징 : 추상적인 개념이나 사물을 구체적인 사물로 나타냄
> ③ 붕우 : 벗

<table><tr><td>**14**</td><td>긴축</td></tr></table>

① 완화 ② 절약
③ 지출 ④ 열악

> **해설** 긴축…바짝 줄이거나 조임. 또는 재정의 기초를 다지기 위하여 지출을 줄임
> ① 긴장된 상태나 급박한 것을 느슨하게 함
> ② 함부로 쓰지 않고 아낌
> ③ 돈을 지급함
> ④ 품질이나 시설 등의 질이 매우 떨어짐

15

<table><tr><td>경각</td></tr></table>

① 오래　　　　　　　　　　　② 호외

③ 실각　　　　　　　　　　　④ 경질

> ✔해설 경각…눈 깜빡할 사이. 또는 아주 짧은 시간
> ① 오래 : 시간이 지나가는 동안이 길게
> ② 호외 : 특별한 일이 있을 때에 임시로 발행하는 신문이나 잡지
> ③ 실각 : 발을 헛디딤. 또는 세력을 잃고 지위에서 물러남
> ④ 경질 : 어떤 직위에 있는 사람을 다른 사람으로 바꿈

16

<table><tr><td>번망하다</td></tr></table>

① 어수선하다　　　　　　　　② 혁신적이다

③ 한산하다　　　　　　　　　④ 발생하다

> ✔해설 번망하다…번거롭고 어수선하여 매우 바쁘다.

17

<table><tr><td>굴종</td></tr></table>

① 위로　　　　　　　　　　　② 반항

③ 경종　　　　　　　　　　　④ 굴복

> ✔해설 굴종…제 뜻을 굽혀 남에게 복종함
> ② 반항 : 다른 사람이나 대상에 맞서 대들거나 반대함
> ① 위로 : 어떤 직위에 있는 사람을 다른 사람으로 바꿈
> ③ 경종 : 잘못된 일이나 위험한 일에 대하여 경계하여 주는 주의나 충고를 비유적으로 이르는 말
> ④ 굴복 : 힘이 모자라서 복종함

18

왕세(往世)

① 미래   ② 소통

③ 친밀   ④ 자유

✔ 해설 왕세(往世) … 옛날, 지난 지 꽤 오래된 시기를 막연히 이르는 말

19

고답적

① 도덕적   ② 세속적

③ 이성적   ④ 이상적

✔ 해설 고답적 … 속세에 초연하며 현실과 동떨어진 것을 고상하게 여기는 것

20

알력

① 불화   ② 친화

③ 반영   ④ 흡사

✔ 해설 알력(軋轢) … 수레바퀴가 삐걱거린다는 뜻으로, 서로 의견이 맞지 아니하여 사이가 안 좋거나 충돌하는 것을 이르는 말
② 사이좋게 잘 어울림
① 서로 사이좋게 지내지 못함
③ 다른 데에서 영향을 받아 어떤 현상이 나타남
④ 거의 똑같을 정도로 비슷함

21

> 반주그레하다

① 생김새가 반반하다.

② 옳고 그름을 따지다.

③ 칙칙하고 고르지 않게 붉다.

④ 바로 말을 하지 않고 돌려 말하다.

> **✔해설** 반주그레하다 … 생김새가 반반하다.
> ② 변석하다.
> ③ 불그죽죽하다.
> ④ 변죽 울리다.

22

> 사분하다

① 들기 좋을 정도로 가볍다.

② 묶거나 쌓은 물건이 꼭 붙지 않고 약간 느슨한 데가 있다.

③ 소리가 나지 아니할 정도로 잇따라 가볍게 발을 내디디며 걷다.

④ 조금 쌀쌀맞게 시치미를 떼는 태도가 있다.

> **✔해설** ① 가뿐하다.
> ③ 사뿐거리다.
> ④ 새초롬하다.

23

뒤넘스럽다

① 위협적인 언동으로 을러서 남을 억누르다.
② 나아지거나 나았던 병이 도로 심해지다.
③ 물건들을 이리저리 들추며 자꾸 뒤지다.
④ 주제넘게 행동하여 건방진 데가 있다.

 ① 을러대다.
② 도지다.
③ 뒤적거리다.

24

물색없다

① 말이나 행동이 형편이나 조리에 맞는 데가 없다.
② 베어 낸 나무를 재목으로 쓰기 위하여 초벌로 대강 다듬다.
③ 몸이나 처지가 몹시 고단하다.
④ 결과나 상태, 내용이나 질 따위가 매우 좋지 못하다.

 ② 초련하다.
③ 고달프다.
④ 형편없다.

25

뜨내기

① 늘 이리저리 떠돌아 다니는 팔자
② 어떤 일에 처음 나서서 일이 서투른 사람
③ 일정한 거처가 없이 떠돌아다니는 사람
④ 몹시 서두르며 부산하게 구는 행동

 ① 역마살
② 신출내기
④ 설레발

26

> 무엇을 하고 싶어서 잠자코 있을 수가 없다.

① 오금이 쑤시다 ② 오지랖이 넓다
③ 코가 빠지다 ④ 발이 뜨다

 ② 주제넘게 남의 일에 간섭하다.
③ 근심이 가득하다.
④ 어떤 곳에 자주 다니지 아니하다.

27

> 얼굴에 핏기가 없고 파리하다.

① 헬쑥하다 ② 수척하다
③ 스산하다 ④ 완뢰하다

 ② 몸이 몹시 야위고 마른 듯하다.
③ 마음이 가라앉지 아니하고 뒤숭숭하다.
④ 굳세고 튼튼하다.

28

> 마음이 구슬퍼질 정도로 외롭거나 쓸쓸하다.

① 헌칠하다 ② 옹색하다
③ 처량하다 ④ 부실하다

① 키와 몸집이 크고 늘씬하다.
② 생활이 어렵다. 또는 활달하지 못하여 옹졸하고 답답하다.
④ 몸이 튼튼하지 못하다. 또는 내용이 실속이 없거나 충실하지 못하다.

Answer 23.④ 24.① 25.③ 26.① 27.① 28.③

29

사람을 부려 쓰는 방법이나 기술

① 교술   ② 용인술

③ 독심술   ④ 조원술

> ✔ **해설** ① 문학에서 대상이나 세계를 묘사하고 설명하는 장르
> ③ 상대방의 마음을 읽어내는 기술
> ④ 정원이나 공원 등을 만드는 기술

30

일에는 마음을 두지 아니하고 쓸데없이 다른 짓을 함

① 방정   ② 해찰

③ 정평   ④ 자발

> ✔ **해설** ① 찬찬하지 못하고 몹시 가볍고 점잖지 못하게 하는 말이나 행동
> ③ 모든 사람이 다같이 인정하는 평판
> ④ 남이 시키거나 요청하지 아니하였는데도 자기 스스로 나아가 행함

┃31~35┃ 제시된 문장의 밑줄 친 어휘와 같은 의미로 사용된 것을 고르시오.

31

한 치의 숨김도 없이 <u>바르게</u> 대답해야 할 거야.

① 운동장에 선을 <u>바르게</u> 그어놓도록 해라.
② 그는 양심이 <u>바른</u> 사람이라서 거짓말을 하지 못한다.
③ 입에 침이나 <u>바르고</u> 그런 이야기를 해.
④ 창문에 에어캡을 <u>발랐더니</u> 확실히 따뜻해진 듯 했다.

> ✔ **해설** ② 거짓이나 속임이 없이 정직하다.
> ① 겉으로 보기에 비뚤어지거나 굽은 데가 없다.
> ③ 표면에 고루 묻히다.
> ④ 풀칠한 종이나 헝겊 따위를 다른 물건의 표면에 고루 붙이다.

32

> 먹기만 해도 돈이 <u>벌린다니</u> 신기한 노릇이다.

① 아이를 향해 팔을 <u>벌리다</u>.
② 컴퓨터만 잘해도 돈이 <u>벌렸다</u>.
③ 그는 입을 헤벌쭉 <u>벌리며</u> 웃었다.
④ 가방을 <u>벌려</u> 책을 찾았다.

> ✔ 해설 ② 벌리다 : '일을 하여 돈 따위를 얻거나 모으다.'의 피동사
> ①③④ 벌리다 : 둘 사이를 넓히거나 멀게 하다.

33

> 필리핀의 고산 지대에서 농지가 부족한 자연 환경을 극복하기 위해 계단처럼 논을 만들어 벼농사를 <u>지은</u> 것이 좋은 예이다.

① 손에는 들고 등에는 <u>지고</u> 힘차게 걷는다.
② 벽에는 무언가를 <u>지운</u> 흔적이 가득했다.
③ 햇볕이 뜨거워 그늘이 <u>진</u> 곳에 사람들이 모여 있다.
④ 할 줄 아는 거라곤 농사<u>짓는</u> 것뿐이었다.

> ✔ 해설 ④ 짓다 : 논밭을 다루어 농사를 하다.
> ① 지다 : 물건을 짊어서 등에 얹다.
> ② 지우다 : 쓴 글씨나 그린 그림, 흔적 따위를 지우개나 천 따위로 보이지 않게 없애다.
> ③ 지다 : 어떤 현상이나 상태가 이루어지다.

34

> 마음을 독하게 <u>먹지</u> 않으면 유혹에 넘어가고 말 거야.

① 양심을 <u>먹고</u> 올바른 말을 하기로 했다.

② 너무 충격을 <u>먹어서</u> 말이 안 나온다.

③ 하루 종일 너무 많은 욕을 <u>먹었다</u>.

④ 자, 이제 약을 <u>먹어야</u> 할 시간이다.

 ① 어떤 마음이나 감정을 품다.
② 겁, 충격 따위를 느끼게 되다.
③ 욕, 핀잔 따위를 듣거나 당하다.
④ 음식 따위를 입을 통하여 배 속에 들여보내다.

35

> 강당에 사람이 가득 <u>차서</u> 더 이상 들어갈 수 없었다.

① 그는 승리의 기쁨에 가득 <u>차서</u> 눈물을 흘렸다.

② 할아버지는 혀를 끌끌 <u>차며</u> 손주의 행동을 바라보았다.

③ 미숙이는 성격이 <u>차고</u> 매서워서 사람들이 잘 따르지 않는다.

④ 초의 향과 따스함이 방 안에 가득 <u>차</u> 아늑한 분위기를 연출했다.

✔ 해설 ④ 일정한 공간에 사람, 사물, 냄새 따위가 더 들어갈 수 없이 가득하게 되다.
① 감정이나 기운 따위가 가득하게 되다.
② 혀를 입천장 앞쪽에 붙였다가 떼어 소리를 내다.
③ 인정이 없고 쌀쌀하다.

36

> 팀장님은 프로젝트가 끝나면 _____ 팀원들과 함께 술을 한잔 했다.

① 진즉 ② 파투
③ 한갓 ④ 으레

> **✔해설** ④ 두말할 것 없이 당연히, 틀림없이 언제나
> ① 좀 더 일찍이
> ② 일이 잘못되어 흐지부지됨
> ③ 다른 것 없이 겨우

37

> 다시 한번 이 행사를 위해 힘써 주신 여러분께 감사드리며, 이것으로 인사말을 _____하겠습니다.

① 갈음 ② 가름
③ 가늠 ④ 갸름

> **✔해설** ① 본디 것을 대신에 다른 것으로 가는 일
> ② 따로따로 갈라놓는 일
> ③ 목표나 기준에 맞고 안 맞음을 헤아리는 일
> ④ 보기 좋을 정도로 조금 가늘고 긴 듯함

38

> 신문이 특정 후보를 공개적으로 지지하는 것은 사회적 가치에 대한 신문의 입장을 분명히 드러내는 행위이다. 하지만 그로 인해 보도의 공정성을 담보하는 데에 어려움이 따를 수도 있다. 따라서 신문은 지지 후보의 표명이 보도의 공정성을 해치지 않는지 신중하게 따져 보아야 하며, 독자 역시 지지 선언의 _______를 분별할 수 있는 혜안을 길러야 할 것이다.

① 함의 ② 저의
③ 결의 ④ 선의

> **✔해설** ① 말이나 글 속에 들어있는 뜻
> ② 겉으로 드러나지 아니한, 속에 품은 생각
> ③ 뜻을 정하여 굳게 마음을 먹음 또는 그런 마음
> ④ 착한 마음, 좋은 뜻

Answer 34.① 35.④ 36.④ 37.① 38.①

|39~40| 다음 제시어 중 서로 관련 있는 세 개의 단어를 찾아 연상되는 것을 고르시오.

39

| 연극, 오페라의 유령, 브로드웨이, 충무로, 아리아, 놀이공원, 가면, 별, 심리학 |

① 할리우드 ② 중세 유럽
③ 발레 ④ 뮤지컬

> **✔해설** 제시된 단어 중 오페라의 유령, 브로드웨이, 아리아를 통해 '뮤지컬'을 유추해 볼 수 있다.
> • 세계 4대 뮤지컬 … 캣츠, 레미제라블, 미스 사이공, 오페라의 유령
> • 아리아 … 작품의 주제 혹은 주인공의 환희나 비극을 담고 있는 뮤지컬의 클라이맥스

40

| 수성 사인펜, 축제, 영어, 가을, 달리기, 풍경화, 시계, 만국기, 경주 |

① 운동회 ② 불국사
③ 수능 ④ 사생대회

> **✔해설** 제시된 단어 중 가을, 달리기, 만국기를 통해 '운동회'를 유추해볼 수 있다.

|41~43| 단어의 상관관계를 파악하고 ( ) 안에 알맞은 단어를 넣으시오.

41

| 춘향전 : 남원 = 역마 : (   ) |

① 화개장터 ② 봉평장터
③ 모란장터 ④ 강화장터

> **✔해설** 위에 제시된 관계는 우리나라 소설 작품과 그 작품의 배경이 되는 곳을 짝지은 것이다. 김동리의 소설 역마의 배경은 화개장터이다.

42

객 : 손님 = 명 : (　　　)

① 믿음   ② 국가
③ 걸음   ④ 목숨

✔ **해설** 객과 손님은 동의어이다. 명의 동의어는 목숨이다.

43

문학 : 시 = (　　　) : 교향곡

① 음악   ② 뮤지컬
③ 오케스트라   ④ 오페라 극장

✔ **해설** 예술 장르와 그 중 한 형식의 연결이다.

❙44~46❙ 단어의 관계가 다른 하나를 고르시오.

44
① 개 : 강아지   ② 꿩 : 까투리
③ 명태 : 노가리   ④ 닭 : 병아리

✔ **해설** 뒤에 있는 대상은 앞의 대상의 새끼 관계이다. 까투리는 암꿩을 말하며 꿩의 새끼는 꺼병이이다.

45
① 진지 : 밥   ② 건물 : 한옥
③ 음료수 : 콜라   ④ 음식 : 김치

✔ **해설** ① 동일한 대상을 지칭하는 유의어다.
②③④ 상의어와 하의어의 관계이다.

46　① 바늘 : 시계　　　　　② 모래 : 사막

　　　③ 나무 : 숲　　　　　④ 그물 : 물고기

> **✔ 해설**　④ 물고기를 잡는 도구가 그물이다. 따라서 도구와 대상의 관계이다.
> ①②③ 부분과 전체의 관계이다.

▎47~48 ▎다음 의미를 나타내는 사자성어로 옳은 것을 고르시오.

47

두 사람의 싸움에 제삼자가 이익을 봄

　　　① 곤수유투(困獸猶鬪)　　　　② 견토지쟁(犬免之爭)

　　　③ 괄목상대(刮目相對)　　　　④ 고장난명(孤掌難鳴)

> **✔ 해설**　① 곤수유투(困獸猶鬪) : 위급할 때는 아무리 약한 짐승이라도 싸우려고 덤빔
> ③ 괄목상대(刮目相對) : 남의 학식이나 재주가 놀랄 만큼 부쩍 늚을 이르는 말
> ④ 고장난명(孤掌難鳴) : 혼자의 힘만으로 어떤 일을 이루기 어려움을 이르는 말

48

훌륭한 것 뒤에 보잘것없는 것이 뒤따름

　　　① 과전이하(瓜田梨下)　　　　② 구밀복검(口蜜腹劍)

　　　③ 교각살우(矯角殺牛)　　　　④ 구미속초(狗尾續貂)

> **✔ 해설**　① 과전이하(瓜田梨下) : 의심받기 쉬운 행동은 피하는 것이 좋음을 이르는 말
> ② 구밀복검(口蜜腹劍) : 말로는 친한 듯하나 속으로는 해칠 생각이 있음을 이르는 말
> ③ 교각살우(矯角殺牛) : 잘못된 점을 고치려다가 그 방법이나 정도가 지나쳐 오히려 일을 그르침을 이르는 말

49

> 굉장히 화가 나서 참지 못함

① <u>비분강개</u>로 회사까지 망하다니 이를 어쩌면 좋니?

② 상대팀의 전술에 <u>비분강개</u>로 당하다니 그러고도 할 말이 있느냐?

③ 그 의병장은 <u>비분강개</u>하여 마을의 청년들을 모아놓고 의병조직을 일으켰다.

④ 휴~ 다치지 않았니? 갑자기 돌이 날아오다니. <u>비분강개</u>했구나.

✔해설 ① 설상가상(雪上加霜) : 난처한 일이나 불행한 일이 잇따라 일어남을 이르는 말
② 속수무책(束手無策) : 손을 묶은 것처럼 어찌할 도리가 없어 꼼짝 못함
④ 십년감수(十年減壽) : 수명이 십 년이나 줄 정도로 위험한 고비를 겪음

50

> 곁에 사람이 없는 것처럼 제멋대로 행동함

① 그는 다른 사람의 일에 <u>방약무인</u> 간섭하고 있다.

② 임진왜란 당시 의병들은 <u>방약무인</u>의 자세로 나라를 위해 싸웠다.

③ 아침부터 그들의 대결을 보기 위해 사람들이 <u>방약무인</u>을 이뤘다.

④ 사무실에 갑자기 한 남자가 나타나더니 그 행동이 완전 <u>방약무인</u>이더라.

✔해설 ① 사사건건(事事件件) : 해당되는 모든 일마다. 또는 매사에
② 멸사봉공(滅私奉公) : 사욕을 버리고 공익을 위해 힘씀
③ 문전성시(門前成市) : 찾아오는 사람이 많아 문 앞이 시장을 이루다시피 함을 이르는 말

51 다음 중 표준어로 옳은 것은?

① 천정

② 며루치

③ 옹골차다

④ 봉숭화

> **✔ 해설** ① 천장 ② 멸치 ④ 봉선화/봉숭아

52 다음 단어의 발음이 옳지 않은 것은?

① 넓둥글다[넙뚱글다]

② 묽고[묵꼬]

③ 옷 한 벌[오탄벌]

④ 젖어미[저더미]

> **✔ 해설** ② 묽고[물꼬]

53 밑줄 친 부분 중 외래어 표기법에 따라 바르게 표기된 것은?

① 새 <u>쇼파</u>를 샀다.

② 오렌지 <u>쥬스</u> 먹을래?

③ 여행 준비를 하며 <u>렌트카</u>를 예약했다.

④ 내 동생은 <u>초콜릿</u> 우유를 제일 좋아한다.

> **✔ 해설** ① 쇼파→소파
> ② 쥬스→주스
> ③ 렌트카→렌터카

54 관용 표현이 사용되지 않은 문장은?

① 사람들은 폭설 때문에 공항에 발이 묶였다.

② 재하는 선물이 마음에 들었는지 입이 귀에 걸렸다.

③ 미영이는 한 손으로 농구공을 잡을 만큼 손이 크다.

④ 두 사람은 손발이 맞아 무슨 일이든 빨리 끝낸다.

> ✔해설 ③에서 사용한 손이 크다는 말은 씀씀이가 후하고 크다는 관용 표현이 아닌 실제로 미영이의 손이 큰 것이라고 볼 수 있다.

55 표현이 가장 자연스러운 문장은?

① 길이가 너무 커서 문제입니다.

② 이 책은 재미있게 구성되었습니다.

③ 현수 생각은 내 생각과 많이 틀려.

④ 수확량이 가장 작은 곳은 어디인가요?

> ✔해설 ① 길이는 '길다'와 '짧다'라고 표현한다. 또한 '너무'는 주로 부정어와 어울리는 부사이므로 '길다'라는 긍정어와는 어울리지 않는다. 따라서 '길이가 매우 길어 문제입니다'라고 고쳐야 한다.
> ③ '틀리다'는 '답에 맞지 않다'라는 뜻이며 생각이 같지 않다는 의미의 '다르다'가 올바른 표현이다. 따라서 '현수 생각은 내 생각과 많이 달라.'라고 고쳐야 한다.
> ④ 수확량과 같이 양은 '많다'와 '적다'로 표현한다. 따라서 '수확량이 가장 적은 곳은 어디인가요?'가 자연스럽다.

56 다음 중 표현이 가장 자연스러운 것은?

① 이 제도는 최근에야 확립되어졌다.

② 인류는 함께 공존하는 길을 찾아야 합니다.

③ 지금도 저희 한국에는 대가족이 많습니다.

④ 빵을 만들기 위해서는 효모가 필요합니다.

> ✔해설 ① '되다'와 '~어지다'가 쓰여 이중 피동 표현이 되었다. 하나의 피동 표현을 삭제한다. '이 제도는 최근에야 확립되었다.'로 고친다.
> ② 공존은 서로 도와서 함께 존재함을 의미한다. '함께'와 '공존'이 중복되므로 하나의 표현만 쓰도록 한다. '인류는 공존하는 길을 찾아야 합니다.'로 고친다.
> ③ 조국 앞에는 '저희'라는 낮춤말을 쓰지 않는다. '지금도 우리 한국에는 대가족이 많습니다.'로 고친다.

57 표현법이 다른 것은?

① 고향 집 마당귀 바람은 잠을 자리.

② 매화 향기 홀로 아득하니.

③ 여울지어 수척한 흰 물살.

④ 풀은 눕고 드디어 울었다.

> **✔ 해설** ①③④에 쓰인 의인법은 사물이나 추상 개념을 인간인 것처럼 표현하는 수사적 방법으로, ②에는 의인법이 쓰이지 않았다.

58 다음 중 표준 발음인 것은?

① 넓다[넙따]　　　　　② 꽃잎[꼰닙]

③ 맏형[마텽]　　　　　④ 국수[국수]

> **✔ 해설** ① [널따]가 표준 발음이다.
> ② [꼰닙]이 표준 발음이다.
> ④ [국쑤]가 표준 발음이다.

59 다음 중 띄어쓰기가 옳지 않은 것은?

① 해 질 녘에 산책을 하다.

② 시험에 합격할 리가 없다.

③ 병원은 내일 갈 수 밖에 없다.

④ 도와주기는커녕 방해만 하다 갔다.

> **✔ 해설** 해질녘이 옳은 표현이다.

60 다음 중 접속어가 올바르게 쓰이지 않은 것은?

① 준희는 고약한 구두쇠이다. 그러므로 그는 돈을 많이 모았다.

② 그녀는 얼마 전 그와 헤어졌다. 그러므로 그녀는 지금 외롭다.

③ 법에 근거하여 내린 판결이다. 그러므로 아무리 억울하여도 어쩔 수 없다.

④ 혜림은 목 놓아 울었다. 그러므로 스트레스를 해소하였다.

> ✔ 해설 혜림은 목 놓아 울었다. 그러므로 스트레스를 해소하였다. → 혜림은 목 놓아 울었다. 그럼으로(써) 스트레스를 해소하였다.

61 문맥으로 보아 다음 글의 (   ) 안에 알맞은 사자성어는?

이순신 장군 동상이 광화문 광장에 (   )하게 서있다.

① 파죽지세(破竹之勢)

② 위풍당당(威風堂堂)

③ 진퇴유곡(進退維谷)

④ 진퇴양난(進退兩難)

> ✔ 해설 ② 위풍당당(威風堂堂) : 풍채나 기세가 위엄 있고 떳떳함
> ① 파죽지세(破竹之勢) : 대를 쪼개는 기세라는 뜻으로, 적을 거침없이 물리치고 쳐들어가는 기세를 이르는 말
> ③ 진퇴유곡(進退維谷) : 이러지도 저러지도 못하고 꼼짝할 수 없는 궁지에 빠짐
> ④ 진퇴양난(進退兩難) : 이러지도 저러지도 못하는 어려운 처지

62 다음 한자 중 잘못 읽은 것은?

① 司掃 – 사소 ② 書式 – 서식
③ 脆弱 – 위약 ④ 破綻 – 파탄

> **✔해설** 취약이라고 읽어야 한다.
> ※ 脆弱(취약)
>   ㉠ 무르고 약함
>   ㉡ 가냘픔

63 다음 한자 중 '백'의 쓰임이 잘못된 것은?

① 白眉 ② 白中
③ 白痴 ④ 白手

> **✔해설** 음력(陰曆) 칠월(七月) 보름날로 백종일(百種日)·망혼일(亡魂日)·중원(中元)이라고도 하는 '백중'을 나타내려면 '百中'으로 써야 한다.
> ① 白眉(백미) : 여럿 중에서 가장 뛰어난 사람이나 물건을 이르는 말
> ③ 白痴(백치) : 뇌에 장애나 질환이 있어 지능이 아주 낮은 상태. 또는 그런 사람을 낮잡아 이르는 말
> ④ 白手(백수) : 돈 한 푼 없이 빈둥거리며 놀고먹는 건달

64 밑줄 친 부분의 한자 표기가 다른 하나는?

① 경천동지
② 동병상련
③ 오월동주
④ 초록동색

> **✔해설** ① 경천동지(驚天動地) : 하늘이 놀라고 땅이 흔들린다는 뜻으로 세상을 몹시 놀라게 함
> ② 동병상련(同病相憐) : 처지가 서로 비슷한 사람끼리 서로 동정하고 도움
> ③ 오월동주(吳越同舟) : 사이가 좋지 못한 사람끼리도 자기의 이익을 위해서는 행동을 같이 한다는 말
> ④ 초록동색(草綠同色) : 풀과 녹색은 같은 빛임. 같은 처지나 같은 유의 사람들은 그들끼리 함께 행동함

65 한자어를 우리말로 순화시킨 것 중 바르지 않은 것은?

① 조미료(調味料) - 양념

② 혈흔(血痕) - 핏줄

③ 하자(瑕疵) - 흠

④ 기일(忌日) - 제삿날

> **✔해설** 혈흔→핏자국

66 의미가 비슷한 한자성어끼리 연결되지 않은 것은?

① 진퇴양난(進退兩難) - 사면초가(四面楚歌)

② 아전인수(我田引水) - 견강부회(牽强附會)

③ 단순호치(丹脣皓齒) - 순망치한(脣亡齒寒)

④ 풍전등화(風前燈火) - 위기일발(危機一髮)

> **✔해설** ㉠ 단순호치 : 붉은 입술과 하얀 치아라는 뜻으로, 아름다운 여자를 일컫는다.
> ㉡ 순망치한 : 입술이 없으면 이가 시리다는 뜻으로, 어느 한쪽이 어려우면 덩달아 어려워진다는 말이다.

67 (   ) 안에 들어가기에 부적절한 성어는?

• 사고(四苦) : (㉠)	• 사궁(四窮) : (㉡)
• 사주(四柱) : (㉢)	• 사단(四端) : (㉣)

① ㉠ : 생로병사
② ㉡ : 환과고독
③ ㉢ : 일월성신
④ ㉣ : 인의예지

> **✔해설** 일월성신 : 해, 달, 별을 일컫는 말이다.

68 다음 제시된 의미의 속담을 올바르게 사용한 것은?

> 은혜를 베푼 사람으로부터 큰 화를 입음

① 이제 순순히 포기하시지. 넌 이미 <u>기르던 개에게 다리를 물린</u> 격이야.

② <u>기르던 개에게 다리를 물린</u>다고 내가 그에게 이렇게 배신을 당할 줄이야…

③ 저 지휘관은 <u>기르던 개에게 다리를 물린</u> 격으로 부하들을 사지로 몰아넣고 있다.

④ 아무리 뛰어난 사람이라도 <u>기르던 개에게 다리를 물렸</u>다고 모든 일을 다 잘할 수는 없다.

> ✔ **해설** ① 그물에 든 고기요, 쏘아 놓은 범이라 : 이미 잡혀 옴짝달싹 못하고 죽을 지경에 빠졌음을 비유적으로 이르는 말
> ③ 나무에 오르라 하고 흔드는 격 : 남을 꾀어 위험한 곳이나 불행한 처지에 빠지게 함을 비유적으로 이르는 말
> ④ 날면 기는 것이 능하지 못하다 : 훌륭한 재주가 있는 사람이라도 모든 일을 다 잘할 수는 없음을 비유적으로 이르는 말

69 관용 표현의 의미가 잘못 풀이된 것은?

① 귀가 뚫리다. : 세상 물정을 알게 되다.

② 귀 기울이다. : 남의 의견이나 이야기에 관심을 가지고 주의를 모으다.

③ 귀가 따갑다. : 너무 여러 번 들어서 듣기가 싫다.

④ 귀에 딱지가 앉다. : 같은 말을 여러 번 듣다.

> ✔ **해설** '귀가 뚫리다'라는 관용 표현은 '말을 알아듣게 되다'라는 의미이다.

70 다음 속담의 쓰임이 어색한 것은?

① '바늘 가는 데 실 간다'더니 저 두 사람은 떨어질 수 없는 사이로구나.

② '못된 송아지 엉덩이에 뿔 난다'더니 성격이 좋지 않던 저 녀석은 커서도 여전히 말썽이구나.

③ '바늘허리에 실 매어 쓸까'라더니 좋은 것도 쓸모를 찾지 못하면 무용지물이구나.

④ '목구멍이 포도청'이라더니 생계 때문에 하기 싫은 일도 해야 하는 현실이 안타깝구나.

> ✔ **해설** 아무리 급해도 밟아야 할 절차는 밟아야 한다는 뜻이다.

Answer   68.② 69.① 70.③

04 이해력

대표유형 1　**문장 배열**

(1) 글의 구성 요소

단어→문장→문단→글

① 단어 … 분리하여 자립적으로 쓸 수 있는 말이나, 이에 준하는 말이나, 그 말의 뒤에 붙어서 문법적 기능을 나타내는 말이다.

② 문장 … 생각이나 감정을 말로 표현할 때 완결된 내용을 나타내는 최소의 단위로, 주어와 서술어를 갖추고 있는 것이 원칙이나 생략될 수도 있다.

③ 문단 … 글에서 하나로 묶을 수 있는 짤막한 단위로, 한 편의 글은 여러 개의 문단으로 구성된다.

④ 글 … 어떤 생각이나 일 따위의 내용을 문자로 나타낸 기록이다.

(2) 문단의 짜임

① 중심 문장 … 하나의 문단에서 나타내고자 하는 중심 내용이 담긴 문장

② 뒷받침 문장 … 중심 문장의 내용을 효과적으로 전달하기 위해 보조적으로 쓰인 문장

(3) 설명문과 논설문의 구조

① 설명문 … 처음-중간-끝

ㄱ 처음 : 설명할 대상, 배경, 동기, 목적, 방법 등을 제시하는 단계로, 독자의 관심을 불러일으키는 역할을 한다.

ㄴ 중간 : 다양한 설명 방법을 활용하여 설명하고자 하는 지식과 정보를 이해하기 쉽게 풀이하는 단계이다.

ㄷ 끝 : 중간 부분에서 설명한 내용을 요약 · 정리하고 마무리하는 단계이다.

② 논설문 … 서론-본론-결론
  ㉠ 서론 : 글을 쓰는 동기와 목적을 밝히고, 문제를 제기하는 단계이다.
  ㉡ 본론 : 여러 가지 근거를 들어 자신이 주장하려는 바를 증명하는 단계로, 제시하는 근거의 타당성에 대한 검증이 필요하다.
  ㉢ 결론 : 주장하는 내용을 요약하고 확인·강조하는 단계이다.

(4) 접속어

관계	내용	접속어의 예
순접	앞의 내용을 이어받아 연결시킴	그리고, 그리하여, 이리하여
역접	앞의 내용과 상반되는 내용을 연결시킴	그러나, 하지만, 그렇지만, 그래도
인과	앞뒤의 문장을 원인과 결과로 또는 결과와 원인으로 연결시킴	그래서, 따라서, 그러므로, 왜냐하면
전환	뒤의 내용이 앞의 내용과는 다른 새로운 생각이나 사실을 서술하여 화제를 바꾸며 이어줌	그런데, 그러면, 다음으로, 한편, 아무튼
예시	앞의 내용에 대해 구체적인 예를 들어 설명함	예컨대, 이를테면, 예를 들면
첨가·보충	앞의 내용에 새로운 내용을 덧붙이거나 보충함	그리고, 더구나, 게다가, 뿐만 아니라
대등·병렬	앞뒤의 내용을 같은 자격으로 나열하면서 이어줌	그리고, 또는, 및, 혹은, 이와 함께
확언·요약	앞의 내용을 바꾸어 말하거나 간추려 짧게 요약함	요컨대, 즉, 결국, 말하자면

(1) 핵심어

① 설명문의 내용 또는 제목 내의 중요한 내용을 요약한 핵심적인 단어 또는 문구를 핵심어라고 한다.

② 글의 처음이나 마지막 부분의 문장이 열쇠가 되는 경우가 많다.

③ 핵심어는 반복 사용되는 경향이 있다.

(2) 주제 파악하기의 과정

① 형식 문단의 내용을 요약한다.

② 내용 문단으로 묶어 중심 내용을 파악한다.

③ 각 내용 문단의 중심 내용 간의 관계를 이해한다.

④ 전체적인 주제를 파악한다.

(3) 주제를 찾는 방법

① 주제가 겉으로 드러난 글(설명문, 논설문 등)
　㉠ 글의 주제 문단을 찾는다. 주제 문단의 요지가 주제이다.
　㉡ 대개 3단 구성이므로 끝 부분의 중심 문단에서 주제를 찾는다.
　㉢ 중심 소재(제재)에 대한 글쓴이의 입장이 나타난 문장이 주제문이다.
　㉣ 제목과 밀접한 관련이 있음에 유의한다.

② 주제가 겉으로 드러나지 않는 글(문학적인 글)
　㉠ 글의 제재를 찾아 그에 대한 글쓴이의 의견이나 생각을 연결시키면 바로 주제를 찾을 수 있다.
　㉡ 제목이 상징하는 바가 주제가 될 수 있다.
　㉢ 인물이 주고받는 대화의 화제나 화제에 대한 의견이 주제일 수도 있다.
　㉣ 글에 나타난 사상이나 내세우는 주장이 주제가 될 수도 있다.
　㉤ 시대적 · 사회적 배경에서 글쓴이가 추구하는 바를 찾을 수 있다.

(1) 세부 내용 파악하기

① 제목을 확인한다.

② 주요 내용이나 핵심어를 확인한다.

③ 지시어나 접속어에 유의하며 읽는다.

④ 중심 내용과 세부 내용을 구분한다.

⑤ 내용 전개 방법을 파악한다.

⑥ 사실과 의견을 구분하여 내용의 객관성과 주관성 파악한다.

(2) 추론하며 읽기

① **추론하며 읽기의 뜻**…글 속에 명시적으로 드러나 있지 않은 내용, 과정, 구조에 관한 정보를 논리적 비약 없이 추측하거나 상상하며 읽는 것을 말한다.

② **추론하며 읽기의 방법**
　㉠ 문장의 연결 관계를 통하여 생략된 정보를 추측한다.
　㉡ 뜻이 분명하지 않은 문장의 의미를 자신의 배경 지식을 활용하여 정확하게 파악한다.
　㉢ 글에 제시되어 있는 내용을 바탕으로 글 속에 분명히 드러나 있지 않은 중심 내용이나 주제를 파악한다.
　㉣ 문맥의 흐름을 기준으로 문단의 연결 관계를 정확하게 파악한다.
　㉤ 글의 조직 및 전개 방식을 기준으로 글 전체의 계층적 구조를 정확하게 파악한다.

출 제 예 상 문 제

❙1~5❙ 다음에 제시된 글을 흐름이 자연스럽도록 순서대로 배열하시오.

1

㉠ 받침점에서 힘점까지의 거리가 받침점에서 작용점까지의 거리에 비해 멀수록 힘점에 작은 힘을 주어 작용점에서 물체에 큰 힘을 가할 수 있다.

㉡ 지레는 받침과 지렛대를 이용하여 물체를 쉽게 움직일 수 있는 도구이다.

㉢ 이러한 지레의 원리에는 돌림힘의 개념이 숨어 있다.

㉣ 지레에서 힘을 주는 곳을 힘점, 지렛대를 받치는 곳을 받침점, 물체에 힘이 작용하는 곳을 작용점이라 한다.

① ㉣ - ㉡ - ㉢ - ㉠
② ㉡ - ㉣ - ㉠ - ㉢
③ ㉠ - ㉡ - ㉣ - ㉢
④ ㉢ - ㉠ - ㉣ - ㉡

✔해설 ㉡ 지레에 대한 정의를 말한 뒤 ㉣ 지레의 힘점, 받침점, 작용점을 설명하고 ㉠ 각 지점들이 작용하는 원리를 통해 ㉢ 돌림힘의 개념을 설명하고 있다.

2

㉠ 초창기에 이 책은 세 가지 원칙을 세웠다.

㉡ 이런 원칙에 따라 차례가 겨우 정해졌을 때, 1597년(정유년) 1월 일본군이 다시 쳐들어오는 정유재란이 일어났고, 이로 인해서 참여한 인물들이 뿔뿔이 흩어져버려 「동의보감」을 편찬하는 일은 중단되었다.

㉢ 허준은 왕명을 받아 당시의 뛰어난 의원을 망라해 의서(醫書) 편찬 작업을 시작했다.

㉣ 셋째, '국산 약을 널리, 쉽게 쓸 수 있도록 약초 이름에 조선 사람이 부르는 이름을 한글로 쓴다.' 시골에는 약이 부족하기 때문에 주변에서 나는 약을 써야하는데, 그게 어떤 약인지 잘 모르기 때문에 시골 사람이 부르는 약초 이름을 쓴 것이다.

㉤ 첫째, '병을 고치기에 앞서 수명을 늘리고 병이 안 걸리도록 하는 방법을 중요하게 여긴다.' 왜냐하면 당연히 몸을 잘 지키고 병을 예방하는 것이 병 걸린 후 치료하는 것보다 더 낫다고 보았기 때문이다.

㉥ 둘째, '무수히 많은 처방들의 요점만을 간추린다.' 당시에는 중국에서 수입된 의학책이 매우 많았는데, 이 책은 이렇게 말하고 저 책은 저렇게 말하는 등 앞뒤가 서로 맞지 않는 경우가 많았기 때문이다.

① ㉡-㉠-㉤-㉣-㉥-㉢
② ㉢-㉥-㉠-㉣-㉤-㉡
③ ㉡-㉣-㉠-㉥-㉤-㉢
④ ㉢-㉠-㉤-㉥-㉣-㉡

✔해설 ㉢ 허준의 의서 편찬 작업 시작 - ㉠ 의서 편찬의 세 가지 원칙 - ㉤ 첫째 원칙과 그 이유 - ㉥ 둘째 원칙과 그 이유 - ㉣ 셋째 원칙과 그 이유 - ㉡ 「동의보감」 편찬 중단의 원인

Answer 1.② 2.④

3

㉠ 수련은 한자로는 睡蓮(잠잘 수, 연꽃 연)이라고 씁니다. 잠자는 연꽃이라는 뜻이지요. 연꽃과 비슷하게 생겼으면서 밤에 잠을 자는 것처럼 오므라드는 수련의 특징을 잘 표현한 이름입니다.

㉡ 수련은 연꽃과 다르게 정오경에 피었다가 저녁때에 오므라든다는 특징이 있습니다. 마치 잠을 자는 것처럼 말입니다. 그래서 수련이라는 이름이 붙었습니다.

㉢ 연꽃과 수련은 모두 통상적으로 개화 시기는 늦봄에서 여름까지입니다. 꽃이 피는 시기도 비슷하지요. 그렇다면 연꽃과 수련을 어떻게 구분할 수 있을까요?

㉣ 수련이라는 꽃을 아시나요? 수련은 연꽃과 비슷하게 생긴 수생식물로, 연꽃과 마찬가지로 연못이나 늪에서 자랍니다. 우리나라에서는 중부지역 이남에서, 해외에서는 일본과 중국, 인도 등에서 살지요.

① ㉠ – ㉡ – ㉢ – ㉣　　　　② ㉡ – ㉠ – ㉣ – ㉢
③ ㉢ – ㉠ – ㉡ – ㉣　　　　④ ㉣ – ㉢ – ㉡ – ㉠

✔ **해설** ㉣에서 가장 먼저 수련에 대한 설명이 시작되고, 이어서 ㉢에서 개화 시기에 대한 설명이 나온다. ㉢의 마지막에서 나온 질문에 대해 ㉡에서 답이 이어지고, ㉠에서 수련이라는 이름의 설명과 특징이 정리되며 마무리된다.

4

㉠ 그런데 음성 신호를 음소 단위로 정확히 나누는 것은 쉽지 않다.

㉡ 음성을 인식하기 위해서 먼저 입력된 신호에서 잡음을 제거한 후 음성 신호만 추출한다.

㉢ 이를 해결하기 위해 먼저 음성 신호를 일정한 시간 간격의 '단위 구간'으로 나누고, 이 단위 구간 하나만으로 또는 연속된 단위 구간을 이어 붙여 음소 추정 구간들을 만든다.

㉣ 그런 다음 음성 신호를 하나의 음소로 판단되는 구간인 '음소 추정 구간'들의 배열로 바꾸어 준다.

① ㉡ – ㉣ – ㉠ – ㉢　　　　② ㉡ – ㉠ – ㉢ – ㉣
③ ㉢ – ㉣ – ㉠ – ㉡　　　　④ ㉣ – ㉢ – ㉡ – ㉠

✔ **해설** 음성을 인식하기 위해서 먼저 입력된 신호에서 잡음을 제거한 후 음성 신호만 추출한다. 그런 다음 음성 신호를 하나의 음소로 판단되는 구간인 '음소 추정 구간'들의 배열로 바꾸어 준다. 그런데 음성 신호를 음소 단위로 정확히 나누는 것은 쉽지 않다. 이를 해결하기 위해 먼저 음성 신호를 일정한 시간 간격의 '단위 구간'으로 나누고, 이 단위 구간 하나만으로 또는 연속된 단위 구간을 이어 붙여 음소 추정 구간들을 만든다.

5

㉠ 커피는 클로로겐산 때문에 위장을 자극하므로 공복 때에는 피하고 지나치게 마시지 말아야 한다.

㉡ 커피콩의 성분은 카페인·탄닌·단백질·지질·당질 등으로 이 중 커피의 g당 카페인 함유량은 녹차나 홍차보다 낮다.

㉢ 또, 카페인이나 탄닌 때문에 설탕을 섞으니 설탕의 과잉 섭취가 염려되고, 설탕을 넣지 않은 커피는 위를 다치기 쉬우니 우유를 넣는 것이 좋다.

㉣ 이후 커피가 유럽에 전해진 것은 1651년이고, 인도에는 17세기 초에 들어 왔다.

㉤ 그러나 이 카페인 때문에 습관성이 생긴다.

㉥ 커피의 원산지는 에티오피아로 이것이 아라비아에 전해졌고 아라비아인은 오랫동안 커피산업을 독점하고 있었다.

① ㉥ - ㉤ - ㉡ - ㉠ - ㉣ - ㉢
② ㉥ - ㉣ - ㉡ - ㉤ - ㉠ - ㉢
③ ㉢ - ㉠ - ㉤ - ㉣ - ㉡ - ㉥
④ ㉢ - ㉡ - ㉠ - ㉤ - ㉣ - ㉥

> **✔해설** ㉥에서 커피의 원산지와 그 산업의 시작에 대한 내용으로 글이 시작된다. ㉣의 '이후'라는 접속사를 통해 아라비아에서 유럽과 인도에 전해진 시간적인 흐름이 이어짐을 알 수 있다. ㉡에서 커피의 영양적 특성이 설명되고, ㉤에서는 그중에서도 카페인에 대한 유의 사항이 설명된다. 다음으로 ㉠에서 카페인을 시작으로 커피의 부작용이 설명되는데 ㉢의 '또'라는 접속사를 통해 ㉠의 뒤에 오는 커피의 두 번째 부작용임을 알 수 있다.

▌6~10▐ 다음 제시된 글을 읽고 빈칸에 적절한 문장을 찾으시오.

6

　문화 상품의 저작권 보호를 위해 기본적으로 필요한 요소는 ＿＿＿＿＿＿＿＿＿＿. 하지만 우리 소비자들은 수년간의 면역 효과로 인해 공짜 문화 상품의 맛에서 헤어 나오지 못하고 있다. 저작권에 대한 소비자의 의식에 획기적인 변화가 없는 한 문화 상품에 대한 가치는 어디서고 인정받지 못하게 될 것이고 문화 산업계가 꿈꾸고 있는 장밋빛 미래도 없을 것이라고 단언한다.

① 제작자의 관대한 태도이다
② 제작자와 소비자의 대화와 화해이다
③ 저작권 가치에 대한 소비자의 인식이다
④ 수출업자의 적극적인 홍보이다

> **✔해설** 빈칸 이후의 문장에서 소비자 의식의 문제점에 대해 이야기하고 있으므로 빈칸에 가장 적절한 문장은 ③이다.

7

> 　미적인 것이란 내재적이고 선험적인 예술 작품의 특성을 밝히는 데서 더 나아가 삶의 풍부하고 생동적인 양상과 가치, 목표를 예술 형식으로 변환한 것이다. 미(美)는 어떤 맥락으로부터도 자율적이기도 하지만 타율적이다. 미에 대한 자율적 견해를 지닌 칸트도 일견 타당하지만, 미를 도덕이나 목적론과 연관시킨 톨스토이나 마르크스도 타당하다. 우리가 길을 지나다 이름 모를 곡을 듣고서 아름답다고 느끼는 것처럼 순수미의 영역이 없는 것은 아니다. 하지만 (　　　　　　　　　　　　　) 미(美) 또한 사회 경제적, 문화적 맥락의 영향을 받기도 한다.

① 그 곡이 독재자를 열렬히 지지하기 위한 선전곡이었음을 안 다음부터 그 곡을 혐오하듯

② 선율에서 어머니 품 안의 따스함으로 가득 찬 어린 시절을 떠올리듯

③ 옛날이야기에서 선인들의 지혜를 깨닫고 감탄하듯

④ 한 편의 시를 통해 작가와 교감하듯

✅**해설**　빈칸은 순수미의 영역이 존재함을 인정하면서 역접의 접속어 '하지만' 다음에 위치한다. 또한 빈칸 뒤에는 '미'가 사회·경제적, 문화적 맥락의 영향을 받는다는 내용이 부가 설명되어 있으므로, 좋아하던 노래가 독재자를 지지하는 선전곡이었다는 사회적 맥락의 영향으로 곡을 혐오하게 되었다는 예시가 들어가는 것이 적절하다.

8

> 　로마는 '마지막으로 보아야 하는 도시'라고 합니다. 장대한 로마 유적을 먼저 보고 나면 다른 관광지의 유적들이 상대적으로 왜소하게 느껴지기 때문입니다. 로마의 자부심이 담긴 말입니다. 그러나 (　　　　　　　　　　　　　) 왜냐하면 로마는 문명이란 무엇인가라는 물음에 대해 가장 진지하게 반성할 수 있는 도시이기 때문입니다. 문명관(文明觀)이란 과거 문명에 대한 관점이 아니라 우리의 가치관과 직결되어 있는 것입니다. 그리고 과거 문명을 바라보는 시각은 그대로 새로운 문명에 대한 전망으로 이어지기 때문입니다.

① 로마인이 가진 자부심을 본받아야 합니다.

② 여행은 가장 익숙한 곳으로 가야합니다.

③ 로마는 유럽 여행에 빠져서는 안 되는 장소하고 말하고 싶습니다.

④ 나는 당신에게 제일 먼저 로마를 보라고 권하고 싶습니다.

✅**해설**　'그러나' 다음으로는 앞선 내용과는 상반되는 내용이 주어지므로 로마는 '마지막으로 보아야 하는 도시'라고 한다는 주장과 상반되는 ④의 내용이 오는 것이 오는 것이 적절하다.

9

　　웹 만화의 특징으로 들 수 있는 것은 인터넷상에서 두루마리처럼 아래로 길게 펼쳐 읽는 것이다. 일반적인 출판 만화는 한 편을 오른쪽에서 왼쪽으로 장을 넘겨 가며 읽는 책의 형식인 반면, 웹 만화는 마우스를 이용해 위에서 아래로 내려가며 읽는 형식을 취하고 있다. 이와 같은 웹 만화의 세로 읽기는 한 회의 만화를 끊김 없이 읽어 내려가게 함으로써 ＿＿＿＿＿＿＿＿＿＿＿＿＿. 출판 만화의 경우 긴장이 고조된 장면이라고 할지라도 한 장 한 장 넘기며 읽어야 하기 때문에 감정의 흐름이 끊길 수 있지만, 웹 만화는 장면을 연속적으로 이어 볼 수 있으므로 긴장감을 지속적으로 유지해 나갈 수 있다.

① 궁금증을 유발할 수 있다.　　　　② 독자의 피곤함을 덜 수 있다.
③ 더 빠르게 읽을 수 있다.　　　　④ 독자의 흥미를 배가시킬 수 있다.

> ✔ **해설** 지문의 마지막 문장 '웹 만화는 장면을 연속적으로 이어 볼 수 있으므로 긴장감을 지속적으로 유지해 나갈 수 있다.'를 통해 빈칸에는 '독자의 흥미를 배가시킬 수 있다.'가 들어가는 것이 가장 적절하다.

10

　　1960년대 중반 생물학계에는 조지 윌리엄스와 윌리엄 해밀턴이 주도한 일대 혁명이 일어났다. 리처드 도킨스의 '이기적 유전자'라는 개념으로 널리 알려지게 된 이 혁명의 골자는, 어떤 개체의 행동을 결정하는 일관된 기준은 그 소속 집단이나 가족의 이익도 아니고 그 개체 자신의 이익도 아니고, 오로지 유전자의 이익이라는 것이다. 이 주장은 많은 사람들에게 충격으로 다가왔다. 인간은 하나의 동물일 뿐 아니라, 자신의 이익을 추구하는 유전자들로 구성된 협의체의 도구이자 일회용 노리개에 불과하다는 주장으로 이해되었기 때문이다. 그러나 '이기적 유전자' 혁명이 전하는 메시지는 인간이 철저하게 냉혹한 이기주의자라는 것이 아니다. 사실은 정반대이다. 그것은 오히려 인간이 왜 때로 이타적이고 다른 사람들과 잘 협력하는가를 잘 설명해 준다. (　　　　　　　　　　　　　)

① 인간의 성향은 본질적으로 선하기 때문이다.
② 유전자의 이익이라는 것은 결국 소속 집단의 이익이 되는 것을 말한다.
③ 인간은 오직 자신의 유전자만을 위한 행동을 하기 때문이다.
④ 인간의 이타성과 협력이 유전자의 이익에도 도움이 되기 때문이다.

> ✔ **해설** 주어진 글을 보면 '이기적 유전자' 혁명의 주된 내용은 어떤 개체의 행동을 결정하는 일관된 기준이 바로 유전자의 이익이다. 빈칸에 앞선 내용을 보면 '이기적 유전자' 혁명이 인간의 이타적이고 협력적인 성향을 설명해 준다고 했으므로 빈칸에는 ④의 내용이 적절하다.

11 다음 내용을 바탕으로 글을 쓸 때 그 주제로 알맞은 것은?

> • 지난 해 교통사고 사망자의 50% 이상이 65세 이상 고령 운전자였다.
> • A 지역 경찰은 노인회관 등을 직접 찾아가 '교통 안전 교육'을 시행하기로 했다.
> • B 지역에서는 노인보호구역에 교통안전 표지판을 2배 크기로 확대 설치하기로 했다.
> • 우리나라의 고령자 교통사고 사망률은 2021년에 이어 2024년에도 OECD 국가 평균치의 2배 이상이었다.

① 안전 운전 교육 강화
② 교통사고를 줄이기 위한 교육
③ 고령자 교통사고 예방을 위한 홍보
④ 올바른 교통 문화 정착을 위한 홍보

✔ **해설** 제시된 내용은 고령자 교통사고 사망률이 매우 높다는 것과 노인들을 위한 교통 안전 교육이 시행되고 있다는 것이다. 그러므로 답은 ③ 고령자 교통사고 예방을 위한 홍보가 된다.

12 다음의 자료를 활용하여 글을 쓰기 위해 구상한 내용으로 적절하지 않은 것은?

> 우리나라 중학교 여학생의 0.9%, 고등학교 여학생의 7.3%, 남학생의 경우는 중학생의 3.5%, 고등학생의 23.6%가 흡연을 하고 있다. 그리고 매년 청소년 흡연율은 증가하는 추세이다. 청소년보호법에 따르면 미성년자에게 담배를 팔 경우 2년 이하의 징역이나 1천만 원 이하의 벌금, 100만 원 이하의 과징금을 내도록 되어 있다. 그러나 담배 판매상의 잘못된 의식, 시민들의 고발정신 부족 등으로 인해 청소년에게 담배를 판매하는 행위가 제대로 시정되지 않고 있다.
> 또한 현재 담배 자동판매기의 대부분(96%)이 국민건강증진법에 허용된 장소에 설치되어 있다고는 하나, 그 장소는 주로 공공건물 내의 식당이나 상가 내 매점 등에 몰려 있다. 이런 장소들은 청소년들의 출입이 용이하기 때문에 그들이 성인의 주민등록증을 도용하여 담배를 사더라도 이를 단속하기가 어려운 실정이다.

① 시사점 : 시민의 관심이 소홀하며 시설 관리 체계가 허술하다.
② 원인 분석 : 법규의 실효성이 미흡하고 상업주의가 만연하고 있다.
③ 대책 : 국민건강증진법에 맞는 담배 자동판매기를 설치한다.
④ 결론 : 현실적으로 실효성이 있는 금연 관련법으로 개정한다.

✔ **해설** 담배 자동판매기가 국민건강증진법에 허용된 장소에 설치되어 있다고 자료에서 이미 밝히고 있으므로 대책에 대한 구상으로 적절하지 않다.

13 ㉠~㉣ 중 글의 흐름으로 볼 때 삭제해도 되는 문장은?

> ㉠영어 공부를 오랜만에 하는 분이나 회화를 체계적으로 연습한 적이 없는 분들을 위한 기초 영어 회화 교재가 나왔습니다. ㉡이제 이 책으로 두루두루 사용할 수 있는 기본 문형을 반복 훈련하십시오. ㉢이 책은 우선 머뭇거리지 않고 첫 단어를 말할 수 있게 입을 열어줄 것입니다. ㉣저자는 수년간 언어 장애인을 치료, 연구하고 있는 권위 있는 의사입니다. MP3만 들어도 웬만한 내용은 소화할 수 있게 이 책은 구성되었습니다.

① ㉠   ② ㉡

③ ㉢   ④ ㉣

✔**해설** 이 글은 새로 나온 영어 학습 교재를 독자에게 소개하면서, 책의 용도, 구성, 학습 효과 등을 설명하고 있다. ㉣ 저자가 언어 장애인을 치료하는 전문가였다는 내용은 이 책의 소개 내용과 아무 관계가 없다.

14 다음은 강연 내용을 적은 것이다. 이 글을 본론으로 할 때 맺음말로 가장 적절한 것은?

> 요즘 우리나라에서도 비윤리적인 범죄들이 빈발하고 있는데, 그 주된 원인을 현대 가족제도의 혼란에서 찾는 사람들이 많습니다. 그래서 그 해결 방안을 모색하는데 도움이 됐으면 하는 마음으로 우리나라의 전통적인 가족제도에 대해 한 말씀 드릴까 합니다. 우리나라는 전통적으로 농경사회와 유교적 이념을 배경으로 하여 가부장적인 대가족제도를 유지해 왔습니다. 전통사회에서 '가정'이라는 말보다는 '집안'이나 '문중'이라는 말이 일반적일 정도로 가족의 범위가 현대사회에 비해 훨씬 넓었으며, 그 기능도 다양하였습니다. 가족은 농경사회에서의 생산이나 소비의 단위일 뿐만 아니라 교육의 기본단위이기도 하였습니다. 이 가족 안에서의 교육을 바탕으로 사회나 국가의 윤리와 질서가 유지되었던 것입니다. 물론 전통적 가족제도는 상하관계를 중시하는 수직구조였으나, 그것이 강압에 의한 것이 아니라 서로 간의 애정과 이해를 바탕으로 한 것임은 말할 필요도 없습니다. 예컨대 남편은 남편으로서, 아내는 아내로서, 자식은 자식으로서 자신의 본분을 지켜가며 서로를 신뢰하고 존중하는 것을 기본전제로 해서 형성된 것이 전통적인 가족제도였습니다. 물론 이러한 전통적 가족제도가 현대의 기술, 공업사회에 적합한 것은 결코 아닙니다. 그러나 현대사회의 한 특징인 핵가족화와 그로 인한 가정의 기능 상실, 더 나아가 여기에서 파생되는 사회 기초윤리의 소멸 등이 문제점으로 부각되고 있는 지금 전통적인 가족제도는 우리에게 많은 암시를 주고 있다고 할 것입니다.

① 어느 사회에서고 그 사회를 지탱하는 가장 기본이 되는 것은 바로 가정이라고 할 수 있습니다.
② 다시 한번 말하지만 대가족제도가 무너진 것은 바로 현대사회의 산업화에 기인하는 것입니다.
③ 전통적인 가족제도는, 물론 현대를 사는 우리에게 맞지 않는 측면이 많다는 것은 인정합니다.
④ 온고지신(溫故知新)이라는 말이 결코 공허한 표어가 아님을 우리는 깊이 인식해야 할 것입니다.

> **✔ 해설** 맺음말은 본론에서 말한 핵심 내용을 간추림으로써 주제를 강조하는 것이어야 한다. 따라서 주어진 강연의 주제를 가장 잘 함축하면 되는데, 주어진 강연의 주제는 '우리의 전통적인 가족제도에서 현대의 가치관 상실을 극복할 수 있는 교훈을 얻자' 정도가 될 것이다.

윤봉길 의사는 1908년 충남 예산에서 태어났다. ㉠어린 시절부터 남달리 애국심이 강했는데 3·1운동이 일어나자 이에 자극받아 식민지 노예교육을 배격하고자 학교를 자퇴하였다. 후에 그는 최병대 문하에서 한학을 공부하고 성주록의 오치서숙에서 중국고전 등을 익히며 농민계몽·농촌부흥운동·독서회운동 등으로 농촌부흥에 전력하였다. ㉡농촌부흥과 관련된 대표적인 소설로는 심훈의 「상록수」가 있다. 그리고 1930년 ⓐ'장부가 집을 나가 살아서 돌아오지 않겠다.'란 편지를 남기고 독립운동을 위해 만주로 망명하였다. 이후 중국 상해로 건너간 윤봉길은 대한민국 임시정부의 김구를 찾아갔다. ㉢거기서 김구가 이끄는 한인애국단에 가입하고 1932년 4월 중국 홍커우 공원에서 열리는 일본의 천장절 겸 전승축하기념식에서 폭탄을 투척하기로 결정하였다. 앞서 일본에서는 한인애국단 소속의 이봉창이 일왕 생일을 축하하는 자리에서 일왕을 폭사시키려 했으나 실패한 사건이 벌어졌다. 이에 일본은 전승축하기념식장이 열리는 기간 동안 더욱 철저한 감시를 벌였다. ㉣1932년 4월 29일 오전 윤봉길은 무사히 일본군의 감시를 통과하고 식장으로 잠입하였고 식이 무르익을 무렵 단상을 향해 들고 있던 폭탄을 던졌다. 이 사건으로 일본의 상해 파견군 사령관 시라카와 대장과 상해 일본 거류민단장 가와바다 등이 즉사하고, 제3함대사령관 노무라 중장과 제9사단장 우에다 중장 및 주중공사 시게미쓰 등이 중상을 입었다. 거사 직후 윤봉길은 현장에서 붙잡혀 일본 군법회의에서 사형을 선고받고 결국 1932년 12월 19일 일본에서 총살형으로 순국하였다. 한편 의거가 일어난 후 중국에서는 '중국군 100만 대군이 하지 못한 일을 한국의 한 청년이 해냈다.'라고 감탄하며 임시정부에 대해 많은 지원을 하였다. 이 의거는 이후 우리나라 독립운동은 물론 중국의 항일 투쟁에도 큰 영향을 주었다.

15 위 글의 내용으로 옳지 않은 것은?

① 당시 우리나라에서는 일본이 주도한 학교 교육 외에 따로 우리나라 사람이 한학이나 중국 고전 등을 가르치기도 했다.

② 일제강점기 우리나라의 농촌은 그나마 일제의 압력이 미치지 못한 곳으로 뜻있는 사람들은 농촌을 중심으로 독립운동을 준비하였다.

③ 대한민국 임시정부는 한인애국단과 같은 단체를 통해 독립운동을 주도하였다.

④ 윤봉길의 의거는 우리나라와 중국의 독립운동에 많은 영향을 끼쳤다.

> ✔해설 일제강점기 우리나라 농촌은 일본의 식량 보급을 위한 목적으로 일제의 영향이 크게 미친 곳 중 한 곳이다. 따라서 우리나라 지식인들은 농민들을 계몽시키고자 여러 방면으로 농촌계몽운동을 전개하였다. 그리고 많은 독립 운동가들은 그나마 일제의 영향이 크게 미치지 못한 만주나 중국으로 가서 독립운동을 하였다.

16 다음 중 밑줄 친 ⓐ와 같은 의미의 문구는 무엇인가?

① 丈夫出家生不還　　　　　　　　② 男兒一言重千金

③ 一日不讀書口中生荊棘　　　　　④ 丈夫雖死心如鐵義士臨危氣似雲

> ✔해설 ① 丈夫出家生不還 : 장부가 집을 나가 살아서 돌아오지 않겠다.
> ② 男兒一言重千金 : 남자의 한 마디는 천금과 같이 무겁다.
> ③ 一日不讀書口中生荊棘 : 하루라도 책을 읽지 않으면 입 안에 가시가 돋친다.
> ④ 丈夫雖死心如鐵義士臨危氣似雲 : 장부는 비록 죽더라도 마음은 쇠와 같으며 의사는 위태로움에 임하더라도 기운은 구름과 같다.

17 위 글의 밑줄 친 ㉠~㉣ 중 내용상 흐름과 관련 없는 문장은?

① ㉠　　　　　　　　　　　　　　② ㉡

③ ㉢　　　　　　　　　　　　　　④ ㉣

> ✔해설 위 글은 윤봉길 의사에 대한 이야기로 심훈의 「상록수」를 언급한 ㉡은 위 글과 어울리지 않는다.

생활 속으로 사라지고, 보이지 않고, 조용한 컴퓨터가 바로 유비쿼터스라는 것이다. 이는 사람들이 공기를 마시면서 그 행위를 의식하지 않듯이 생활 속에서 언제, 어디서나 컴퓨터를 사용하지만 컴퓨터를 의식하지 않아야 한다. 컴퓨터가 생활과 아주 자연스럽게 연결되고 그 일부가 되어야 한다.

일반적으로 컴퓨터라고 하면 집에서 사용하는 PC를 떠올리게 되지만, 신호 처리 능력을 가진 디지털 기기 전부를 컴퓨터 부류로 포함시킬 수 있다. 스마트폰, 냉장고, 내비게이션, 세탁기, 에어컨도 모두 컴퓨터가 ⓐ내장되어 있는 것이다. 이런 기기들은 생활 속에서 아주 쉽고 편리한 수단으로 사용되고 있다. 하지만 오히려 기능이 많아지면서 사용하기에 부담스러운 상황도 발생하고 있다. 이런 것을 보면 기술과 인간의 가치 추구가 똑같이 일치하지는 않는 것 같다. 기술적으로는 의미가 있으나 인간 관점으로는 별로 의미가 없을 수도 있고, 기술적으로 아주 간단한 것이나 생활에서는 너무나 필요하고 중요한 것일 수도 있다.

ⓑ그렇다면 어떻게 해야 컴퓨터가 사람들의 생활과 자연스럽게 어울릴 수 있을까. 가장 먼저 생각해 볼 수 있는 것은 디지털 기기들이 일상생활의 책상, 의자, 거울, 액자, 가방, 옷 등과 같은 사물의 형태를 띠는 수준으로 발전하는 것이다. 그리고 사용 방법도 기존의 사물을 사용하는 것과 그리 다를 바가 없어야 한다. 그렇게 된다면 사람들은 일상생활 환경의 큰 변화 없이 컴퓨터와 비교적 쉽게 가까워 질 수 있다. 좀더 나아가 사람들의 평소 생활 모습을 살펴보고 분석함으로써 컴퓨터가 어떤 형태와 역할로써 생활 속에 들어 와야 하는지 예측해 볼 수 있을 것이다. 사람들의 생활 패턴을 변화시키지 않거나, 새로운 변화에 적응이 가능한 수준의 연장선상에 컴퓨터가 존재한다면 훨씬 자연스럽고 빠른 시일 내에 컴퓨터가 인간의 삶 속에 스며들 수 있을 것이다. 또한, 디자인이나 인터페이스 부분도 사람들의 생활과 잘 어울릴 수 있도록 고려된다면 지금껏 알아 왔던 컴퓨터 모습과는 다른 컴퓨터가 그 자리를 대체하게 될지도 모른다.

사람들이 살아가는 행태, 즉 라이프스타일은 가정 및 사회에서 공통적인 모습이 있으며, 개인의 취향이나 성향에 따라 다른 형태를 나타내기도 한다. 경제적 여유에 따라서도 다양한 라이프스타일이 형성된다. 예를 들어 각종 제품들을 구매할 수 있는 구매력 있는 사람들과 그렇지 못한 사람들은 분명 그 차이가 있을 것이다. 또한 연령층이나 직업에 따라서도 다양한 특성을 보이기도 한다. 베이비붐 세대, MZ 세대, 딩크족, 니트족 등 다양한 라이프스타일을 분류해 놓은 용어들이 있다. 각각의 라이프스타일에 따라서 어떤 형태의 유비쿼터스 환경을 선호하고, 활용을 하게 될지 살펴볼 필요가 있을 것이며, 가정, 사무실, 거리, 공공 장소 등 장소에 따라 어떤 유비쿼터스 환경이 적합한지 고민해 볼 필요가 있을 것이다.

유비쿼터스 개념이 제안된 최초의 의도는 인간 중심적인 접근이다. 최근에는 유비쿼터스가 기술적인 측면에서 다루어지는 경향이 많이 있다. 유비쿼터스 네트워크라 하여 언제 어디서나 접속이 가능한 IT환경이라는 개념으로 해석되어 연구가 되고 있기도 하다. 다양한 분야와 새로운 개념의 확대로 많은 연구가 진행이 되는 것은 환영할 만한 것이나, 가장 기본적인 요소인 인간과 컴퓨터 관계에 대한 연구도 게을리 해서는 안 될 것이다.

18 이 글의 내용과 일치하지 않는 것은?

① 우리나라는 이미 본격적인 유비쿼터스 환경에 놓여 있다.

② 유비쿼터스는 원래 인간과 기술의 조화를 강조한 개념이다.

③ 고도의 기술 발전은 인간과 기술의 괴리를 불러올 수 있다.

④ 연령, 직업, 취향 등에 따라 사람들의 라이프스타일이 달라진다.

> **✔ 해설** 이 글은 유비쿼터스의 본래 개념에는 컴퓨터와 인간의 자연스러운 조화가 강조되어 있다는 점을 지적하면서, 유비쿼터스의 개념이 언제 어디서나 접속 가능하다는 기술적인 측면으로 확대하고 있지만 여전히 인간적 요소는 중시되어야 한다고 주장하고 있다. ①에 대해서는 언급하지 않았다. 오히려 유비쿼터스는 현재의 환경이나 삶의 모습이 아니라 앞으로 다가올 환경이나 삶의 모습임을 추리할 수 있다.

19 다음 밑줄 친 단어 중에서 ⊙과 그 의미가 같은 것은?

① 생선 <u>내장(內臟)</u>을 꺼내고 소금을 쳐서 냉동실에 넣었다.

② 자동 기어 변속 장치를 <u>내장(內藏)</u>한 자동차가 더 비싸다.

③ 재개발 지역에 새로 솟은 빌딩들은 <u>내장(內粧)</u> 공사가 한창이다.

④ 불교에서는 참선을 통해 <u>내장(內障)</u>을 줄이거나 없앨 수 있다고 보고 있다.

> **✔ 해설** ⊙의 '내장(內藏)'은 '밖으로 드러나지 않게 안에 간직함'을 뜻하며 ②의 '내장'도 같은 뜻으로 쓰였다.
> ① 내장(內臟) : 척추동물의 가슴 안이나 배 안 속에 있는 여러 가지 기관을 통틀어 이르는 말
> ③ 내장(內粧) : 건물의 내부를 꾸미는 일
> ④ 내장(內障) : 불교에서, 마음속에 일어나는 번뇌의 장애를 이르는 말

20 ⓒ의 예로 알맞지 않은 것은?

① 음성 명령을 인식하고 음성으로 작동하는 세탁기를 만든다.

② 청소용 로봇의 외형을 친절한 이미지의 사람 모양으로 디자인한다.

③ 인터넷을 이용한 원격 진찰의 절차를 오프라인상의 절차와 유사하게 한다.

④ 컴퓨터의 업그레이드된 기능을 환기할 수 있게 외형을 첨단 이미지로 디자인한다.

> **✔ 해설** 세 번째 문단에서 언급하고 있는 컴퓨터와 사람들의 생활이 자연스럽게 어울리는 여러 가지 예와 거리가 멀다. 또한 첨단 제품의 첨단 디자인이라고 해서 사람들의 생활과 잘 어울린다고 말할 수 없다.

21 다음 글의 밑줄 친 부분의 가장 핵심 기술은 무엇인가?

> 낡은 나무 조각에는 좀조개라는 작은 조개처럼 생긴 목재 해충이 뚫어 놓은 구멍이 있었는데, 관찰 결과 그 해충은 톱니가 달린 두 개의 껍질로 보호를 받으면서 구멍을 파고 있었다. 영양분을 섭취한 뒤 나무 가루는 소화관을 통해 뒤로 배출하면서 전진한다는 것을 알아냈다. 특기할 만한 것은 몸에서 나오는 액체를 새로 판 터널의 표면에 발라 단단한 내장 벽을 만들고, 그것으로 굴이 새거나 무너지는 것을 방지하고 있다는 사실이었다. 브루넬은 이 원리를 템스 강의 연약한 지반 굴착에 응용해 <u>실드(방패)공법</u>의 창안자가 되었다.

① 구멍을 파면서 파낸 흙을 뒤로 배출하며 전진하는 기술
② 터널 벽을 단단하게 하여 굴이 무너지는 것을 막는 기술
③ 연약한 지반을 굴착하여 방패 모양으로 만드는 기술
④ 몸에서 나오는 액체를 터널의 표면에 바르는 기술

> **✔ 해설** 실드(방패)공법은 좀조개가 몸에서 나온 액체로 내장 벽을 단단하게 만들고, 굴이 무너지는 것을 방지하는 원리를 딴 것이므로 ②가 적절하다.

22 다음 글의 주제로 가장 적절한 것은?

> 법률 분야에서 특이한 점은 외국법에 낯가림이나 배타적 정서가 심하지 않다는 것이다. 어떤 경우는 오히려 적극적으로 외국법을 가져와 자기 나라에서 국내법으로 변형하여 사용하려 한다. 왜냐하면 주로 선진 법제를 가진 국가의 법은 오랜 기간 효과적으로 운용되어 살아남은 것이므로 충분히 주목할 가치가 있기 때문이다. 사실 법은 수시로 폐기되고 신설된다. 그런데 수정 조항 등을 거쳐 현실 속에서 잘 기능하고 있다면 그 법의 유용성은 검증된 것이나 다름없다. 후발 주자 입장에서는 선진 법제를 참고하여 법률을 제정하는 것이 여러모로 효율적이고 시행착오를 줄이는 길이다. 검증된 유효성이 설익은 독창성보다 중요하기 때문이다. 그러므로 어떤 법을 보면 외국법이나 국내법이나 그 내용이 대동소이한 경우가 많다. 단지 자국의 언어로 표현했다는 점만 다를 뿐, 실질적으로는 같은 내용의 법인 것이다. 이와 같이 선진 법제를 도입하는 형식으로 외국법을 자주 차용하는 영역에서는 국내법과 외국법이 하나로 융합되어 있다고 볼 수 있다.

① 법률 제정의 효율성 ② 국내법의 해외 진출
③ 외국법과 국내법의 융합 ④ 외국법이 우리 정서와 어울리지 않는 이유

> **✔ 해설** 마지막 문장에서 이 글의 주제를 알 수 있다.

23 다음 밑줄 친 어휘들 중 필자가 부정적으로 생각하는 것은 무엇인가?

> 　불문곡직하는 직설은 사람을 찌른다. 깜짝 놀라게 해서 제압하는 방식이다. 거기 비해 완곡함은 뜸을 들이면서 에두른다. 듣고 읽는 이가 비켜갈 ①틈을 준다. 그렇다고 완곡함이 곡필인 것도 아니다. 잘못된 길로 접어들도록 하는 게 아니라 화자와 독자의 교행이 이루어지는 ②공간을 준다. 곱씹어볼 말이 사라지고 상상의 ③여지를 박탈하는 글이 군림하는 세상은 살풍경하다. 말과 글이 세상을 따라갈진대 세상을 갈아엎지 않고 말과 글이 세상과 함께 아름답기는 난망한 일인가. 아마 아닐 것이다. 막힐수록 옛것을 더듬으라고 했다. 물태와 인정이 극으로 나뉘는 ④세상에서 다산은 선인들이 왜 산을 바라보며 즐기되 그 흥취의 반을 항상 남겨두는지 궁금했다. 그는 미인을 만났던 사람이 적어놓은 글에서 그 까닭을 발견했다. 그가 본 글은 이러했다. '얼굴은 아름다웠으나 그 자태는 기록하지 않았다.'

　✔ 해설　필자는 완곡함이 없는 글이 군림하는 세상이 살풍경하다고 말한다. 때문에 필자는 듣고 읽는 이가 비켜갈 틈이 있고 화자와 독자의 교행이 이루어지는 공간이 존재하며 상상의 여지를 남기는 완곡함을 예찬한다. 그래서 그는 완곡함이 없는 세상, 물태와 인정이 극으로 나뉘는 세상을 완곡함이 없는 부정적인 세상으로 인식한다.

24 다음 주어진 글의 주제로 적절한 것은?

> 　독서의 방법으로는 크게 속독, 정독, 음독, 통독 등이 있다. 속독(速讀)은 빠르게 읽는 것을 말한다. 역사적으로는 조선시대에 성혼과 이이가 "나는 책을 읽을 때 한 번에 7 ~ 8줄밖에 못 읽는다.", "나도 한 번에 10줄 정도밖에 못 읽는다."라는 대화를 나누었다는 기록이 있으니 오래된 독서 방법인 것이다. 정독(精讀)은 속독과는 반대로 단어의 뜻 하나하나를 꼼꼼히 읽으며 그 내용을 깊이 파악하는 데에 주안점을 두는 독서 방법이다. 음독(音讀)은 책을 소리 내어 읽는 것이다. 음독을 자연스럽게 하기 위해서는 그저 한 번 읽는 것이 아니라 여러 번 읽어보고 자연스럽게 읽을 수 있도록 이해하는 과정이 필요하다. 특히 문학 작품의 경우, 감정이나 이미지 등을 듣는 상대에게 잘 전할 수 있도록 유의할 필요가 있다. 묵독(默讀)은 음독과 반대인 독서 방법으로, 소리를 내지 않고 속으로 내용을 읽는 것이다. 과거 교육 과정에서는 음독이 중시되었으나, 현대에 이르러 활자 문명이 발달하며 읽을거리가 많아진 현재는 묵독이 더욱 중시되고 있다.

① 독서 교육 　　　　　　　　　　　② 독서의 역사
③ 독서 방법의 종류 　　　　　　　④ 가장 좋은 독서 방법

　✔ 해설　위 글은 독서 방법의 종류를 나열하고 그 방법들을 설명하고 있다. 그러므로 이 글의 주제는 '독서 방법의 종류'가 옳다.

25 다음 빈칸에 들어갈 말로 가장 적절한 것은?

> 　　말 잘하는 것이 요즘처럼 대접을 받는 시기는 우리 역사를 통해서 아마 없었을 것이다. 말을 억제하고 감추고 침묵하는 것이 미덕이었던 시절이 불과 얼마 전이었다. 전달의 효율성보다는 말의 권위를 따졌고, 말로 인해서 관계를 만들기보다는 말을 통하여 사람들 사이에 벽을 쌓았다. 그러나 이제는 사회를 억누르던 말의 권위주의 문화가 퇴조하고 새로운 가치관이 싹트고 있다. 걸출한 커뮤니케이터들이 정치무대의 중심에 등장했고, 이들의 말 한마디가 세상을 바꾸고 있다. (　　　　　　　　)

① 그래서 더욱더 과묵함이 강조되고 있다.
② 꾸민 말에는 진실이 깃들이 어렵게 된 셈이다.
③ 말 한마디로 권위를 잃게 되는 경우가 많아지고 있다.
④ 화려한 말을 구사하는 능력이 대중의 인기를 모으고 있다.

> ✔해설　걸출한 커뮤니케이터들이 정치무대의 중심에 등장했고, 이들의 말 한마디가 세상을 바꾸고 있다고 했으므로 ④가 들어가는 것이 적절하다.

|26~27| 다음 글을 읽고 물음에 답하시오.

> 　조선 초기 김시습이 지은 금오신화에는 〈만복사저포기(萬福寺樗蒲記)〉, 〈이생규장전(李生窺墻傳)〉, 〈취유부벽정기(醉遊浮碧亭記)〉, 〈남염부주지(南炎浮洲志)〉, 〈용궁부연록(龍宮赴宴錄)〉 등 총 다섯 작품이 현재 전해지고 있다. 이들 다섯 작품은 모두 몇 가지 공통적인 특징을 지니고 있는데 첫째, 우리나라를 배경으로 하고 우리나라 사람들을 등장인물로 하여 한국인의 풍속과 사상, 감정을 표현하였다는 점, 둘째, 소재와 주제가 특이한 관계로 결합되어 훌륭한 문학적 가치를 발휘하고 있다는 점, 셋째, 결말의 처리 방식이 특이하다는 점, 넷째, 표현 형식에 있어서 유려한 문어체 문장이나 시에 의해 대상이 서정적으로 미화되고 섬세하게 묘사되어 있으며 구성 또한 단편소설에서 볼 수 있는 정교함을 지니고 있다는 점, 다섯째, 인물의 심리와 분위기를 표현하는데 있어 시가 대량으로 삽입되어 독특한 효과를 낳고 있다는 점, 끝으로 여기에 수록된 작품들이 작자의 생애와 밀접한 관련을 갖고 있다는 점이다. 금오신화에 들어있는 대부분의 작품에는 그 소재에 귀신이나 염왕·염부주·용궁과 같은 비현실적인 것이 많이 나오는데 이러한 소재들은 작품 속에서 독특한 수단으로 작용하면서 주제를 효과적으로 부각시키는 구실을 한다. 또한 ㉠작품 속 주인공들은 끝에 가서 모두 세상을 등지는 것으로 나오는데 이는 대부분의 고전 소설에서 그 결말이 해피 엔딩으로 끝나는 것과 사뭇 대조적이다. 금오신화는 이렇듯 우리나라 최초의 한문 소설로써 내용·기교·작가의식적인 면에서 훌륭한 문학적 가치를 가지고 있으며 후대소설에 많은 영향을 끼쳤다는 점 등으로 미루어 볼 때 우리나라 문학사에서 중요한 위치에 있지만 비교적 이른 시기의 작품인 만큼 그 한계 또한 없지 않다. 예를 들면 신비롭고 경이적인 세계관을 나타내는 등의 전설적 요소가 남아있다는 점, 작품 속에 기자조선의 멸망과 같은 역사적 사실이나 용궁·염부주와 같은 특정한 민속적 사실과 같은 작품 외적 요소가 생경하게 개입되어 있다는 점, 소설 작품임에도 서정시가 과다하게 삽입되었다는 점과 갈등의 미약성 등이 바로 그것이다.

26 다음 중 옳지 않은 것은?

① 현재 금오신화에는 〈만복사저포기〉, 〈이생규장전〉, 〈취유부벽정기〉, 〈남염부주지〉, 〈용궁부연록〉 다섯 작품이 전해지고 있다.

② 금오신화의 한계 중 하나로 소설 작품임에도 불구하고 서정시가 과다하게 삽입되었다는 점을 들 수 있다.

③ 금오신화는 작품의 구성 면에서 단편소설에서 볼 수 있는 정교함을 지니고 있다.

④ 금오신화는 각 작품마다 귀신이나 용궁, 용왕 등 비현실적인 소재가 등장하는 만큼 내용적인 면에서 문학적 가치가 떨어진다.

> **해설** 금오신화의 비현실적인 소재들은 작품 속에서 독특한 수단으로 작용하며 주제를 더욱 효과적으로 부각시켜 주는 구실을 함으로, 문학적 가치가 떨어진다는 ④는 옳지 않다.

27 다음 중 밑줄 친 ㉠이 가리키는 금오신화의 특징으로 옳은 것은?

① 결말의 처리 방식이 특이하다.

② 수록된 작품들이 작자의 생애와 밀접한 관련을 갖고 있다.

③ 소재와 주제가 특이한 관계로 결합되어 훌륭한 문학적 가치를 발휘하고 있다.

④ 우리나라를 배경으로 하고 우리나라 사람들을 등장인물로 하여 한국인의 풍속과 사상, 감정을 표현하였다.

> **해설** 위 글의 밑줄 친 ㉠은 금오신화의 결말이 다른 고전 소설의 결말과는 사뭇 대조적으로 이루어져 있다는 점을 말하고 있는데 이를 통해서 결말의 처리방식이 특이하다는 금오신화의 특징을 잘 알 수 있다.

 글의 흐름상 다음 문단이 들어갈 곳으로 적절한 곳은?

> 이처럼 과학자들이 패러다임을 기반으로 하여 연구를 진척시키는 것을 쿤은 '정상 과학'이라고 부른다. 기초적인 전제가 확립되었으므로 과학자들은 이 시기에 상당히 심오한 문제의 작은 영역들에 집중함으로써, 그렇지 않았더라면 상상조차 못했을 자연의 어느 부분을 깊이 있게 탐구하게 된다. 그에 따라 각종 실험 장치들도 정밀해지고 다양해지며, 문제를 해결해 가는 특정 기법과 규칙들이 만들어진다. 연구는 이제 혼란으로서의 다양성이 아니라, 이론과 자연 현상을 일치시켜 가는 지식의 확장으로서의 다양성을 이루게 된다.

(가) 하나의 패러다임의 형성은 당초에는 불완전하며, 다만 이후 연구의 방향을 제시하고 소수 특정 부분의 성공적인 결과를 약속할 수 있을 뿐이다. 그러나 패러다임의 정착은 연구의 정밀화, 집중화 등을 통하여 자기 지식을 확장해가며 차츰 폭 넓은 이론 체계를 구축한다.

(나) 그러나 정상 과학은 완성된 과학이 아니다. 과학적 사고방식과 관습, 기법 등이 하나의 기반으로 통일돼 있다는 것일 뿐 해결해야 할 과제는 무수하다. 패러다임이란 과학자들 사이의 세계관의 통일이지 세계에 대한 해석의 끝은 아닌 것이다.

(다) 그렇다면 정상 과학의 시기에는 어떤 연구가 어떻게 이루어지는가? 정상 과학의 시기에는 이미 이론의 핵심 부분들은 정립돼 있다. 따라서 과학자들의 연구는 근본적인 새로움을 좇아가지는 않으며, 다만 연구의 세부 내용이 좀 더 깊어지거나 넓어질 뿐이다. 이러한 시기에 과학자들의 열정과 헌신성은 무엇으로 유지될 수 있을까? 연구가 고작 예측된 결과를 좇아갈 뿐이고, 예측된 결과가 나오지 않으면 실패라고 규정되는 상태에서 과학의 발전은 어떻게 이루어지는가?

(라) 쿤은 이 물음에 대하여 '수수께끼 풀이'라는 대답을 준비한다. 어떤 현상의 결과가 충분히 예측된다 할지라도 정작 그 예측이 달성되는 세세한 과정은 대개 의문 속에 있게 마련이다. 자연 현상의 전 과정을 우리가 일목요연하게 알고 있는 것은 아니기 때문이다. 이론으로서의 예측 결과와 실제의 현상을 일치시켜 보기 위해서는 여러 복합적인 기기적, 개념적, 수학적인 방법이 필요하다. 이것이 수수께끼 풀이이다.

① (가)   ② (나)

③ (다)   ④ (라)

✔해설 제시된 문단의 첫 문장을 보면 앞서 패러다임에 대한 설명이 나왔음을 알 수 있고 이어서 '정상 과학'에 대해 설명한다. (나) 다음으로 오는 문단은 앞서 말한 '정상 과학'이 완성된 과학이 아님을 주장함으로 제시된 문단의 뒤로 이어지는 것이 자연스럽다.

> 국내에서 벤처버블이 발생한 1999~2000년 동안 한국뿐 아니라 미국, 유럽 등 전 세계 주요 국가에서 벤처버블이 나타났다. 미국 나스닥의 경우 1999년 초 이후에 주가가 급상승하여 2000년 3월을 전후해서 정점에 이르렀는데, 이는 한국의 주가 흐름과 거의 일치한다. 또한 한국에서는 1989년 5월부터 외국인의 종목별 투자 한도를 완전 자유화하였는데, 외환 위기 이후 해외 투자를 유치하기 위한 이런 주식시장의 개방은 주가 상승에 영향을 미쳤다. 외국인 투자자들은 벤처버블이 정점에 이르렀던 1999년 12월에 벤처기업으로 구성되어 있는 코스닥 시장에서 투자 금액을 이전 달의 1조 4천억 원에서 8조원으로 늘렸으며, 투자비중도 늘렸다.
>
> 또한 벤처버블 당시 국내에서는 인터넷이 급속히 확산되고 있었다. 초고속 인터넷 서비스는 1998년 첫 해에 1만 3천 가구에 보급되었지만 1999년에는 34만 가구로 확대되었다. 또한 1997년 163만 명이던 인터넷 이용자는 1999년에 천만 명으로 폭발적으로 증가하였다. 이처럼 초고속 인터넷의 보급과 인터넷 사용 인구의 급증은 뚜렷한 수익 모델이 없는 업체라 할지라도 인터넷을 활용한 비즈니스를 내세우면 투자자들 사이에서 높은 잠재력을 가진 기업으로 인식되는 효과를 낳았다.
>
> 한편 1997년 8월에 시행된 벤처기업 육성에 관한 특별 조치법은 다음과 같은 상황으로 인해 제정되었다. 법 제정 당시 우리 경제는 혁신적 기술이나 비즈니스 모델에 의한 성장보다는 설비 확장에 토대한 외형성장에 주력해 왔다. 그러나 급격한 임금 상승, 공장용지와 물류 및 금융 관련 비용 부담 증가, 후발국가의 추격 등은 우리 경제가 하루 빨리 기술과 지식을 경쟁력의 기반으로 하는 구조로 변화해야 할 필요성을 높였다. 게다가 1997년 말 외환 위기로 30대 재벌의 절반이 부도 또는 법정 관리에 들어가게 되면서 재벌을 중심으로 하는 경제성장 방식의 한계가 지적되었고, 이에 따라 우리 경제는 고용창출과 경제성장을 주도할 새로운 기업군을 필요로 하게 되었다. 이로 인해 시행된 벤처기업 육성 정책은 벤처기업에 세제 혜택은 물론, 기술 개발, 인력공급, 입지공급까지 다양한 지원을 제공하면서 벤처기업의 급증에 많은 영향을 주게 되었다.

① 국내 벤처기업 육성책 실행은 한국 경제 구조 변화의 필요성과 관련을 맺고 있다.

② 미국 나스닥은 1999년 초 이후 주가가 급락했는데 이는 한국의 주가 흐름과 거의 일치한다.

③ 벤처기업 육성에 관한 특별 조치법이 시행되며 우리나라 경제는 외형적으로 큰 성장을 이루었다.

④ 경제계에서 인터넷을 활용한 비즈니스 모델이 중요하게 다루어지면서 인터넷 사용 인구가 늘었다.

✔해설　② 첫 번째 문단을 보면 미국 나스닥은 1999년 초 이후 주가가 급상승했다.
　③ 세 번째 문단을 보면 당시 우리 경제는 외형성장에 주력해 왔고, 기술과 지식을 경쟁력의 기반으로 하는 구조로 변경할 필요가 있었다.
　④ 두 번째 문단을 보면 인터넷 사용 인구가 늘면서 인터넷을 활용한 비즈니스 모델이 높은 잠재력을 가진 기업으로 인식되는 효과를 낳았다.

나균은 1600개의 제 기능을 하는 정상 유전자와 1100개의 제 기능을 하지 못하는 화석화된 유전자를 가지고 있다. 이에 반해 분류학적으로 나균과 가까운 종인 결핵균은 4000개의 정상 유전자와 단 6개의 화석화된 유전자를 가지고 있다. 이는 화석화된 유전자의 비율이 결핵균보다 나균에서 매우 높다는 것을 보여준다. 왜 이런 차이가 날까?

결핵균과 달리 나균은 오로지 숙주세포 안에서만 살 수 있기 때문에 수많은 대사과정을 숙주에 의존한다. 숙주세포의 유전자들이 나균의 유전자가 수행해야 하는 온갖 일을 도맡아 해주다 보니, 나균이 가지고 있던 많은 유전자의 기능이 필요 없게 되었다. 이에 따라 세포 내에 기생하는 기생충과 병균처럼 나균에서도 유전자 기능의 대량 상실이 일어나게 되었다.

유전자의 화석화는 후손의 진화 방향에 중요한 영향을 미친다. 기능을 상실하기 시작한 유전자는 복합적인 결함을 일으키기 때문에, 한 번 잃은 기능은 돌이킬 수 없게 된다. 즉 유전자 기능의 상실은 일방통행이다. 유전자의 화석화와 기능 상실은 특정 계통의 진화 방향에 제약을 가하는 것이다. 이는 아주 오랜 시간이 흘러 새로운 환경에 적응하기 위해 화석화된 유전자의 기능이 필요하다고 하더라도 이 유전자의 기능을 잃어버린 종은 그 기능을 다시 회복할 수 없다는 것을 의미한다.

① 결핵균은 과거에 숙주세포 없이는 살 수 없었을 것이다.

② 현재의 나균과 달리 기생충에서는 유전자의 화석화가 일어나지 않았을 것이다.

③ 숙주세포 유전자의 화석화는 나균 유전자의 소멸과 밀접한 관련이 있을 것이다.

④ 화석화된 나균 유전자의 대부분은 나균이 숙주세포에 의존하는 대사과정과 관련된 유전자일 것이다.

✔ 해설 ① 숙주세포가 없이 살 수 없는 것은 나균이다.
② 기생충과 병균처럼 나균에서도 유전자의 기능의 대량 상실이 일어났다고 했으므로 기생충에서도 유전자의 화석화가 일어났다.
③ 본문 내용으로는 알 수 없다.

31 다음 글의 ㈎ ~ ㈃ 가운데 생략해도 글의 전개에 무리가 없는 것은?

> ㈎ 한 집단이나 사회의 성원이 자기의 문화만을 가장 우수한 것으로 믿고 자기 문화의 관점에서 다른 문화를 폄하하는 태도를 자문화 중심주의라 한다.
>
> ㈏ 중국인들은 오랫동안 자기들만이 문화 민족이고 그 주변의 다른 민족들은 모두 오랑캐나 야만인이라고 생각하여 멸시하였다. 독일의 히틀러는 게르만 민족의 우월성을 과시하기 위해 수많은 유대인을 학살하는 만행을 저지르기도 하였다. 이 모든 것이 자문화 중심주의의 부정적 결과들이다.
>
> ㈐ 얼마 전 프랑스에서는 프랑스어야말로 가장 아름다운 언어라고 주장하면서 공공 문서와 대중 매체 그리고 상가의 간판에 이르기까지 프랑스어만을 사용하도록 입법을 추진했다가 부결된 일도 있다.
>
> ㈑ 자문화 중심주의는 집단 구성원의 충성심을 불러일으킴으로써 집단의 결속력을 강화하고 사기를 앙양하여 집단 통합에 기여한다. 그러나 국수주의에 빠져 국가 간의 상호 이해와 협조의 장애물로 작용함으로써 국제적인 고립을 자초하게 할 수도 있다.

① ㈎
② ㈏
③ ㈐
④ ㈑

✔ **해설** ㈐는 ㈏의 예시에 덧붙인 새로운 예시이므로 글의 전개상 생략해도 무리가 없다.

> 물의 오염 또한 대기 오염 못지않게 심각하다. 농약 사용의 증가, 합성 세제의 과다한 사용, 무분별한 산업 폐수의 방출 등으로 인해 물은 심하게 위협받고 있다. 하천은 하나의 생태계를 이루고 있으며, 물질의 순환에 의해 자정 작용을 한다. 그러나 각종 공해 물질로 심각하게 오염된 하천은 이런 기능을 제대로 못 하게 된다. 특히, 산업용 폐수 속에는 각종 중금속과 화학 물질이 다량으로 함유되어 물 속 생태계의 존속(存續)마저 위협하고 있다. 그런가 하면, 생활 하수에 포함된 다량의 영양 물질은 조류(藻類)와 같은 미생물을 대량으로 번식시켜 물 속에 함유된 용존 산소를 과다하게 소비함으로써, 미생물은 물론 다른 생물마저 산소 결핍 때문에 모두 죽어 버리는 부영양화 현상을 발생시키기도 한다. 이것은 인간에 의해 생태계의 평형이 파괴되는 또 하나의 예이다.
>
> 토양의 오염도 물이나 대기 오염에 못지않게 심각하다. 생태계의 1차 생산자인 식물은 대부분 토양에서 성장한다. 그러므로 토양을 오염시키는 물질은 자연히 식물에 흡수되어 남아 있고, 다시 소비자에게 옮겨져서 각종 질병의 원인이 된다. 중금속이 함유되어 있는 과다한 농약 사용, 각종 생활 쓰레기와 산업 폐기물의 부적절한 매립 등은 토양을 심각하게 오염시키는 대표적인 예이다.

① 환경 파괴와 관련된 문제를 해결하는 것이 쉬운 일은 아니다.

② 환경 파괴의 문제는 근본적으로 인간의 무지와 이기심에서 비롯되는 것이다.

③ 환경 오염의 피해는 당장에 드러나지 않고 상당한 시간이 경과한 다음에 나타나는 특징이 있다.

④ 공기와 물, 토양의 오염으로 인한 환경 파괴는 인류를 비롯한 모든 지구 생물의 생존을 위협하는 심각한 문제로 대두되었다.

✔ 해설 물 오염의 심각성과 물의 오염원인 산업용 폐수와 생활 하수, 토양 오염의 심각성을 이야기 하고 있으므로 ④ 가 결론으로 적절하다.

33 다음 예시문의 내용을 제대로 이해한 진술은?

> 인구는 기하급수적으로 증가하고 식량은 산술급수적으로 늘어 엄청난 기아 사태가 오리라고 암울한 미래를 예측한 말더스에게 변수는 전쟁이었지만 실제의 역사는 그가 예상한 전쟁 말고도 그가 전혀 예측하지 못한 두 측면으로 기아폭발은 방지되었다. 그 한 측면은 식량증산기술이 관개시설, 영농기구로부터 농약·비료에 이르기까지 비약적인 발전을 이룩했고 이제는 생명공학으로 무제한적인 식량증산이 가능하게 된 것이다. 또 한 측면은 생활풍속의 변화와 국가정책으로 출산율이 크게 떨어진 점인데, 1965년 이후 인구증가율은 1.4퍼센트대로 떨어져 오늘날 유럽은 현상을 유지하는 수준이고 후진국은 증가율이 상당히 떨어지고 있다. 말더스는 당시의 상황과 수준에서 연역해 미래를 내다보면서 그 미래에 일어날 갖가지 미지의 변화 함수를 예측하지도, 할 수도 없었던 것이다. (중략) 그러나 여기서 귀중한 것은 비관론자의 우려와 경고가 있었기에 그에 대응하는 대안 탐구와 정책 추구가 수행된 것이고, 그 결과가 비관적 미래 예측의 울타리를 뛰어넘게 한 것이다. 도박에서는 늘 낙관론자가 이기지만 그것이 이길 수 있도록 현상의 타개를 밀어주는 것은 늘 비관적 전망이다.

① 세계 인구는 1965년 이후에 많이 줄어들었군.

② 알고 보니 선진국에 비해서 후진국의 인구증가율이 더 낮은 편이네.

③ 현재의 수준에서 고려할 수 있는 변수를 대입하여 계산하면 미래를 정확히 예측할 수 있겠어.

④ 비관적 예측이 적중하지 못했다면, 그것은 그 예측이 상황의 변화에 적극적인 작용을 했기 때문이라고 할 수도 있지.

> **✔ 해설** 말더스의 비관적 예언이 적중하지는 못했지만, 그것은 말더스와 같은 비관론자의 우려와 경고가 있었기에 인류가 심각한 위기를 극복할 수 있도록 해주었으므로 ④가 바르게 이해한 진술이다.

34 다음 글의 중심 내용으로 옳은 것은?

> 　예전에 뉴스에서 지하철에 끼인 사람을 구하고자 여러 사람이 힘을 합해 전동차를 움직였다는 보도가 있었다. 결과적으로 그들이 대단한 일을 해낸 건 분명하지만, 그러기 위해서 엄청난 노력을 한 건 아니었다. 전동차를 함께 밀자는 누군가의 제안에 다른 사람들이 손을 보탰을 뿐이다.
>
> 　집단에 속해 있을 때 우리는 상황을 변화시키기 위해 뭔가 획기적이고 거대한 계획과 노력이 동반되어야 한다고 생각한다. 그러나 모든 변화가 그런 노력을 필요로 하는 것은 아니다. 아주 사소한 시도로 집단이 변화하고 더 큰 결과를 만들어 내는 경우가 많다. 다시 말해 상황이란 우리 자신이 만드는 것이고 그것을 바꾸는 것 역시 우리이다.
>
> 　상황의 힘은 때로 너무나도 압도적이어서 인간을 꼼짝 못하게 만들기도 하고 말도 안 되는 권위에 복종하게도 만든다. 심지어는 위기에 처한 사람을 방관하여 한 사람의 목숨이 사라지기도 한다. 그러나 우리에게는 상황의 빈틈을 노려 보다 인간에게 유익한 방향으로 상황의 힘을 이용하기도 하고, 아주 사소한 것에 주의를 기울임으로써 순식간에 상황을 역전시킬 수도 있다. 무엇보다 중요한 것은 우리 내면에 상황의 힘을 거부하고 다른 사람을 위해 뛰쳐나갈 수 있는 본성이 존재하고 있다는 사실이다.

① 상황을 극복하려는 인간의 본성
② 상황에서 벗어나려는 인간의 본능
③ 상황을 인정하려는 인간의 판단력
④ 상황에 굴종하려는 인간의 강인함

✅**해설** 마지막 문단에서 글의 중심 내용이 드러나 있다. 상황의 힘을 거부하고 다른 사람을 위해 뛰쳐나갈 수 있는 본성이 존재한다고 했으므로 ①이 글의 중심 내용이다.

우리나라의 고대 국가 중 하나인 고구려에는 시조인 동명왕을 비롯하여 광개토대왕, 장수왕, 영양왕 등 뛰어난 업적을 남긴 왕들이 많이 있다. 그 중에서도 제17대 왕인 소수림왕은 고구려의 체제를 정비한 왕으로 유명하다. ㉠그는 부왕인 고국원왕이 평양성에서 백제와의 전투 중 전사하자 사회 동요를 극복하기 위해 일련의 체제를 정비한 것이다. 그 예로 372년(소수림왕2)과 374년(소수림왕4)에 각각 순도와 아도라는 중국 승려들을 맞아들여 375년에 초문사와 이불란사라는 절을 창건해 고구려에 본격적으로 불교를 수용 및 보급하였다. ㉡또한 372년(소수림왕2)에 유교 교육 기관이자 고구려 최고(最高)의 교육기관인 태학을 설립하여 유교 이념의 확대를 도모하였다. 그리고 373년(소수림왕3)에는 국가 통치의 기본법인 율령을 반포하여 기존의 부족장 중심에서 왕을 중심으로 한 중앙집권적 국가체제의 정비에 박차를 가하였다. 이러한 일련의 체제 정비는 고구려가 4세기 말~5세기에 전성기를 맞이하는 기틀을 마련한 셈이다. ㉢가야는 이러한 불교 수용, 유교 이념의 확대, 율령 반포 등을 하지 못해 중앙집권국가가 되지 못하고 연맹 왕국 단계에서 멸망하였다. 대외관계로는 374년부터 376년까지 매년 잇달아 백제를 공격하였고 거란과도 전투를 벌였다. ㉣중국과는 당시 북중국의 패자로 등장한 전진과 외교 사절을 교환하고 불교를 수용하는 등 우호 관계를 유지하며 고구려 국력의 분산을 막는데 힘을 쏟았다.

35 위 글의 내용으로 옳지 않은 것은?

① 불교 수용, 유교 이념의 확대, 율령 반포 등은 당시 고대 국가가 중앙집권적 국가로 발돋움하는 데 필수불가결한 조건이었다.

② 국가 체제 정비를 위해서는 대외 관계 또한 중요한 요소 중 하나이다.

③ 고구려는 4세기 말~5세기에 걸쳐 전성기를 맞이하였다.

④ 소수림왕은 재위 당시 많은 나라들을 점령하여 고구려 최대 영토를 이루었다.

> ✔해설 재위 당시 많은 나라들을 점령하여 고구려 최대 영토를 이룩한 왕은 광개토대왕과 장수왕이다.

36 위 글의 주제로 옳은 것은?

① 고구려의 여러 왕들　　　　　　　② 고구려의 대외 관계
③ 소수림왕의 업적　　　　　　　　④ 고구려의 전성기

> ✔해설 위 글은 고구려의 여러 왕들 중에서도 특히 소수림왕의 업적에 대해 나타내고 있다.

37 위 글의 밑줄 친 ㉠~㉣ 중 내용 상 흐름과 관련 없는 문장은?

① ㉠　　　　　　　　　　　　　② ㉡
③ ㉢　　　　　　　　　　　　　④ ㉣

> ✔해설 위 글은 고구려 소수림왕에 대해 말하고 있으므로 가야에 대해 언급한 ㉢은 위 글과 관련이 없다.

38 다음 글을 읽고 알 수 있는 내용이 아닌 것은?

> 노자의 「도덕경」을 관통하고 있는 사고방식은 "차원 높은 덕은 덕스럽지 않으므로 덕이 있고, 차원 낮은 덕은 덕을 잃지 않으므로 덕이 없다."에 잘 나타나 있다. 이 말에서 노자는 '덕스럽지 않음'과 '덕이 있음', '덕을 잃지 않음'과 '덕이 없음'을 함께 서술해 상반된 것이 공존한다는 생각을 보여 주고 있다. 이러한 사고방식은 '명(名)'에 대한 노자의 견해와 맞닿아 있다.
>
> 노자는 하나의 '명(A)'이 있으면 반드시 '그와 반대되는 것(~A)'이 있으며, 이러한 공존이 세계의 본질적인 모습이라고 생각했다. 이 관점에서 보면, '명'은 대상에 부여된 것으로 존재나 사태의 한 측면만을 규정할 수 있을 뿐이다. "있음과 없음이 서로 생겨나고, 길고 짧음이 서로 형체를 갖추고, 높고 낮음이 서로 기울어지고, 앞과 뒤가 서로 따른다."라는 노자의 말은 A와 ~A가 같이 존재하는 세계의 모습에 대해 비유적으로 말한 것이다.
>
> 노자에 따르면, A와 ~A가 공존하는 실상을 알지 못하는 사람들은 'A는 A이다.'와 같은 사유에 매몰되어 세계를 온전하게 이해하지 못한다. 이 관점에서 보면 인(仁), 의(義), 예(禮), 충(忠), 효(孝) 등을 지향함으로써 사회의 무질서를 바로잡을 수 있다고 본 유가(儒家)의 입장에 대한 비판이 가능하다. 유가에서의 인, 의, 예, 충, 효 등과 같은 '명'의 강화는 그 반대적 측면을 동반하게 되어 결국 사회의 혼란이 가중되는 방향으로 나아가게 된다고 비판할 수 있는 것이다.
>
> 노자는 "법령이 더욱 엄하게 되면 도적도 더 많이 나타난다."라고 하였다. 도적을 제거하기 위해 법령을 강화하면 도적이 없어져야 한다. 그러나 아무리 법이 엄격하게 시행되어도 범죄자는 없어지지 않고, 오히려 교활한 꾀와 탐욕으로 그 법을 피해 가는 방법을 생각해 내는 도적들이 점차 생기고, 급기야는 그 법을 피해 가는 도적들이 더욱더 많아지게 된다는 것이 노자의 주장이다. 이러한 노자의 입장에서 볼 때, 지향해야만 하는 이상적 기준으로 '명'을 정해 놓고 그것이 현실에서 실현되어야 사회 질서가 안정된다는 주장은 설득력이 없다.
>
> '명'에 관한 노자의 견해는 이기심과 탐욕으로 인한 갈등과 투쟁이 극심했던 사회에 대한 비판적 분석이면서 동시에 그 사회의 혼란을 해소하기 위한 것이라고 할 수 있다. 노자는 당대 사회가 '명'으로 제시된 이념의 지향성과 배타성을 이용해 자신의 사익을 추구하는 개인들로 가득 차 있다고 여겼다. 노자는 문명 사회를 탐욕과 이기심 및 이를 정당화시켜 주는 이념의 산물로 보고, 적은 사람들이 모여 욕심 없이 살아가는 소규모의 원시 공동체 사회로 돌아가야 한다고 주장하였다. 노자는 '명'으로 규정해 놓은 특정 체계나 기준 안으로 인간을 끌어들이는 것보다, 인위적인 규정이 없는 열린 세계에서 인간을 살게 하는 것이 훨씬 더 평화로운 안정된 삶을 보장해 준다고 생각했다.

① 노자의 입장에서 '명'은 대상에 부여되어 그 대상이 지닌 상반된 속성을 사라지게 만드는 것이다.
② 노자는 법의 엄격한 시행이 오히려 범법자를 양산할 수 있다고 생각했다.
③ 노자는 탐욕과 이기심을 정당화하는 이념을 문명사회의 문제점으로 보았다.
④ 노자에 따르면, 'A는 A이다.'와 같은 사유에 매몰된 사람은 세계를 온전하게 이해하기 어렵다.

✔ **해설** 노자에 따르면 '명'의 강화는 그 반대적 측면을 동반하게 되어 사회의 혼란을 심화시킬 수 있다.

세계경제포럼의 일자리 미래 보고서는 기술이 발전함에 따라 향후 5년간 500만 개 이상의 일자리가 사라질 것으로 경고했다. 실업률이 증가하면 사회적으로 경제적 취약 계층인 저소득층도 늘어나게 되는데, 지금까지는 '최저소득보장제'가 저소득층을 보호하는 역할을 담당해 왔다.

최저소득보장제는 경제적 취약 계층에게 일정 생계비를 보장해 주는 제도로 이를 실시할 경우 국가는 가구별 총소득*에 따라 지원 가구를 선정하고 동일한 최저생계비를 보장해 준다. 가령 최저생계비를 80만 원까지 보장해 주는 국가라면, 총소득이 50만 원인 가구는 국가로부터 30만 원을 지원 받아 80만 원을 보장 받는 것이다. 국가에서는 이러한 최저생계비의 재원을 마련하기 위해 일정 소득을 넘어선 어느 지점부터 총소득에 대한 세금을 부과하게 된다. 이때 세금이 부과되는 기준 소득을 '면세점'이라 하는데, 총소득이 면세점을 넘는 경우 총소득 전체에 대해 세금이 부과되어 순소득*이 총소득보다 줄어들게 된다. 그런데 국가에서 최저생계비를 보장할 경우 면세점 이하나 그 부근의 소득에 속하는 일부 실업자, 저소득층은 일을 하여 소득을 올리는 것보다 일을 하지 않고 최저생계비를 보장 받는 것이 더 유리하다고 판단할 수 있다. 또한 지원 대상을 선정하기 위한 소득 및 자산 심사를 하게 되므로 관리 비용이 추가로 지출되며, 실제로는 최저생계비를 보장 받을 자격이 있지만 서류를 갖추지 못해 지원 대상에서 제외되는 가구가 생기기도 한다.

이러한 문제로 인해 기존의 복지 재원을 하나로 모아 국가 또는 지방자치단체에서 모든 구성원 개개인에게 아무 조건 없이 정기적으로 현금을 지급하는 '기본소득제'가 대안으로 제시되고 있다. 모든 국민에게 일정액을 현금으로 지급할 경우 저소득층 또한 일을 한 만큼 소득이 늘어나게 되므로 최저생계비를 보장 받기 위해 사람들이 일부러 일자리를 구하지 않을 가능성이 낮다는 것이다. 동시에 기본소득제는 자격 심사 과정이 없어 관리 비용이 절약될 뿐만 아니라 제도에서 소외된 빈곤 인구도 줄일 수 있다. 하지만 기본소득제는 모든 국민에게 일정액이 지급되는 만큼, 이에 만족하는 사람들이 늘어나면 최저소득보장제를 실시할 때보다 오히려 일자리를 찾는 사람이 전체적으로 줄어들 것이란 우려도 동시에 제기되고 있다. 또한 복지 예산이 상대적으로 부족한 국가에서는 시행하기 어렵고 기본 소득 이상의 혜택을 받아야 하는 취약 계층에 더 많은 경제적 지원을 할 수 없는 문제 등이 있어 기본소득제를 현실 사회에 적용하기까지는 많은 난관이 있을 것으로 예상된다.

그럼에도 불구하고 기본소득제의 도입을 모색하고 있는 국가나 지방자치단체는 모든 국민들이 소득을 일정 부분 보장 받는 만큼 생산과 소비가 촉진되고, 이로 인해 전체 경제가 활성화될 것이라 예상한다. 그래서 기본소득제는 최근 인공 지능과 같은 기술의 발달이 몰고 올 실업 문제와 경제 불황을 효율적으로 극복하기 위한 현명한 대안으로 검토되고 있는 것이다.

* 총소득 : 세금 부과 이전, 또는 정부 지원 이전의 전체 소득
* 순소득 : 세금 부과 이후, 또는 정부 지원 이후의 실제 소득

① 최저소득보장제와 기본소득제의 개념은 무엇인가?
② 최저소득보장제는 사회에서 어떤 역할을 담당하였는가?
③ 기본소득제를 도입하여 얻을 수 있는 경제적 효과는 무엇인가?
④ 기본소득제를 국가나 지방자치단체 차원에서 도입한 사례에는 어떤 것이 있는가?

✔ 해설 국가나 지방자치단체 차원에서 기본소득제 도입을 검토하고 있다는 내용만 나와 있을 뿐, 기본소득제를 도입한 사례는 확인할 수 없다.

어느 대학의 심리학 교수가 그 학교에서 강의를 재미없게 하기로 정평이 나 있는, 한 인류학 교수의 수업을 대상으로 실험을 계획했다. 그 심리학 교수는 인류학 교수에게 이 사실을 철저히 비밀로 하고, 그 강의를 수강하는 학생들에게만 사전에 몇 가지 주의 사항을 전달했다. 첫째, 그 교수의 말 한마디 한마디에 주의를 집중하면서 열심히 들을 것. 둘째, 얼굴에는 약간 미소를 띠면서 눈을 반짝이며 고개를 끄덕이기도 하고 간혹 질문도 하면서 강의가 매우 재미있다는 반응을 겉으로 나타내며 들을 것.

한 학기 동안 계속된 이 실험의 결과는 흥미로웠다. 우선 재미없게 강의하던 그 인류학 교수는 줄줄 읽어 나가던 강의 노트에서 드디어 눈을 떼고 학생들과 시선을 마주치기 시작했고 가끔씩은 한두 마디 유머 섞인 농담을 던지기도 하더니, 그 학기가 끝날 즈음엔 가장 열의 있게 강의하는 교수로 면모를 일신하게 되었다. 더욱 더 놀라운 것은 학생들의 변화였다. 처음에는 실험 차원에서 열심히 듣는 척하던 학생들이 이 과정을 통해 정말로 강의에 흥미롭게 참여하게 되었고, 나중에는 소수이긴 하지만 아예 전공을 인류학으로 바꾸기로 결심한 학생들도 나오게 되었다.

① 학생 간 의사소통의 중요성
② 교수 간 의사소통의 중요성
③ 언어적 메시지의 중요성
④ 공감하는 듣기의 중요성

✔ **해설** 제시된 글은 실험을 통해 학생들의 열심히 듣기와 강의에 대한 반응이 교수의 말하기에 미친 영향을 보여 주고 있다. 즉, 경청, 공감하며 듣기의 중요성에 대해 보여 주는 것이다.

공간지각력

(1) 제시된 도형과 다른 것 찾기

주어진 도형을 90°, 180°, 270° 등 다양한 각도로 회전시켰을 때 나타날 수 없는 형태를 고르는 유형이다.

예제풀이

다음 제시된 도형과 다른 것은?

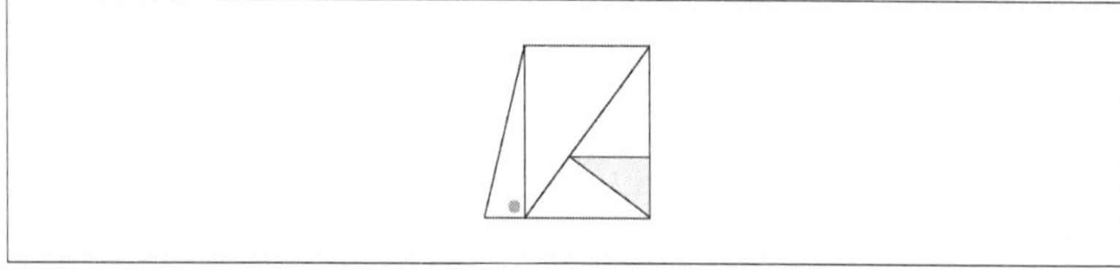

① 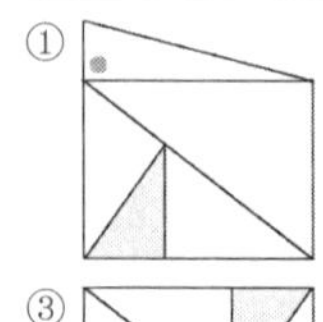

② 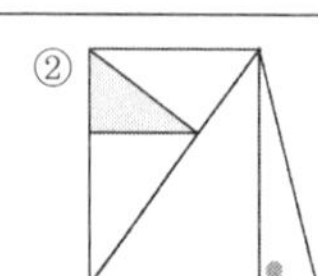

③ 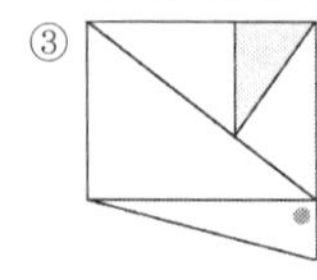

④ 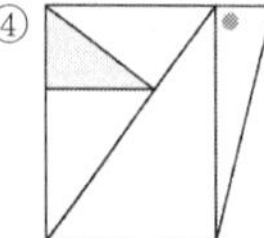

[해설]
② 그림을 제시된 도형과 같은 위치로 돌려보면 오른쪽과 같은 모양이 된다. 왼쪽 삼각형의 모양이 다른 것을 알 수 있다.
① 제시된 그림을 오른쪽으로 90° 회전시킨 모양이다.
③ 제시된 그림을 왼쪽으로 90° 회전시킨 모양이다.
④ 제시된 그림을 180° 회전시킨 모양이다.

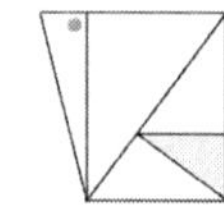

답 ②

(2) 같은 도형 찾기

보기로 제시된 네 가지 도형을 회전시켜 서로 같은 2개의 도형을 찾는 유형이다.

예제풀이

다음 그림 중에서 회전시켰을 때 서로 일치하는 도형은?

① 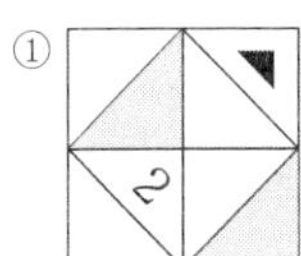

② 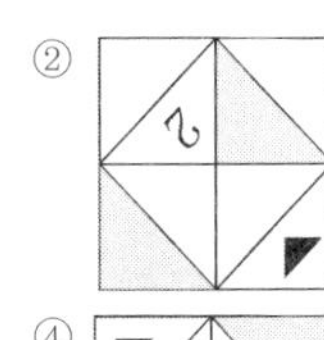

③ 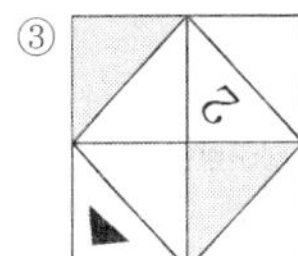

④ 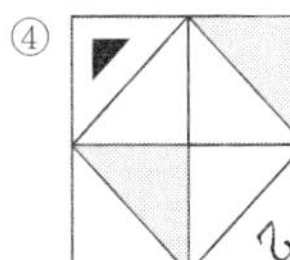

[해설]
② ▲의 모양이 다르다.
④ 2의 위치가 다르다.

답 ①③

(1) 블록 개수 세기

① 쌓아놓은 블록의 개수를 세는 유형의 경우 보이지 않는 부분을 추리하는 능력이 요구된다.

② 바닥면부터 각 층별로 블록 개수를 세어 맨 꼭대기 층까지의 블록 개수를 더해 주는 방식으로 문제를 푸는 것이 효과적이다.

예제풀이

아래에 제시된 그림과 같이 쌓기 위해 필요한 블록의 수는?

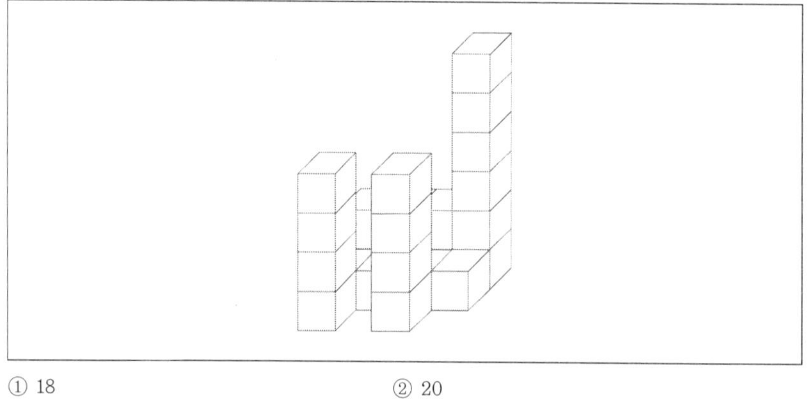

① 18

② 20

③ 22

④ 24

[해설]
제시된 그림을 따라 블록을 세어보면 총 24개이다. 따라서 그림과 같이 쌓기 위한 블록의 개수는 ④이다.

답 ④

(2) 방향에 따른 블록 모양 파악하기

방향에 따라 블록이 어떻게 보이는지 묻는 유형의 경우, 해당 방향에서 보았을 때 왼쪽에서 오른쪽으로 각 열별 블록의 높이를 숫자로 적어놓고 문제를 풀면 빠르고 정확하게 해결이 가능하다.

예제풀이

아래에 제시된 블록들을 화살표 표시한 방향에서 바라봤을 때의 모양으로 알맞은 것은?
(단, 바라보는 시선의 방향은 블록의 면과 수직을 이루며 원근에 의해 블록이 작게 보이는 효과는 고려하지 않는다.)

* 블록은 모양과 크기는 모두 동일한 정육면체임

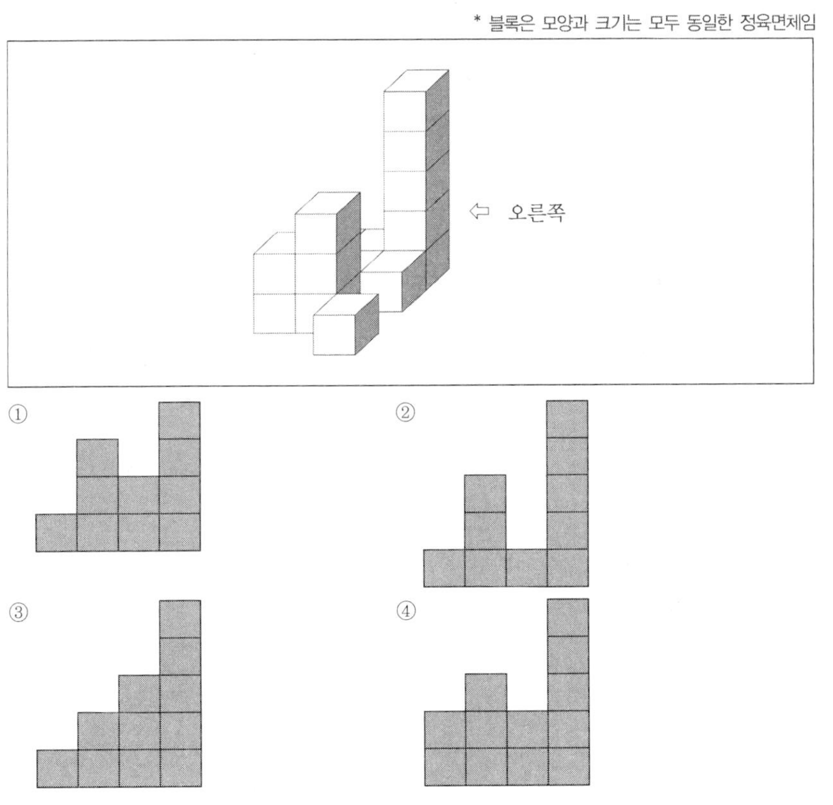

①

②

③

④

[해설]
제시된 그림을 오른쪽에서 본다고 가정하면
②가 나타나게 된다.

답 ②

(1) 기본적인 전개도의 모양

이름	입체도형	전개도
정사면체	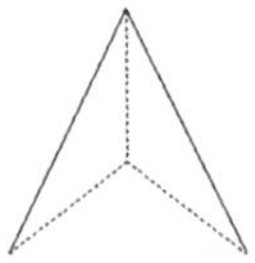	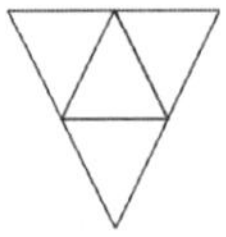
정육면체	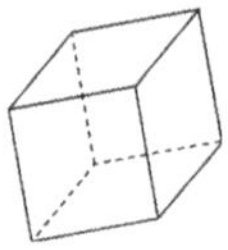	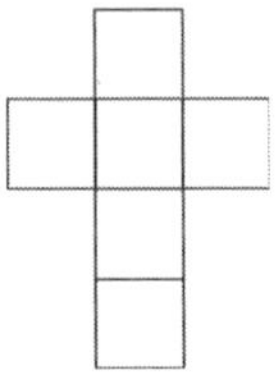
정팔면체	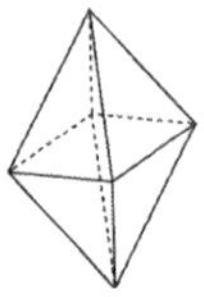	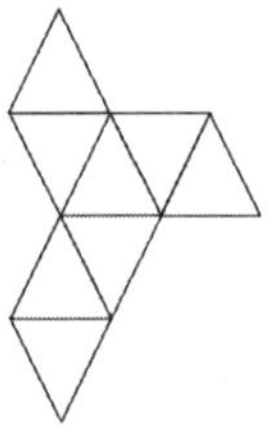
정십이면체	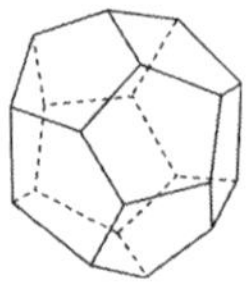	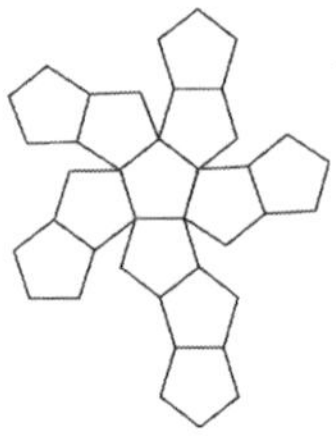
정이십면체	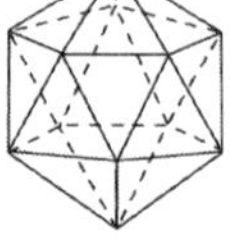	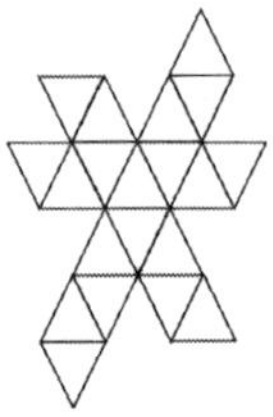

(2) 정육면체의 전개도

정육면체의 전개도는 대략 다음의 11가지로 볼 수 있다. 각 유형의 전개도에 따라 마주보는 위치에 오는 면을 암기해 둔다면 빠르게 문제를 풀 수 있다.

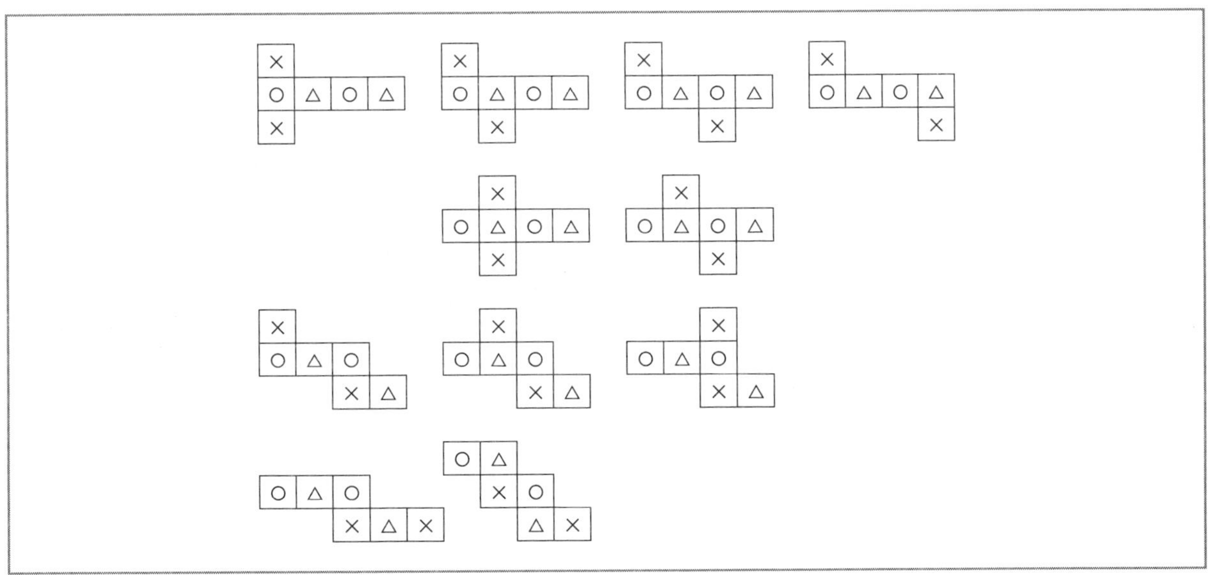

■ 예제풀이

다음 전개도를 접었을 때 만들어질 도형으로 올바른 것은?

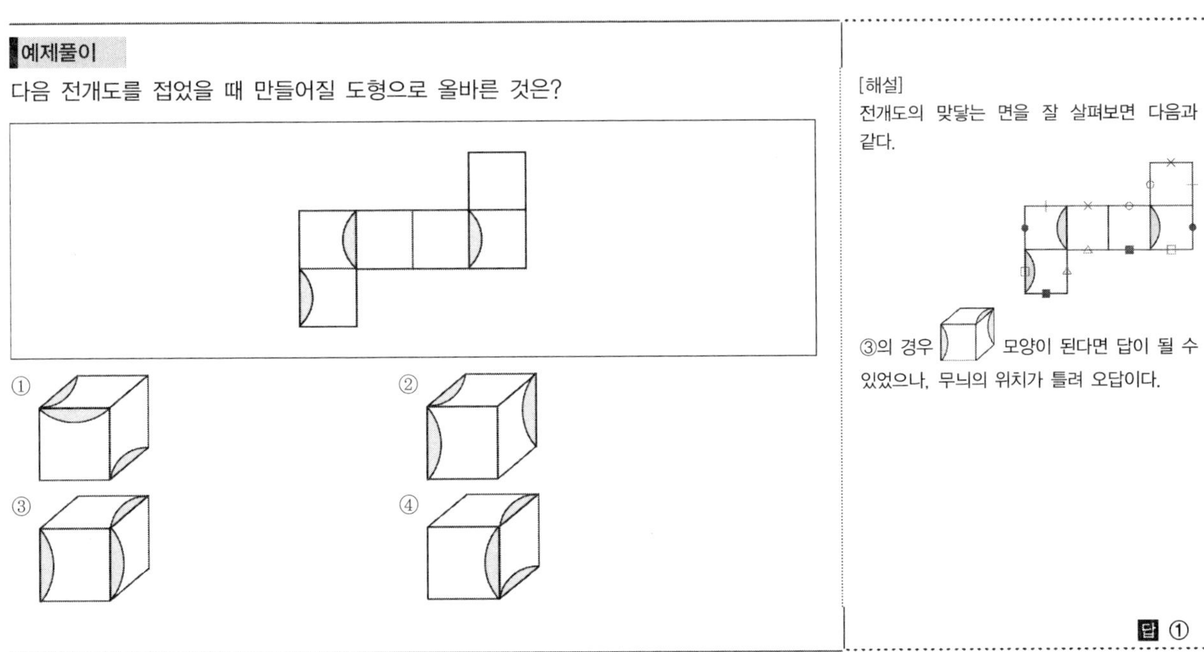

① ② ③ ④

[해설]
전개도의 맞닿는 면을 잘 살펴보면 다음과 같다.

③의 경우 모양이 된다면 답이 될 수 있었으나, 무늬의 위치가 틀려 오답이다.

답 ①

(1) 펀칭

① 종이의 접힌 면을 잘 살펴본다.

② 접힌 면을 중심으로 펀칭구멍이 대칭으로 생긴다는 것을 염두한다.

③ 펀칭 순서를 역으로 추리해나간다.

예제풀이

다음 그림과 같이 화살표 방향으로 종이를 접은 후, 펀치로 구멍을 뚫어 다시 펼친 그림은?

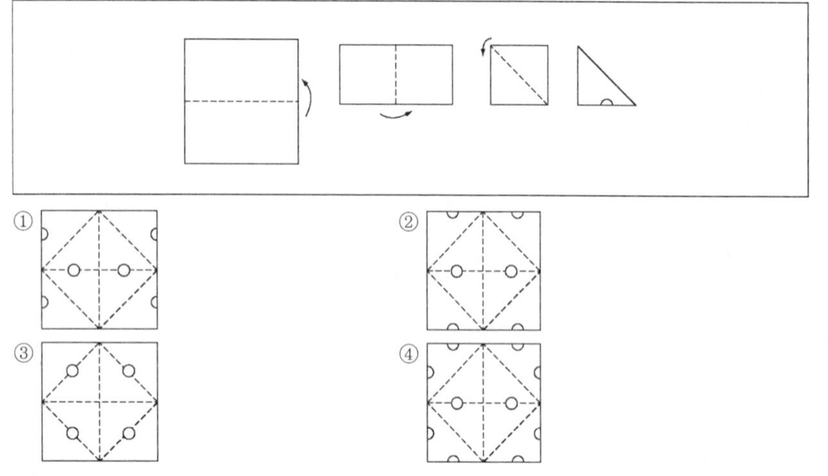

[해설]
역으로 순서를 유추해보면 다음 그림과 같다. 접힌 면을 항상 염두해야 한다.

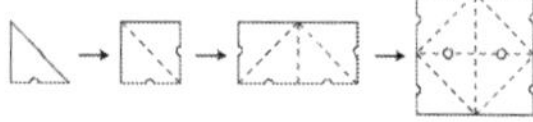

답 ①

(2) 절단면

① 원기둥은 밑면과 수직이 되도록 세로로 자르면 절단면은 직사각형 또는 정사각형이 된다.

② 원기둥을 밑면과 평행하도록 자르면 절단면은 원이 된다.

③ 원기둥을 비스듬하게 자르면 절단면은 타원형의 모습이 된다.

④ 구는 어떤 방향으로 잘라도 그 단면의 모양은 항상 원이 된다.

다음 입체도형을 평면으로 잘랐을 때 생기는 단면의 모양이 아닌 것은?

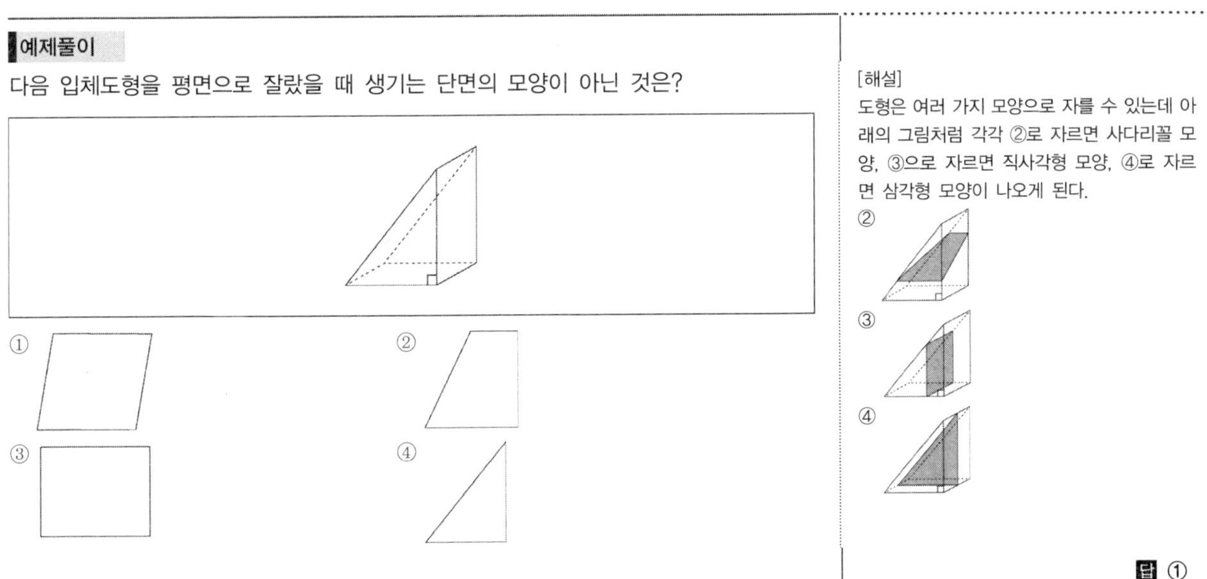

① ② ③ ④

[해설]
도형은 여러 가지 모양으로 자를 수 있는데 아래의 그림처럼 각각 ②로 자르면 사다리꼴 모양, ③으로 자르면 직사각형 모양, ④로 자르면 삼각형 모양이 나오게 된다.

②

③

④

답 ①

(1) 동일한 전개도로 만들 수 있는(없는) 회전체 찾기

예제풀이

다음 중 동일한 전개도로 만들 수 없는 것은?

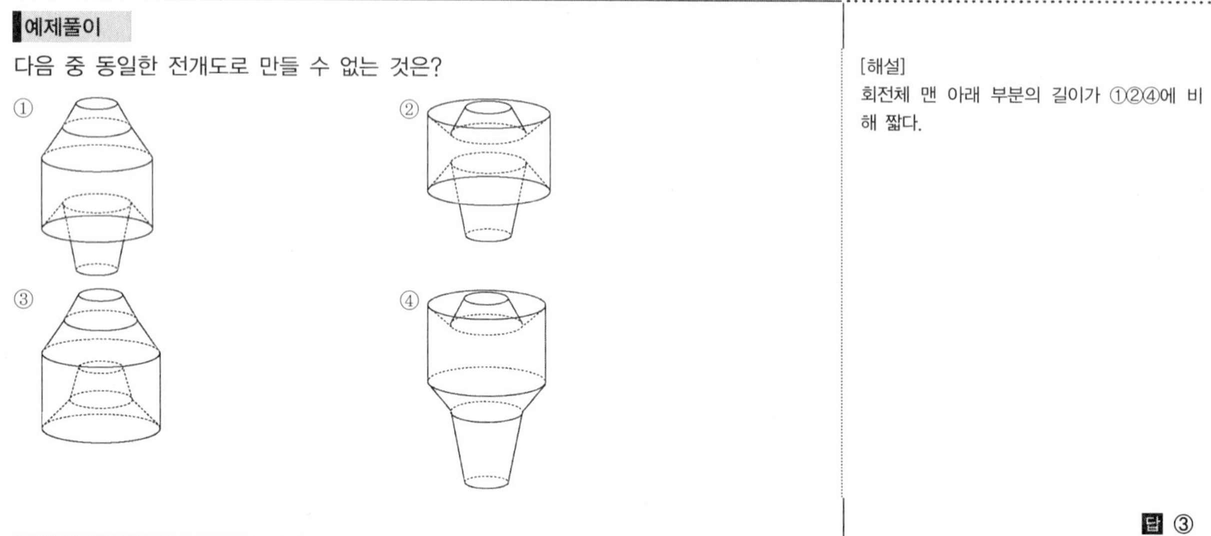

[해설]
회전체 맨 아래 부분의 길이가 ①②④에 비해 짧다.

답 ③

(2) 축을 중심으로 회전시켰을 때의 회전체 찾기

상자 안의 도형을 제시된 축을 중심으로 회전시켰을 때 생기는 입체의 모양은?

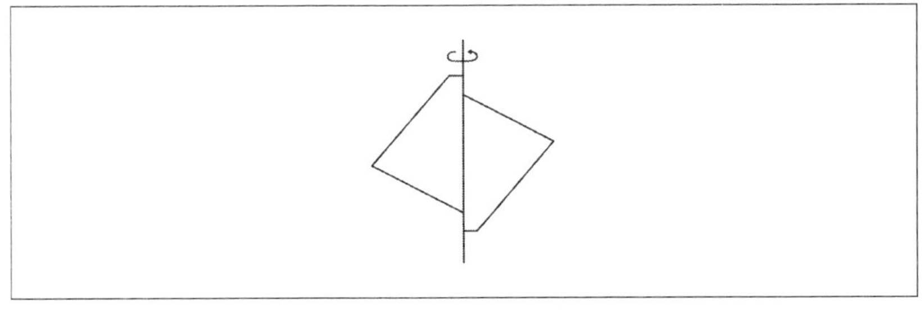

① 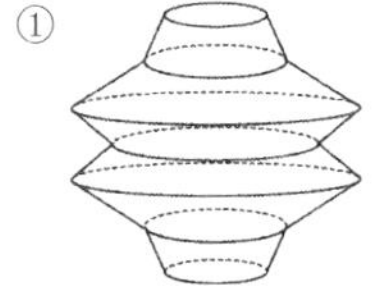

③ 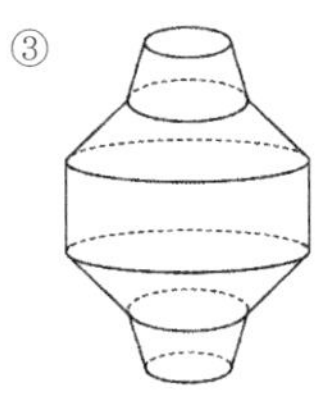

② 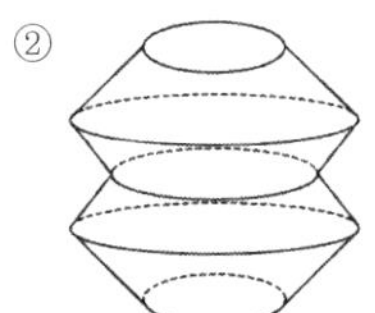

④ 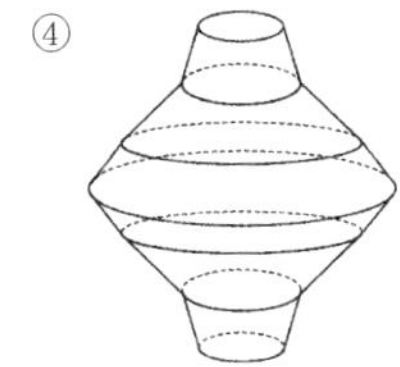

[해설]

회전축을 중심으로 두 도형이 서로 어긋난 모양으로 만나고 있다. 맨 위와 맨 아래는 원기둥의 모양이 만들어지게 되며, 옆면은 뾰족한 부분과 들어간 부분이 생기게 된다. ②은 위 아래에 원기둥의 모양이 생기지 않았기 때문에 오답이다.

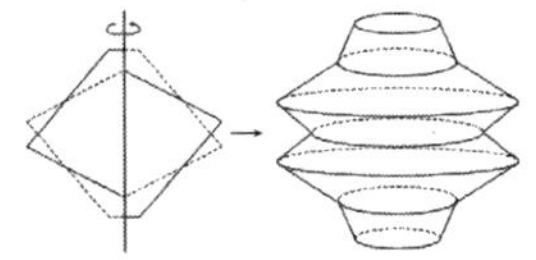

답 ①

출 제 예 상 문 제

|1~2| 다음 보기 중 아래의 입체도형과 일치하는 것을 고르시오.

1

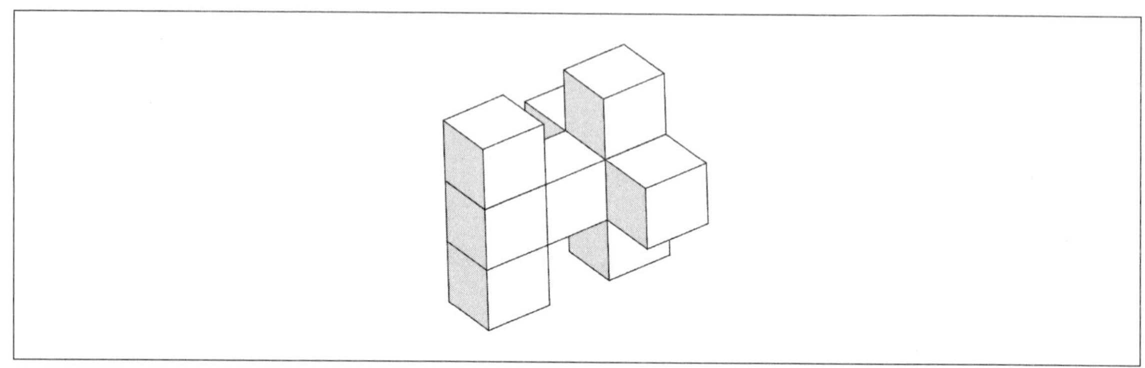

① 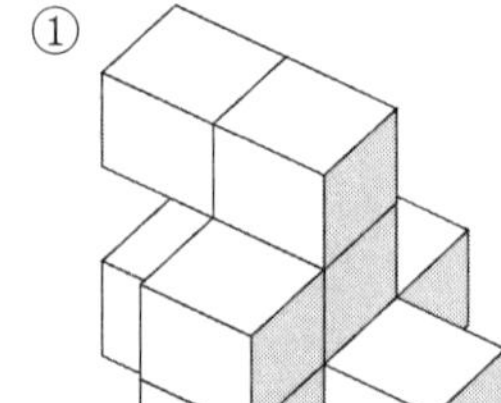

② 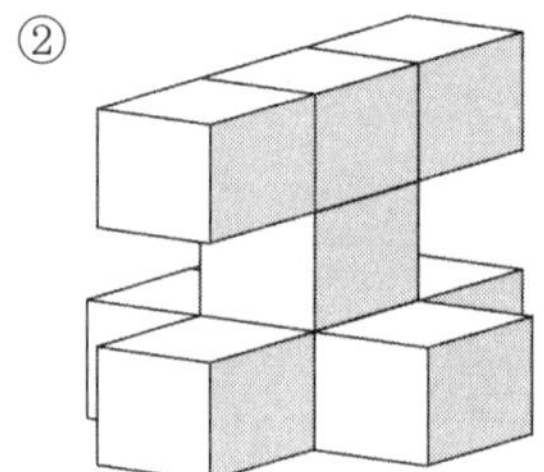

③ 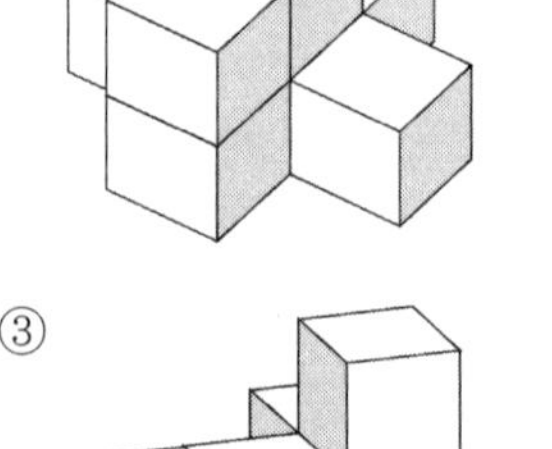

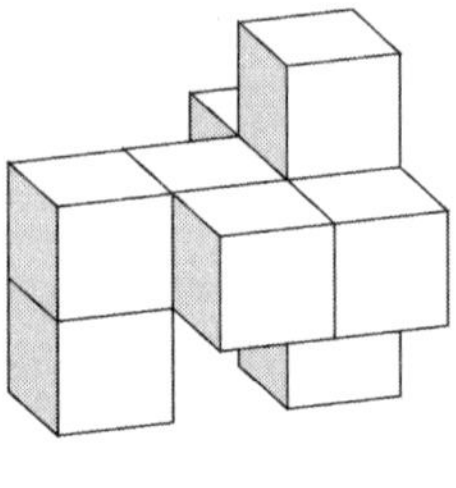

④ 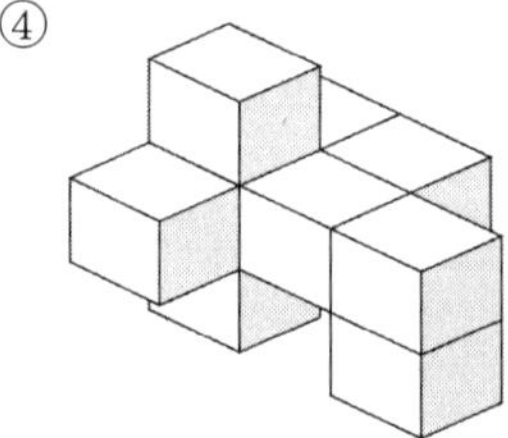

2 다음 제시된 그림을 위로 뒤집고 시계방향으로 60° 회전한 그림은?

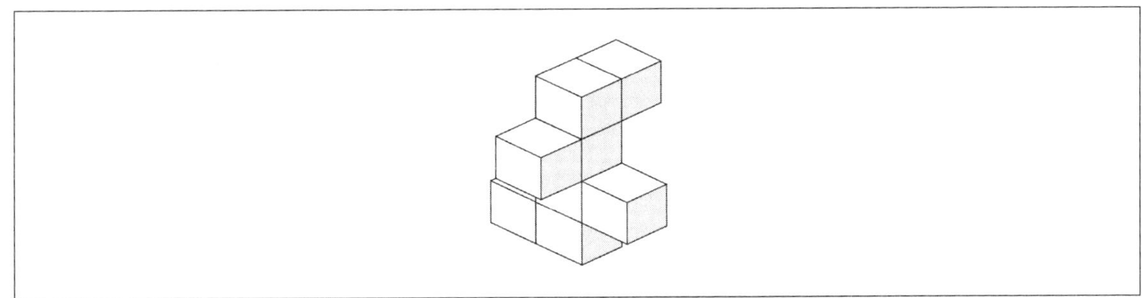

① 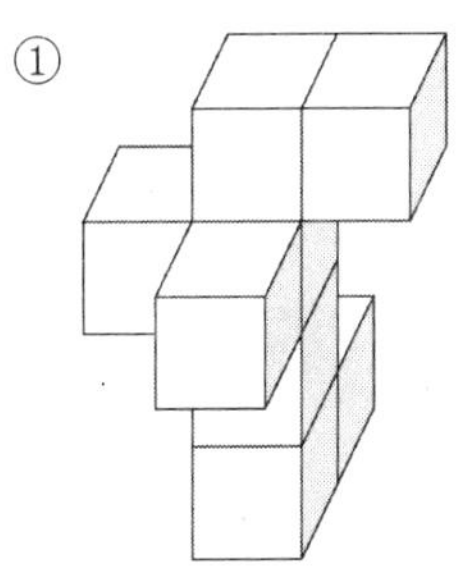

② 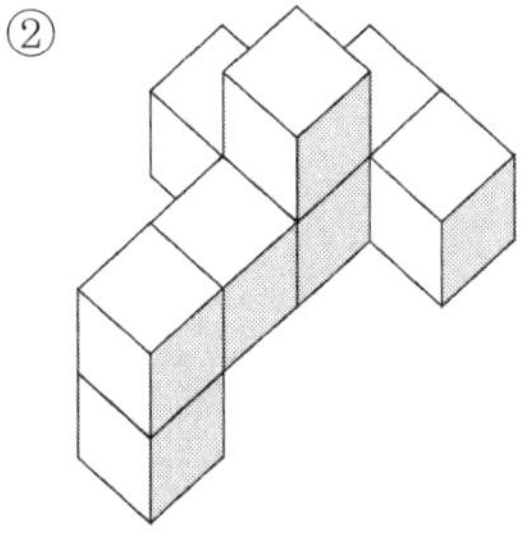

③ 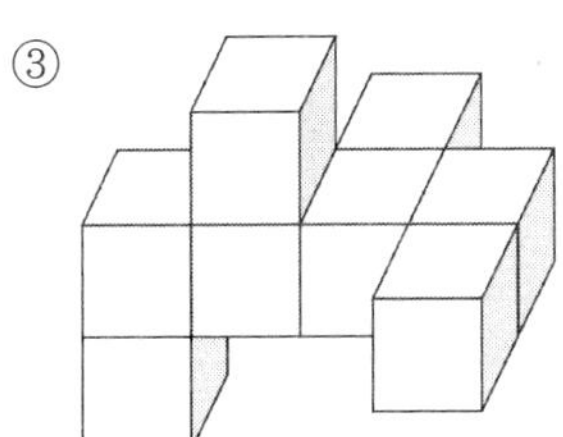

④ 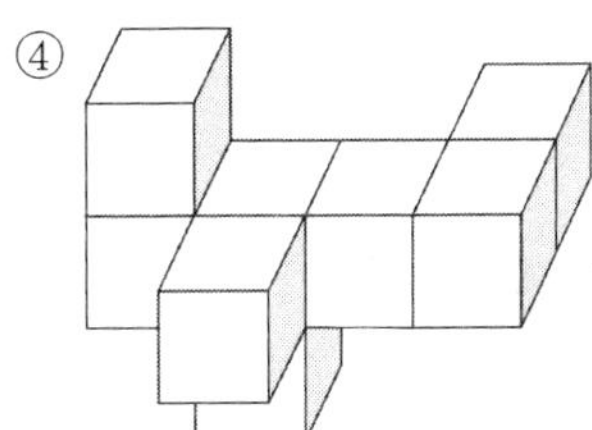

3 다음 제시된 그림을 시계방향으로 90˚ 회전한 후 좌우 대칭 이동한 다음 시계 반대 방향으로 다시 45˚ 회전시켰을 때 나오는 그림은?

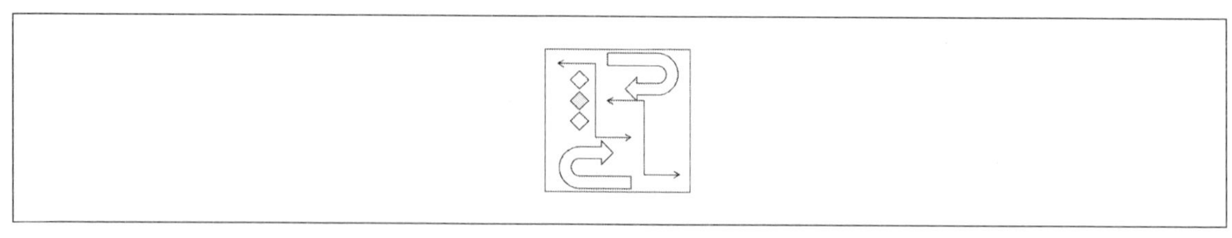

① 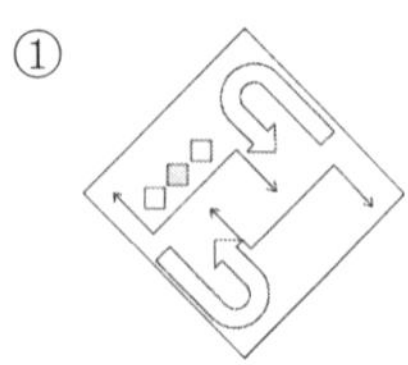

② 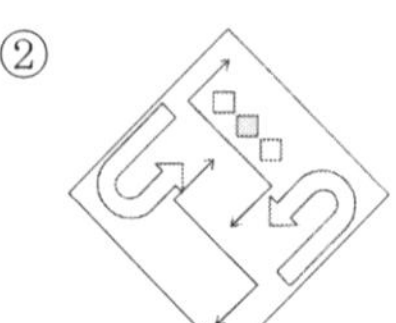

③ 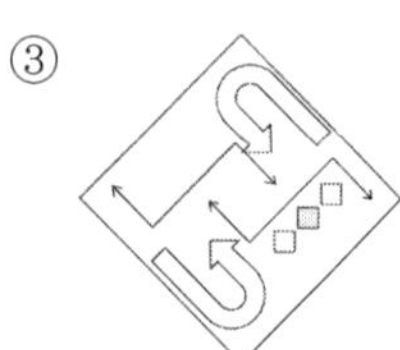

④ 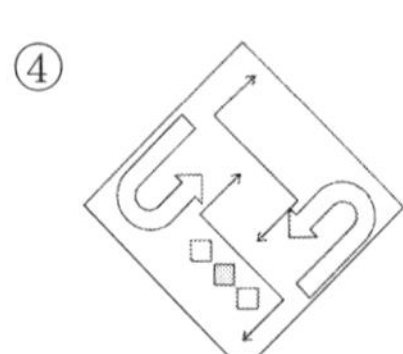

4 다음 제시된 그림을 상하 대칭 이동하고 시계 반대 반향으로 30˚ 회전했을 때 나오는 모양은?

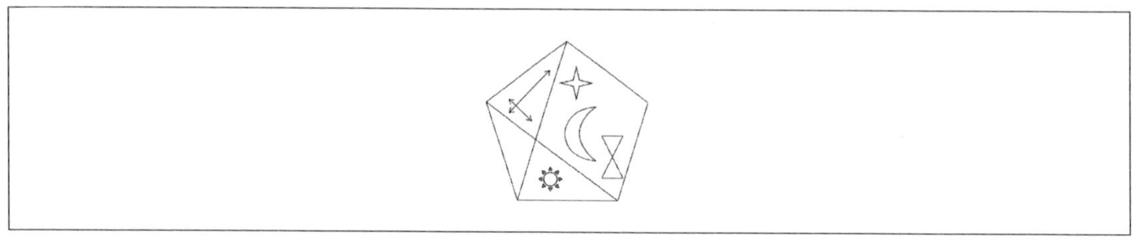

① 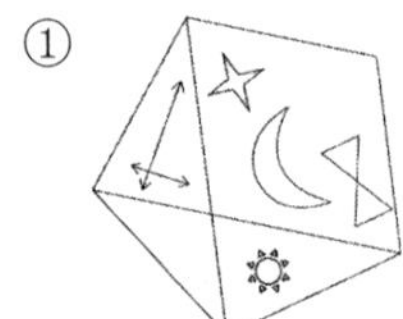

② 

③ 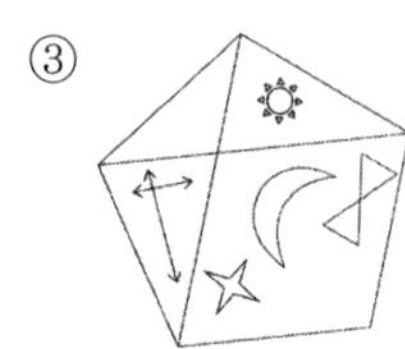

④ 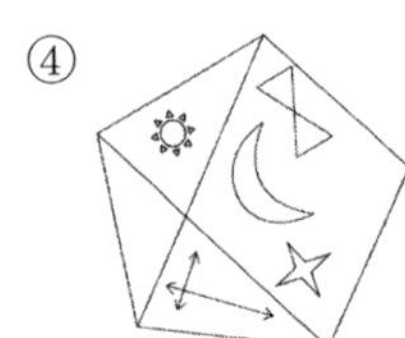

5 다음 제시된 그림을 시계방향으로 90° 회전한 후 오른쪽으로 뒤집고 시계 반대 방향으로 다시 30° 회전시켰을 때 나오는 그림은?

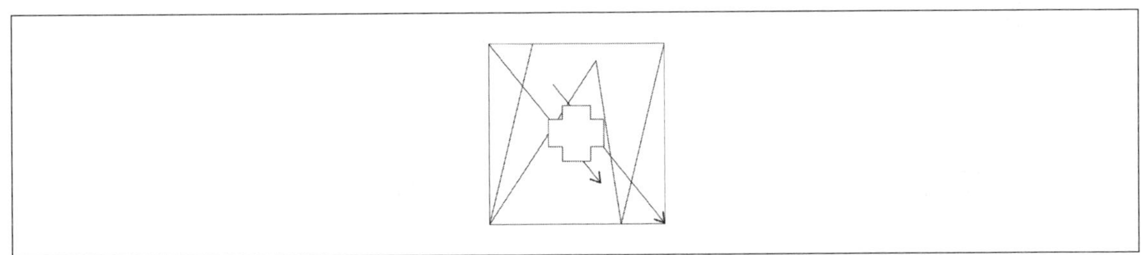

① 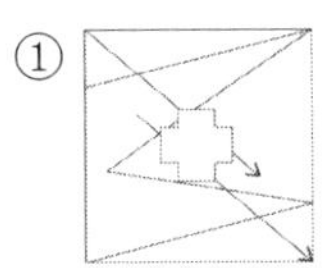

② 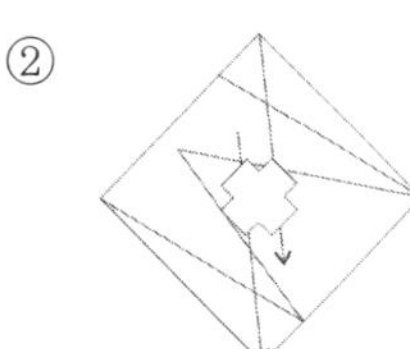

③ 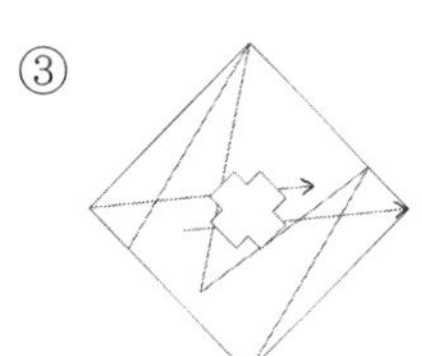

④ 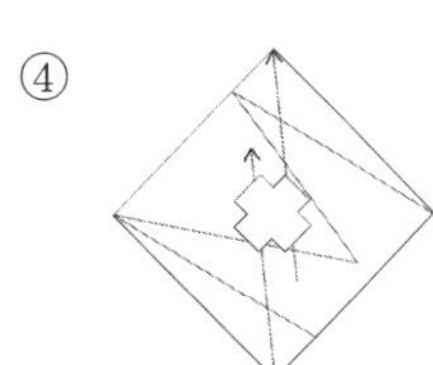

▌6~13▐ 다음 중 나머지 셋과 다른 것을 고르시오.

6 ① 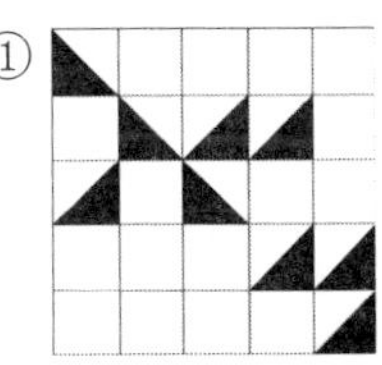

② 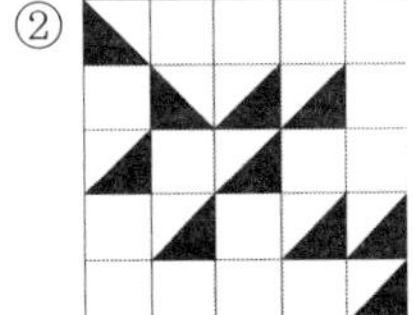

③ 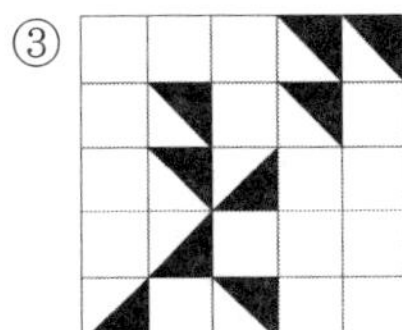

④ 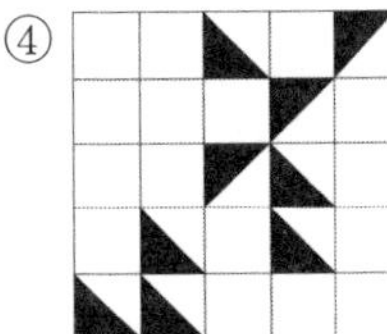

 **해설** ①③④는 회전 관계, ②는 모양이 다른 그림이다.

7

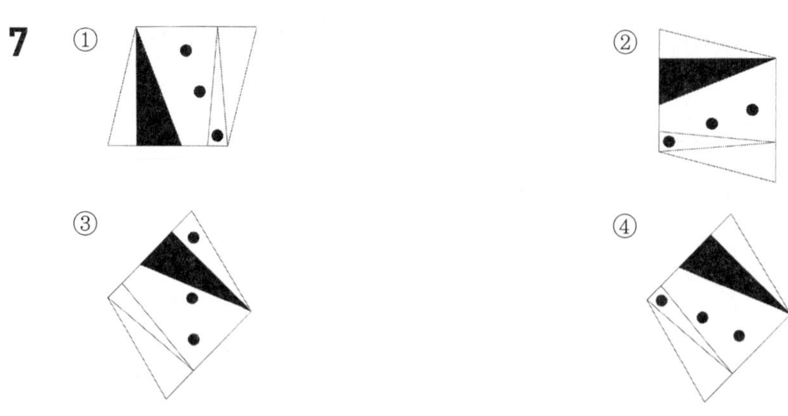

✔**해설** ①②④는 회전 관계, ③은 점의 위치가 다른 그림이다.

8

✔**해설** ①③④는 회전 관계, ②는 삼각형과 선의 위치가 다른 그림이다.

9

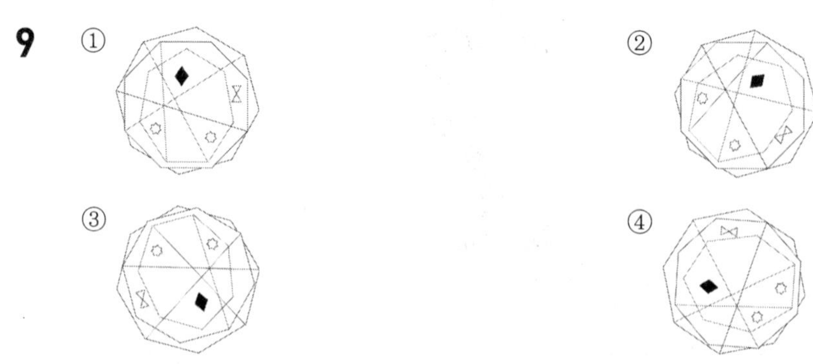

✔**해설** ①②③은 회전 관계, ④는 모양이 다른 그림이다.

10 ① 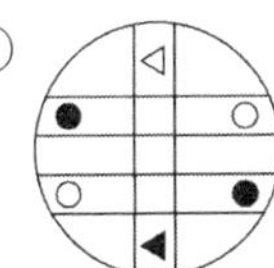 ② 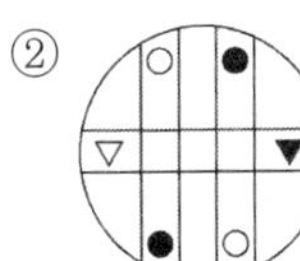

③ 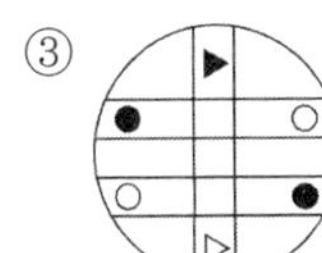 ④ 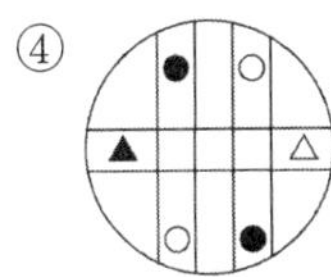

✔**해설** ①②③은 회전 관계, ④는 색칠된 부분이 다른 그림이다.

11 ① 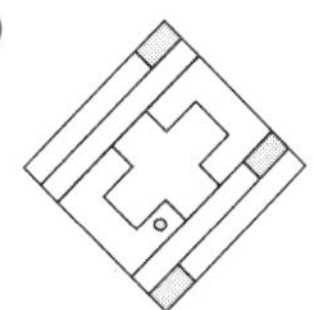 ② 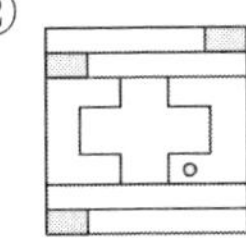

③ 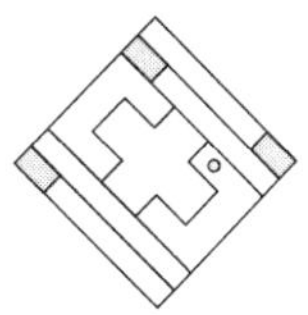 ④ 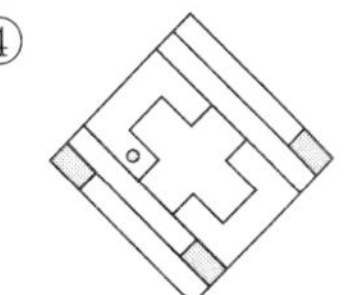

✔**해설** ①③④ 회전 관계, ②는 ○의 위치가 다르다.

12 ① 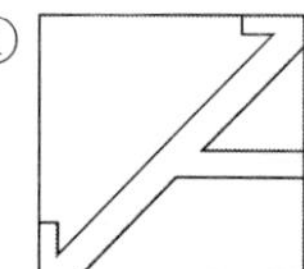 ② 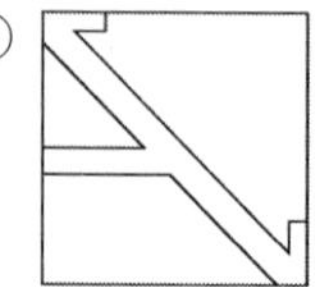

③ 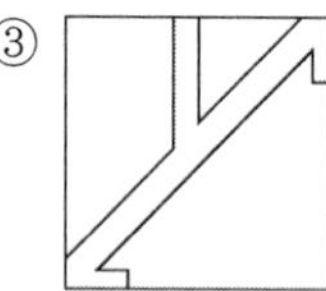 ④ 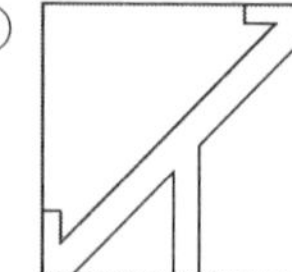

✔해설 ②③④ 회전 관계, ①은 모양이 다르다.

13 ① 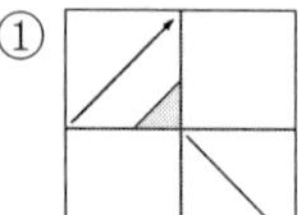 ② 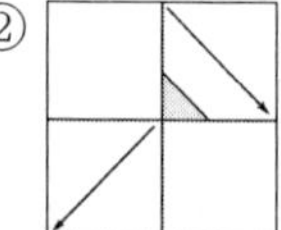

③ 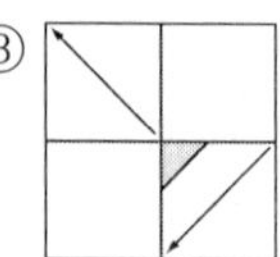 ④ 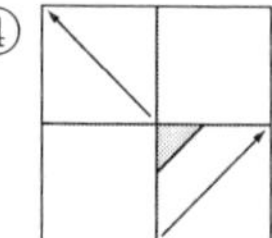

✔해설 ①②③은 회전 관계, ④는 화살표의 방향이 다른 그림이다.

| 14~15 | 다음 제시된 도형과 같은 도형을 고르시오.

14

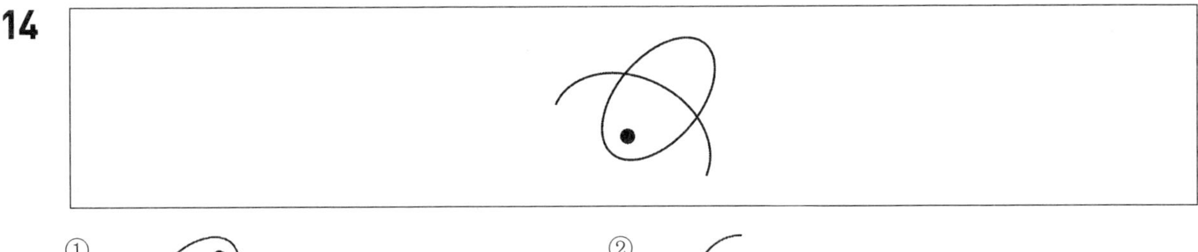

① 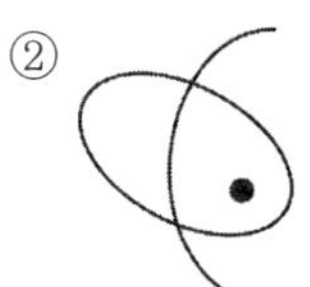   ②

③ 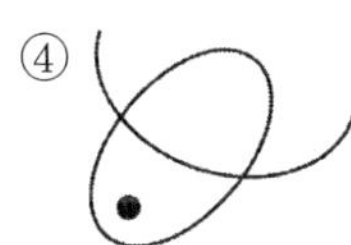   ④

15

① 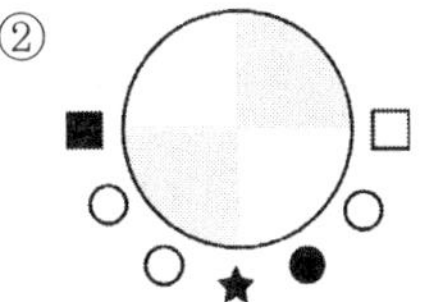   ②

③ 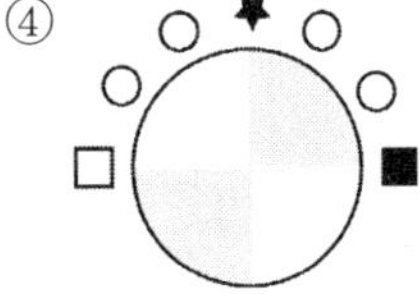   ④

* 블록의 모양과 크기는 모두 동일한 정육면체임

16

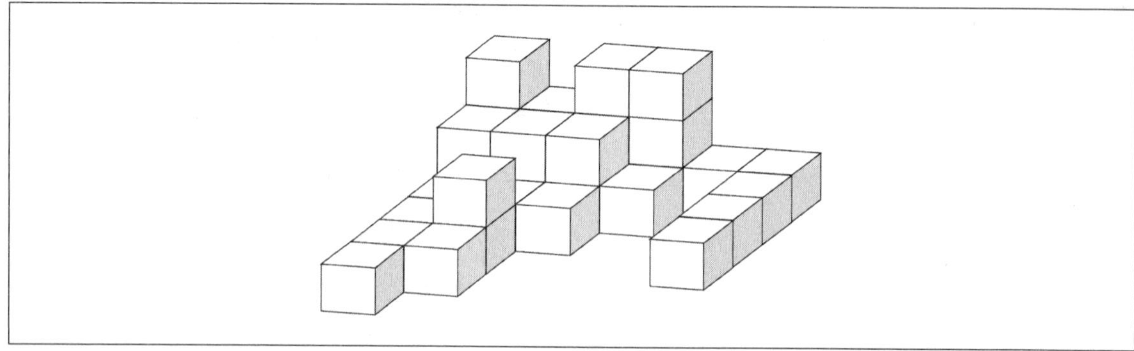

① 30개

② 31개

③ 32개

④ 33개

✔ **해설** 바닥면부터 블록 개수를 세어 보면, 21+8+3=32(개)이다.

17

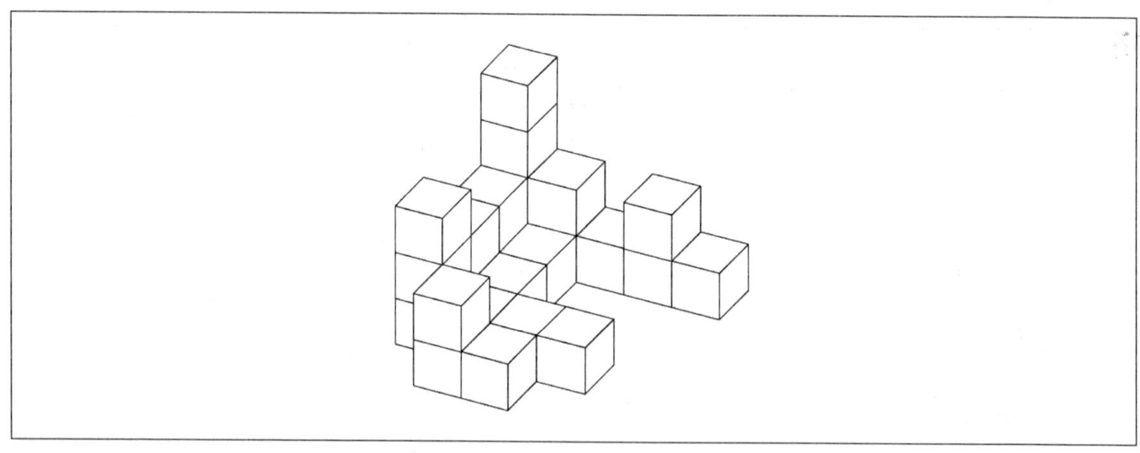

① 25개

② 24개

③ 23개

④ 21개

✔ **해설** 바닥면부터 블록 개수를 세어 보면, 15+7+2+1=25(개)이다.

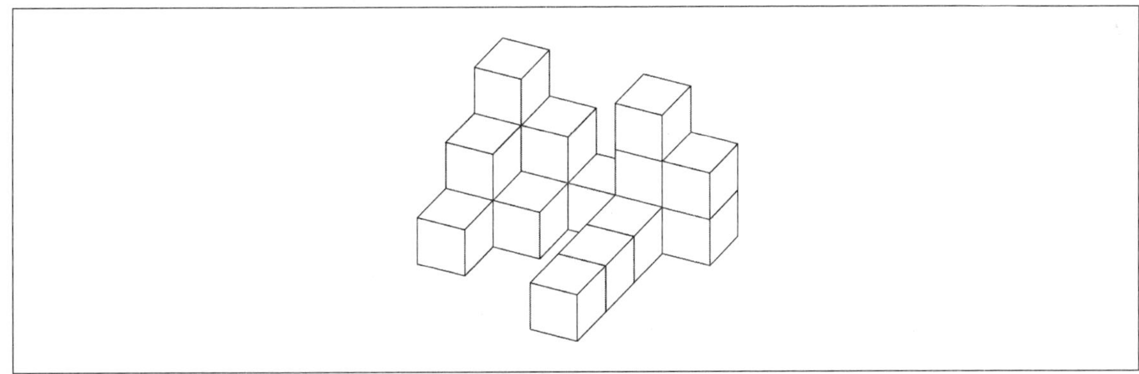

① 16개   ② 17개
③ 18개   ④ 19개

✔해설 바닥면부터 블록 개수를 세어 보면, 11+5+2=18(개)이다.

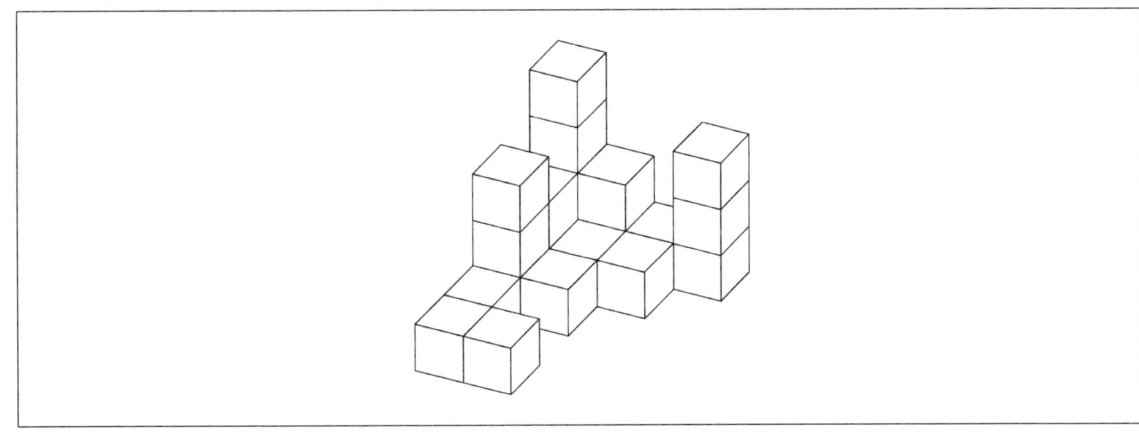

① 18개   ② 19개
③ 20개   ④ 21개

✔해설 바닥면부터 블록 개수를 세어 보면, 12+5+3+1=21(개)이다.

Answer   16.③ 17.① 18.③ 19.④

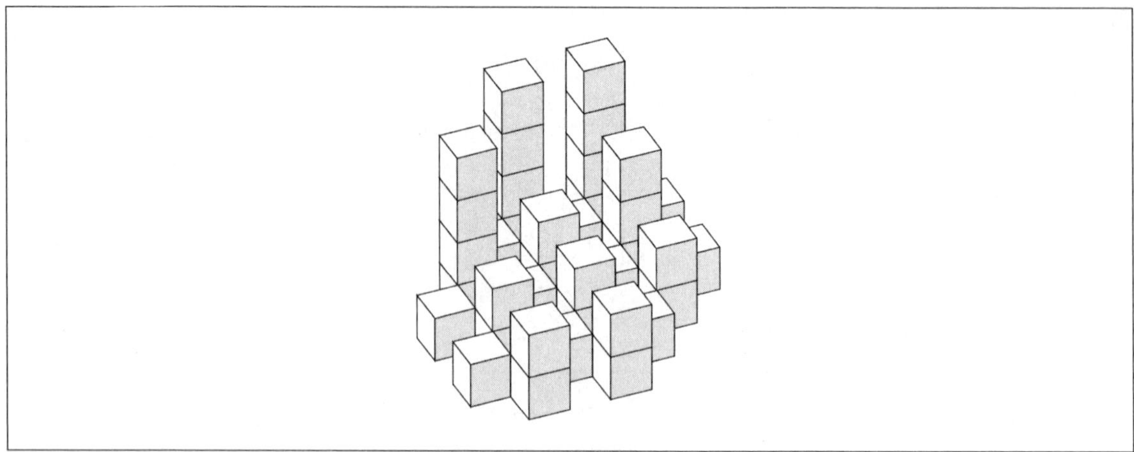

① 35개　　　　　　　② 36개
③ 37개　　　　　　　④ 38개

✔ 해설　바닥면부터 블록 개수를 세어 보면, 20+10+4+3=37(개)이다.

※ 주의사항
• 블록은 모양과 크기는 모두 동일한 정육면체임
• 바라보는 시선의 방향은 블록의 면과 수직을 이루며 원근에 의해 블록이 작게 보이는 효과는 고려하지 않음

21

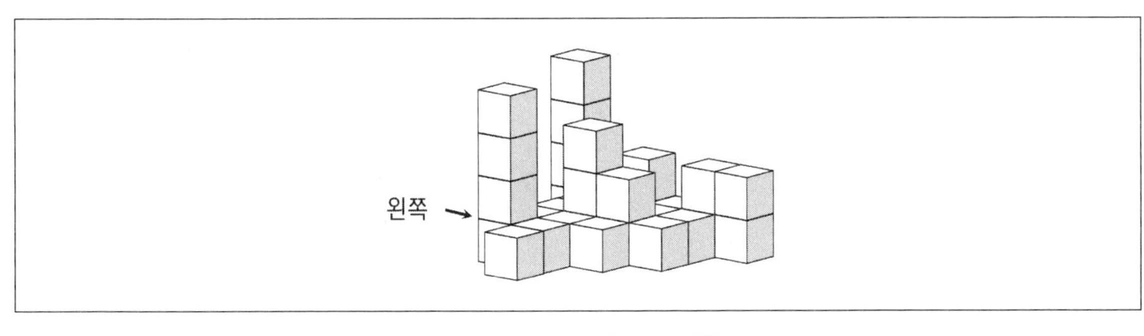

① 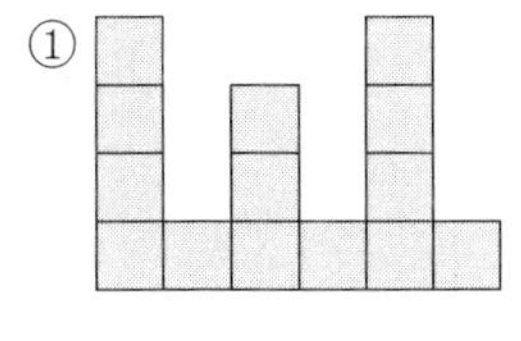

② 

③ 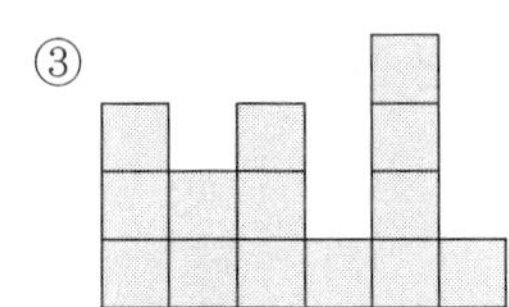

④ 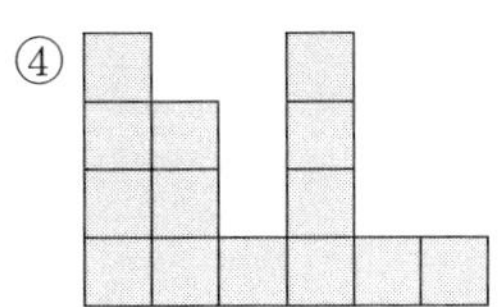

✔ 해설 화살표 방향을 정면으로 왼쪽에서부터 1열이라고 할 때, 4 − 1 − 3 − 1 − 4 − 1층으로 보인다.

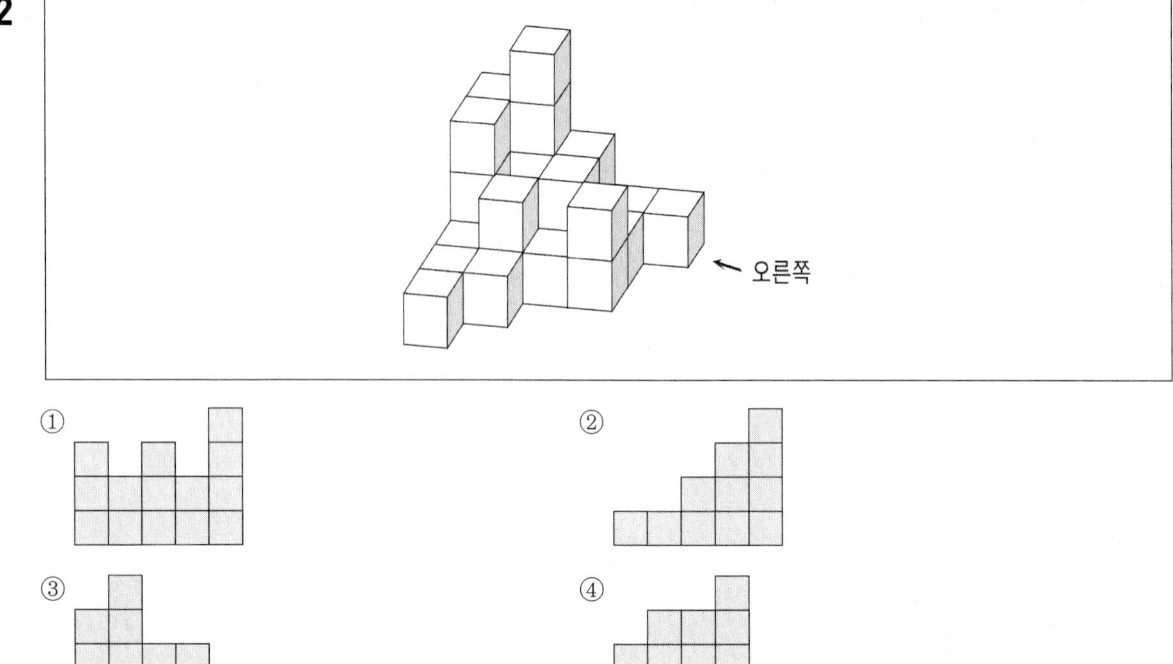

① ② ③ ④

✔ 해설 화살표 방향을 정면으로 왼쪽에서부터 1열이라고 할 때, 1 – 1 – 2 – 3 – 4층으로 보인다.

23

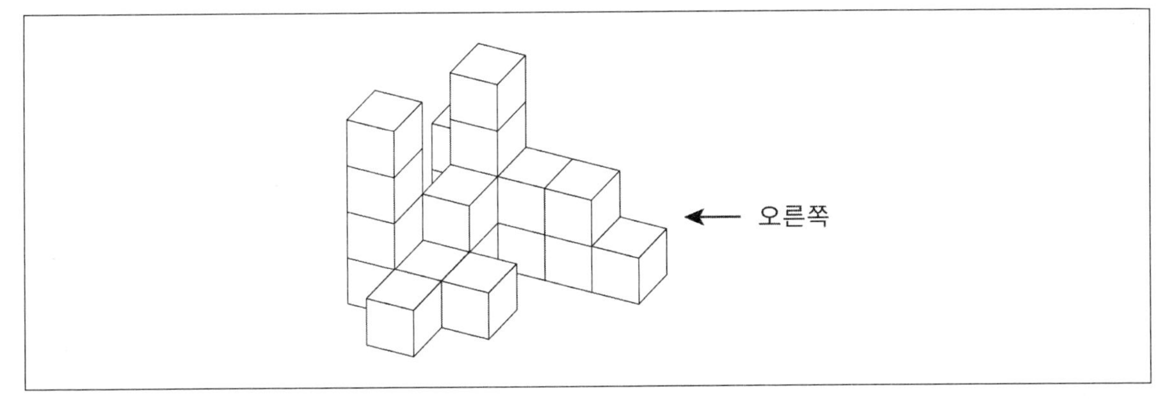

① 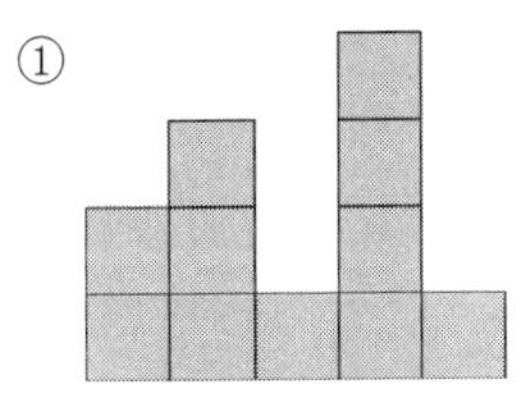

② 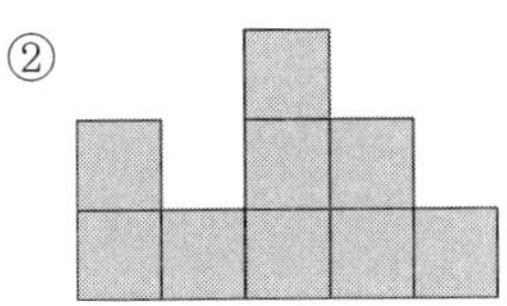

③ 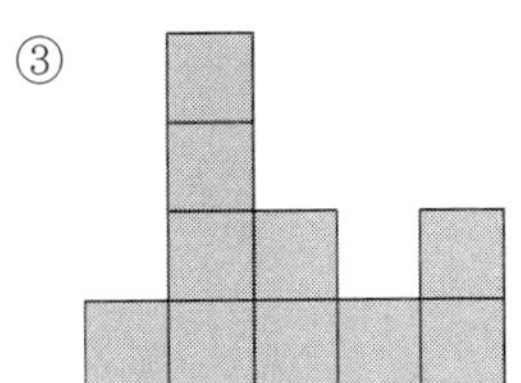

④ 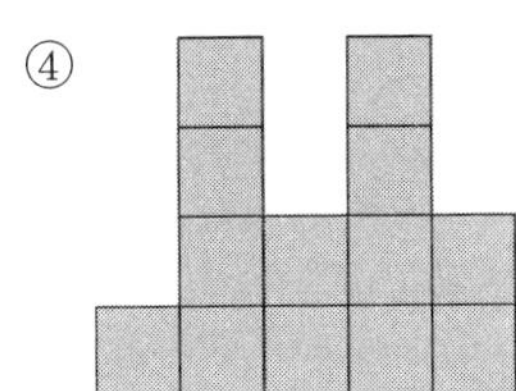

✔해설 제시된 블록을 화살표 표시한 방향에서 바라보면 ④가 나타난다.

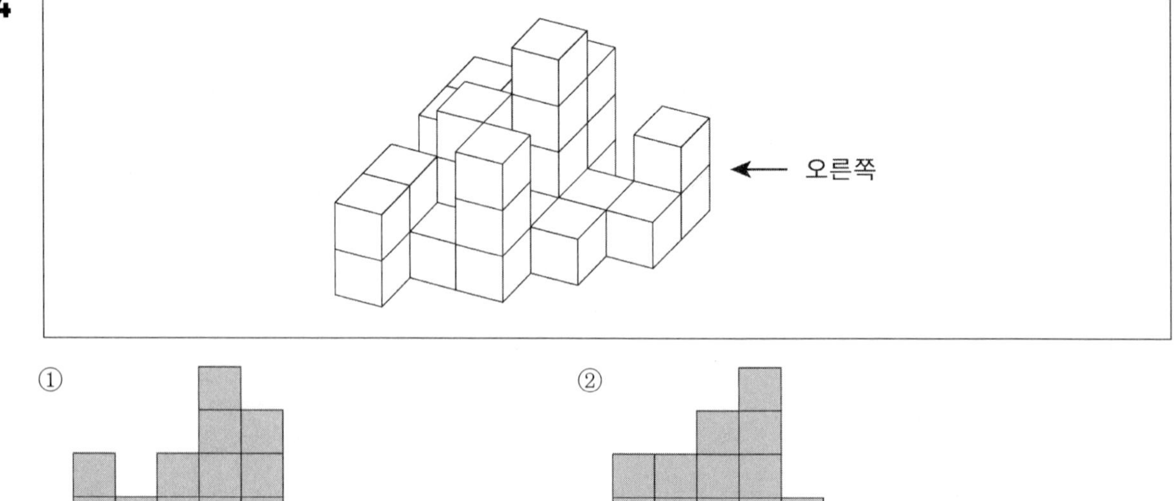

① 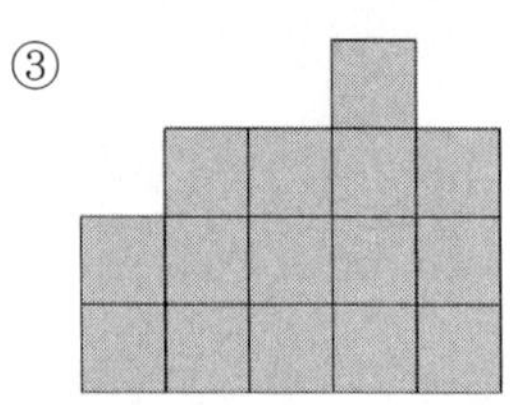

②

③ 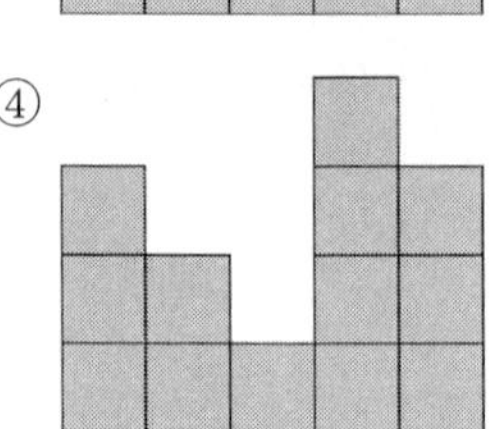

④

✔해설 제시된 블록을 화살표 표시한 방향에서 바라보면 ③이 나타난다.

25

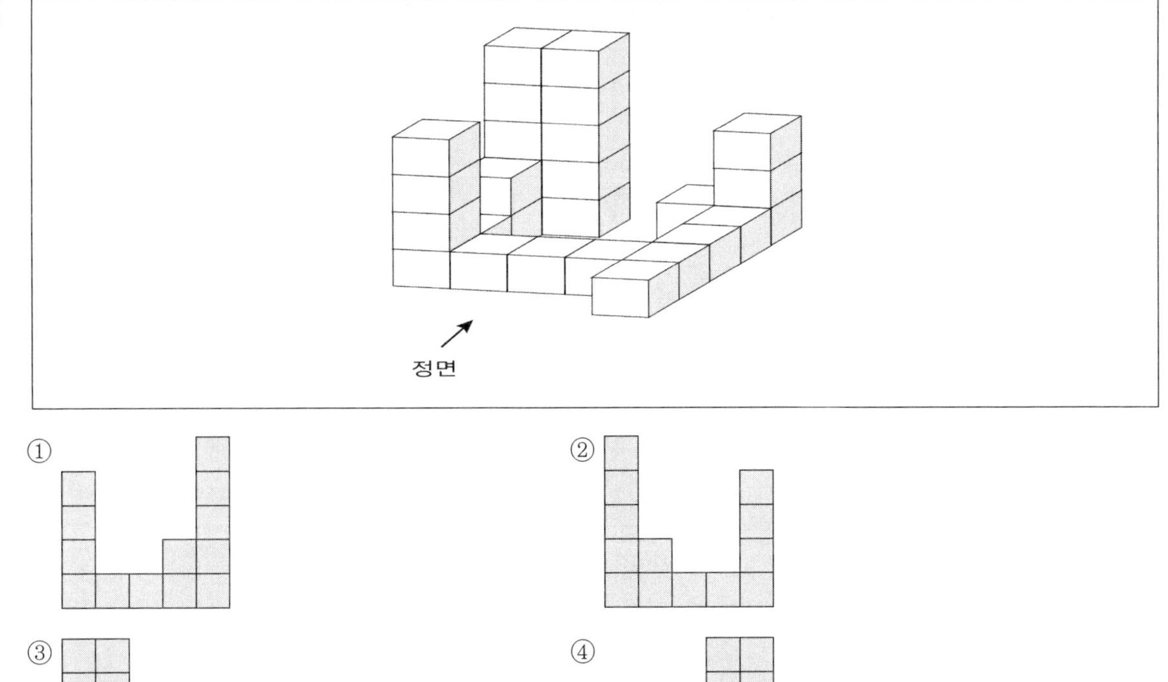

① ② ③ ④

✔ 해설 화살표 방향을 정면으로 왼쪽에서부터 1열이라고 할 때, 5-5-1-1-3층으로 보인다.

Answer 24.③ 25.③

26

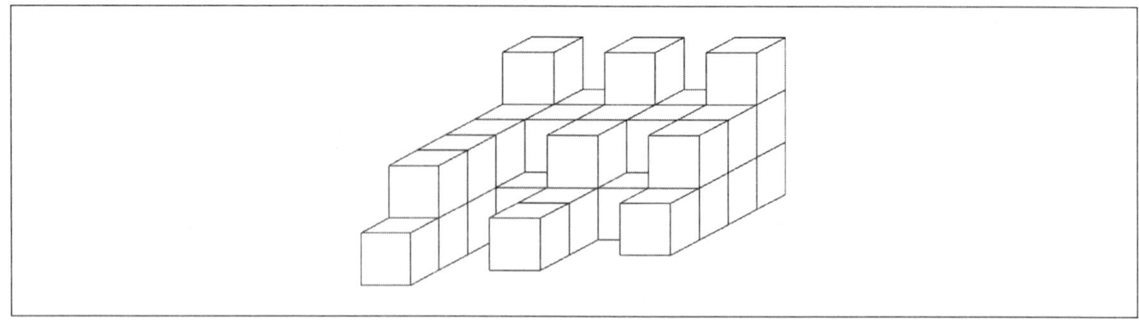

① 3개　　　　　　　　　　② 4개
③ 5개　　　　　　　　　　④ 6개

✔해설 다음에 표시된 맨 아래층 블록 4개가 어디서도 보이지 않는다.

2	1	1	1	2
1	0	0	0	1
1	2	0	2	1
2		3		4
2		4		
4				

27

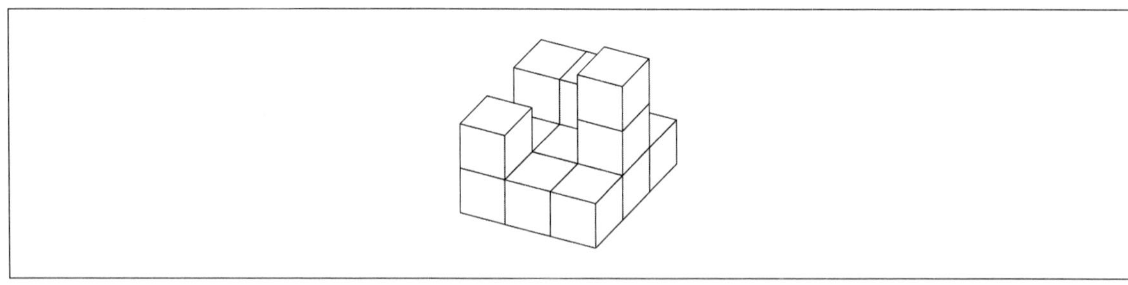

① 0개　　　　　　　　　　② 1개
③ 2개　　　　　　　　　　④ 3개

✔해설 모든 블록이 1면 이상 외부로 노출되어 있다.

28

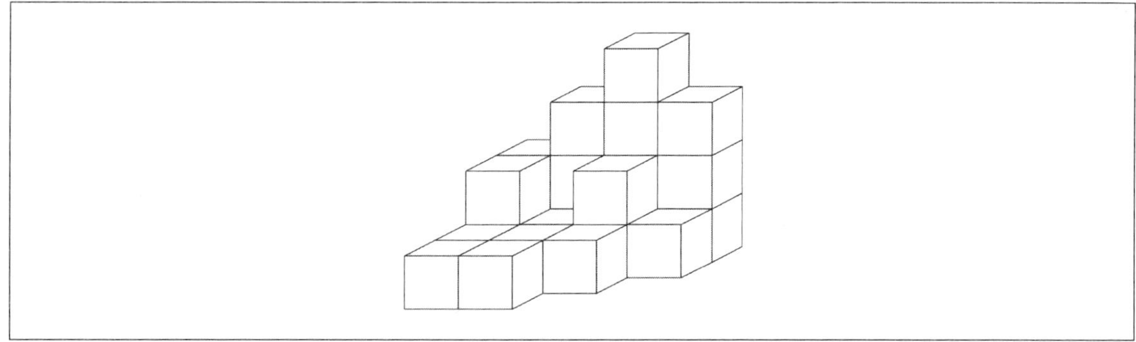

① 1개   ② 2개

③ 3개   ④ 4개

✔해설 다음에 표시된 맨 아래층 블록 1개가 어디서도 보이지 않는다.

2	1	1	2
1	1	0	3
2	1	3	
3	3		

29

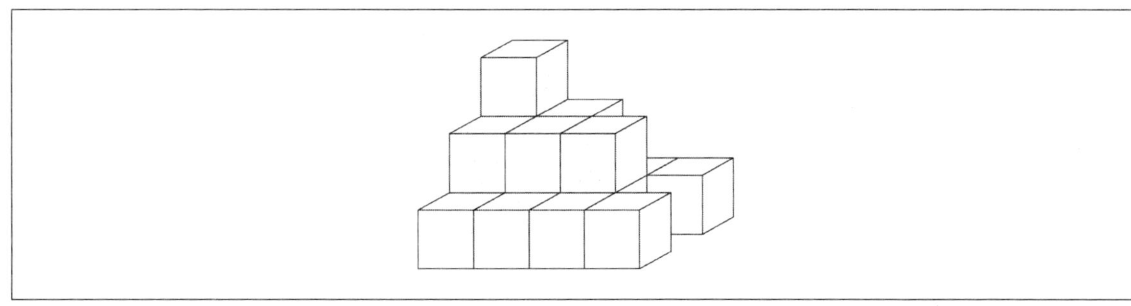

① 0개   ② 1개

③ 2개   ④ 3개

✔해설 다음에 표시된 맨 아래층 블록 1개가 어디서도 보이지 않는다.

2	1	2	4
1	0	1	
3	2	2	4

Answer   26.②   27.①   28.①   29.②

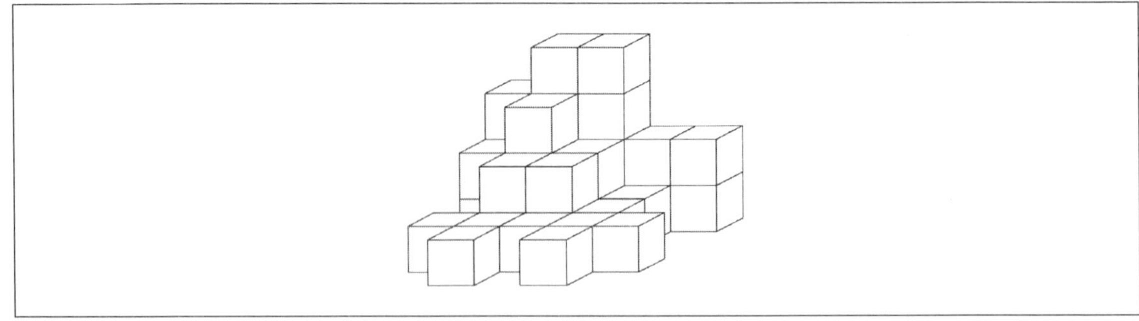

① 3개　　　　　　　　　　　　② 4개
③ 5개　　　　　　　　　　　　④ 6개

✔해설　다음에 표시된 맨 아래층 블록 3개와 2층의 블록 1개가 어디서도 보이지 않는다.

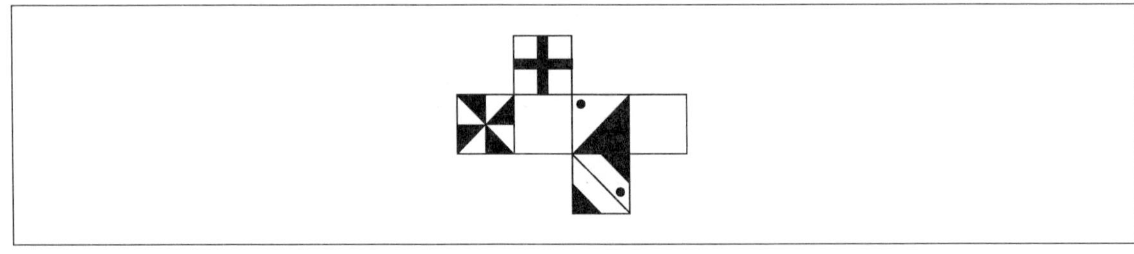

▌31~35▐　다음 전개도를 접었을 때, 나타나는 입체도형의 모양으로 알맞은 것을 고르시오.

31

①
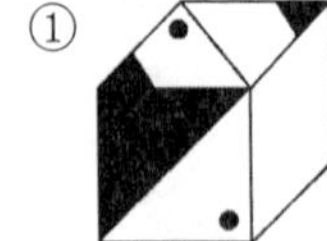

②
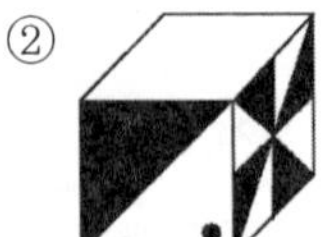

③
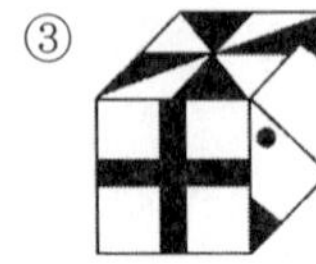

④
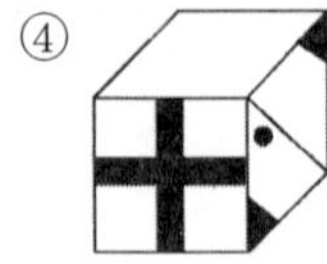

✔해설　제시된 전개도를 접으면 ①이 나타난다.

32

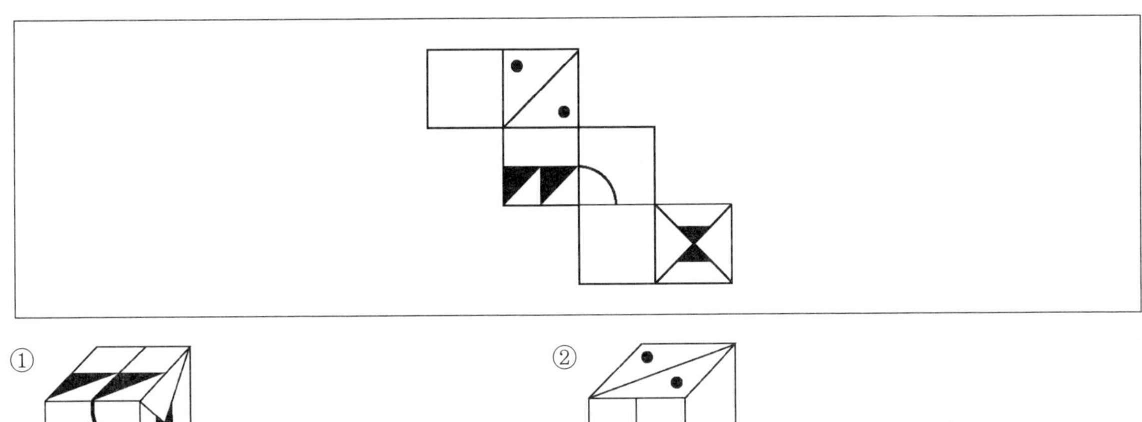

① 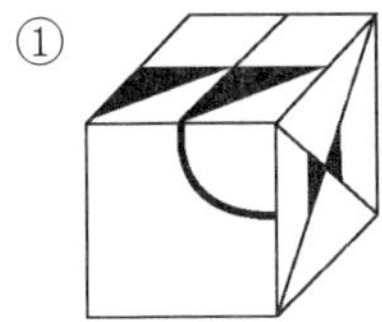

② 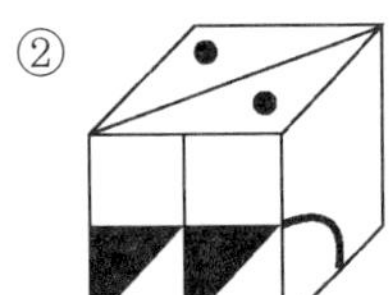

③ 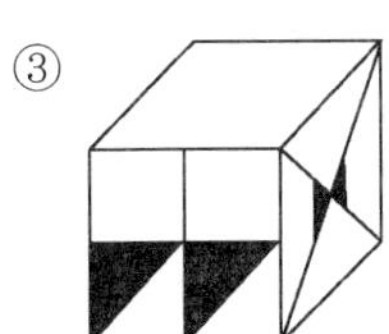

④ 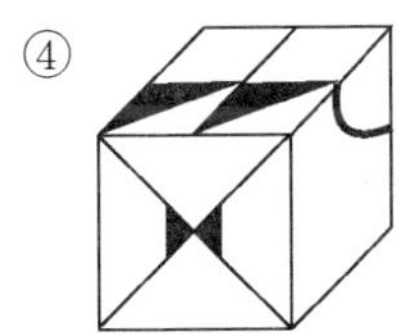

✔ **해설** 제시된 전개도를 접으면 ②가 나타난다.

33

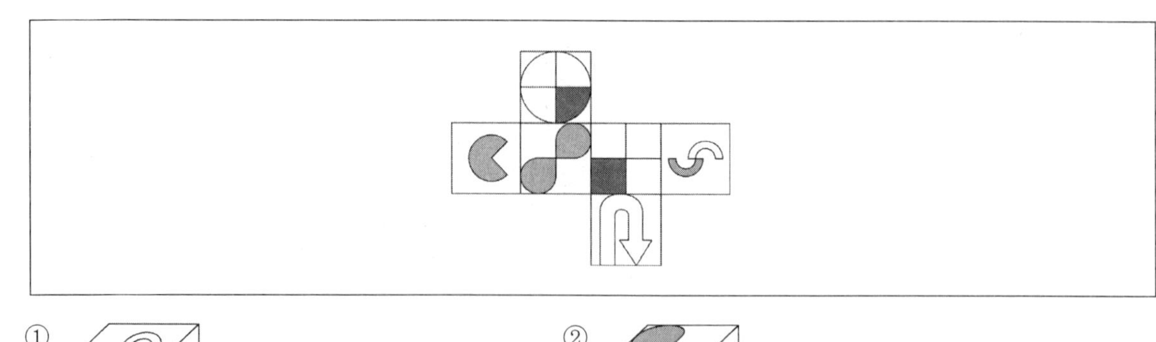

① 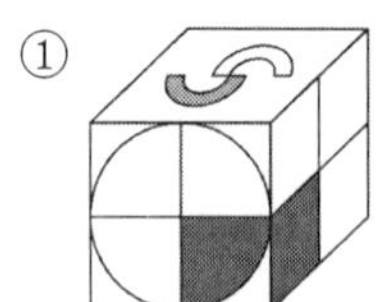

② 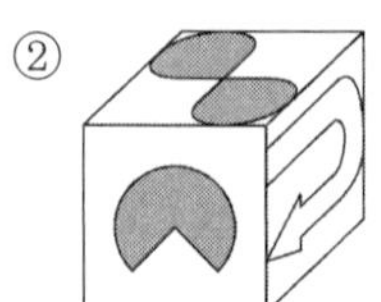

③ 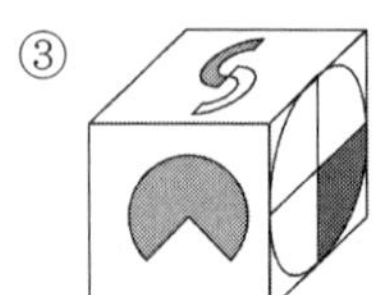

④ 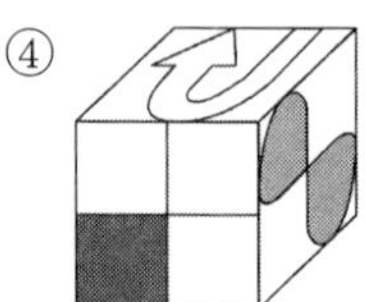

✔ **해설** 제시된 전개도를 접으면 ③이 나타난다.

34

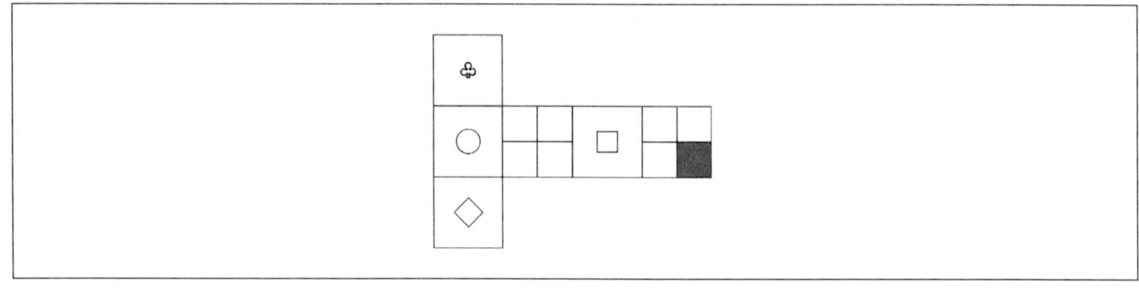

① 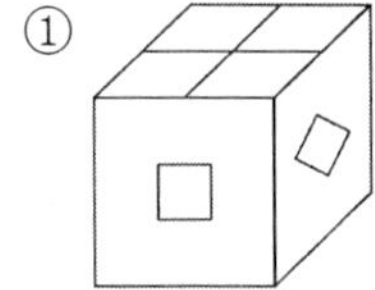

② 

③ 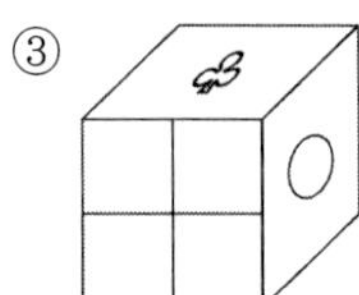

④ 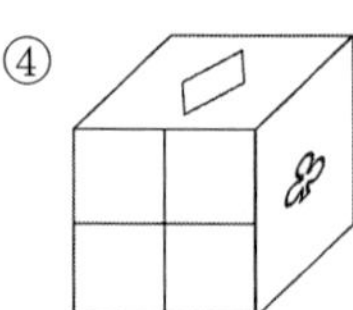

✔ **해설** 제시된 전개도를 접으면 ②가 나타난다.

35

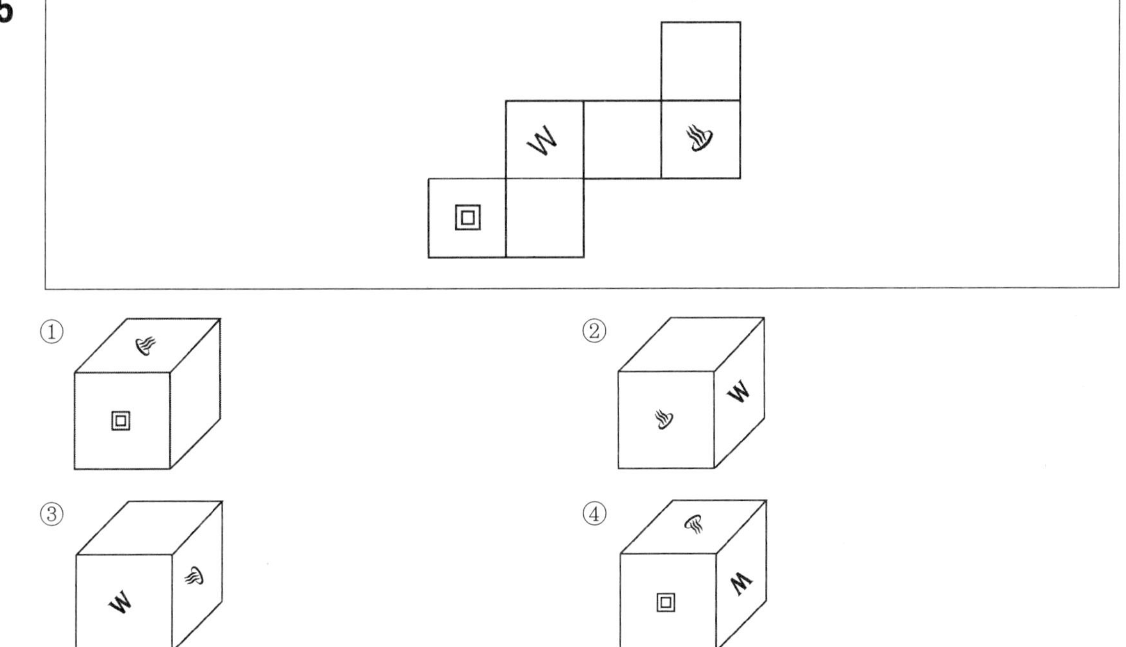

✔ **해설** 제시된 전개도를 접으면 ①이 나타난다.

36

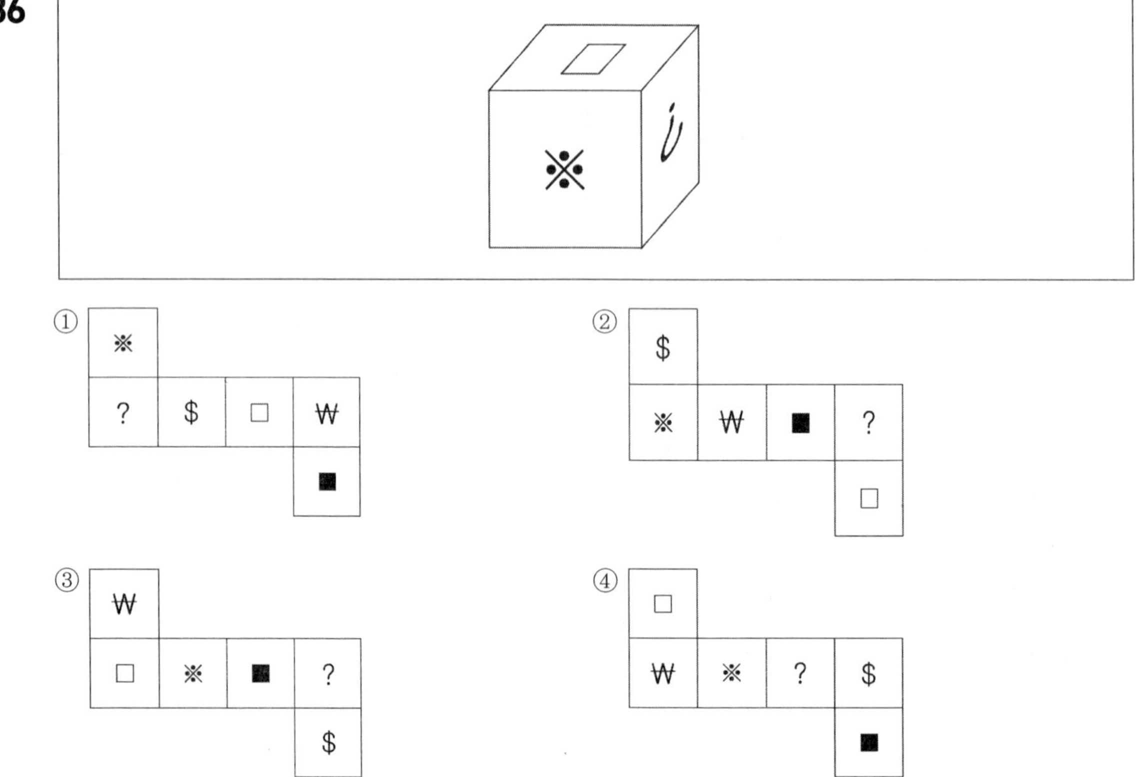

해설 제시된 도형을 전개하면 ②가 나타난다.

37

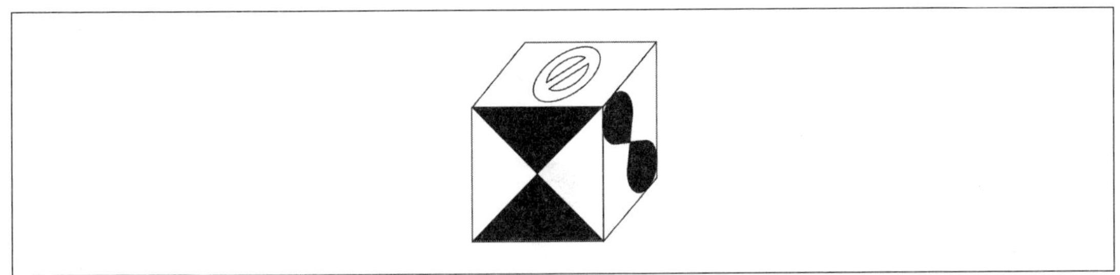

① 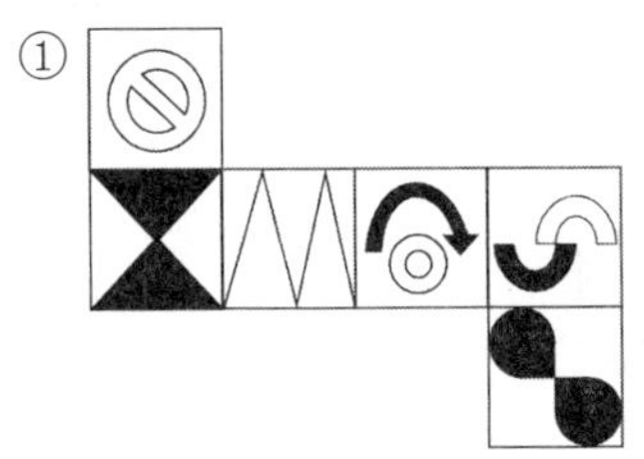

② 

③ 

④ 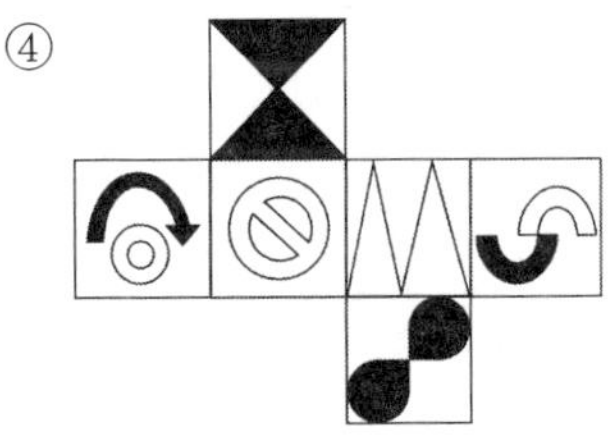

✔**해설** 제시된 도형을 전개하면 ②가 나타난다.

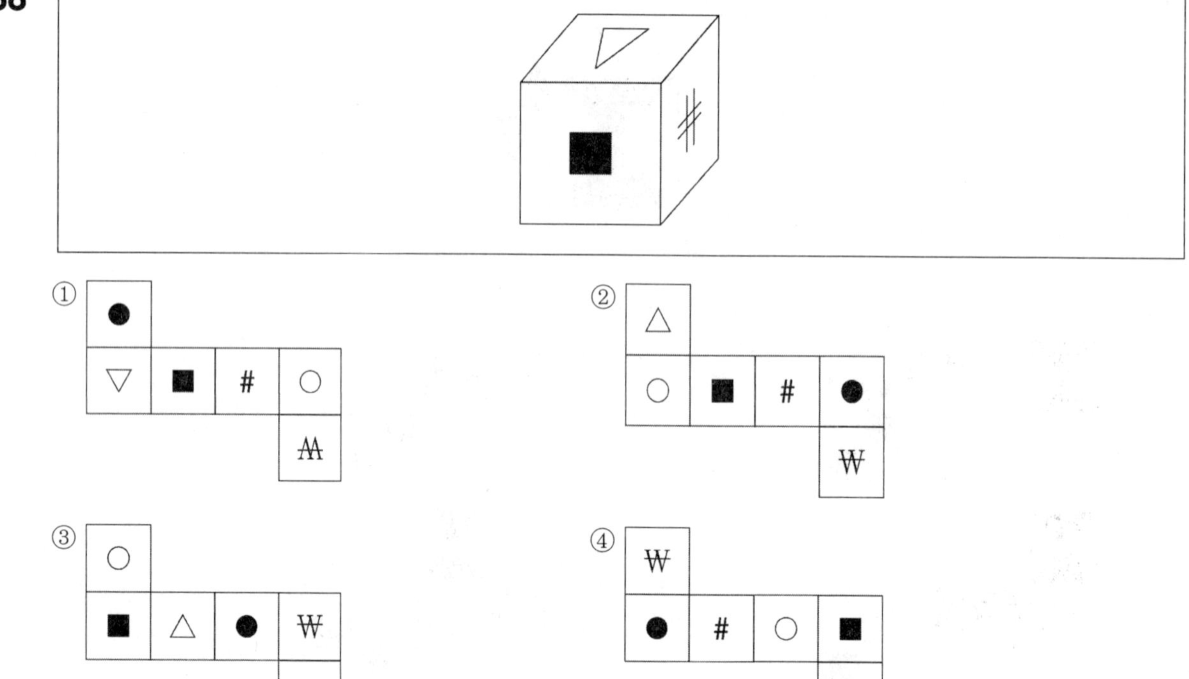

①

②

③

④

✔ 해설 제시된 도형을 전개하면 ②가 나타난다.

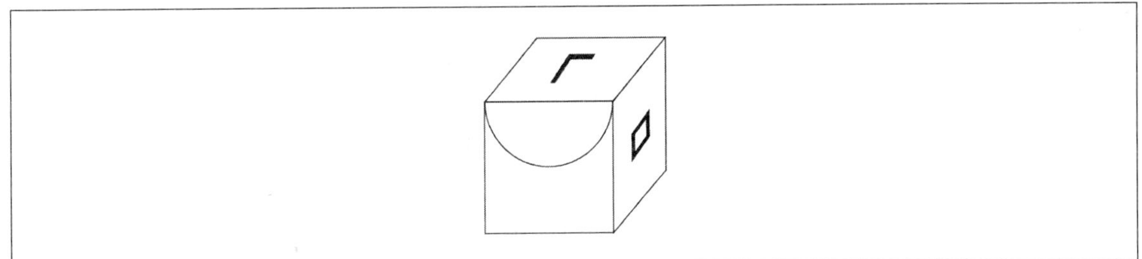

① 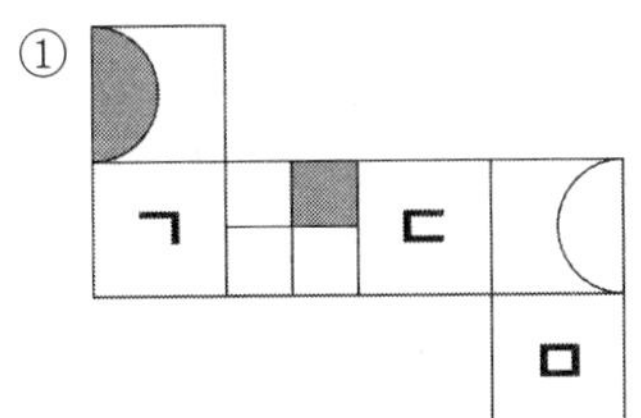

② 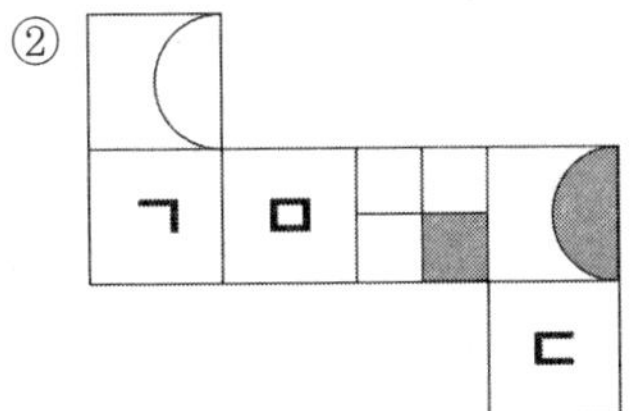

③ 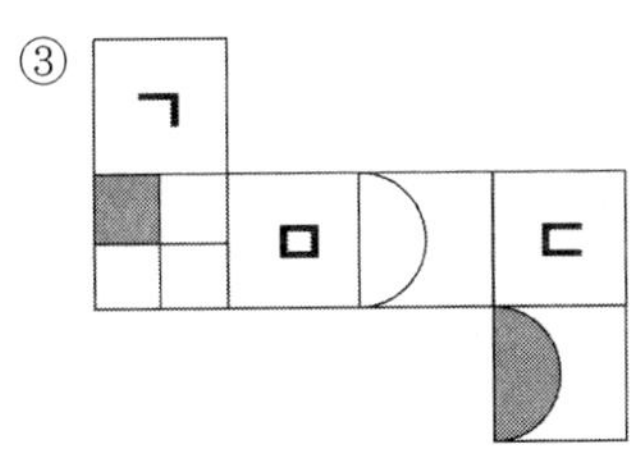

④ 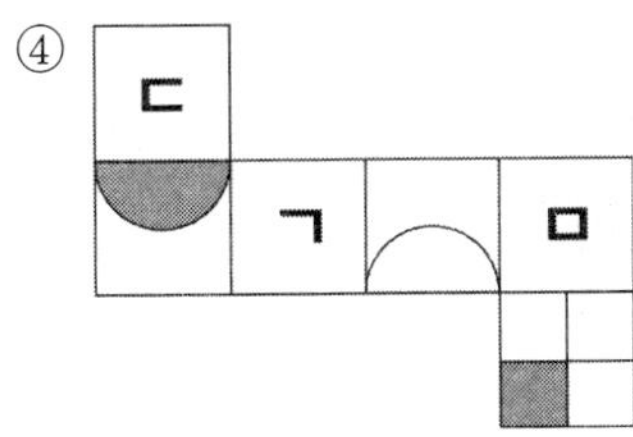

✔해설 제시된 도형을 전개하면 ①이 나타난다.

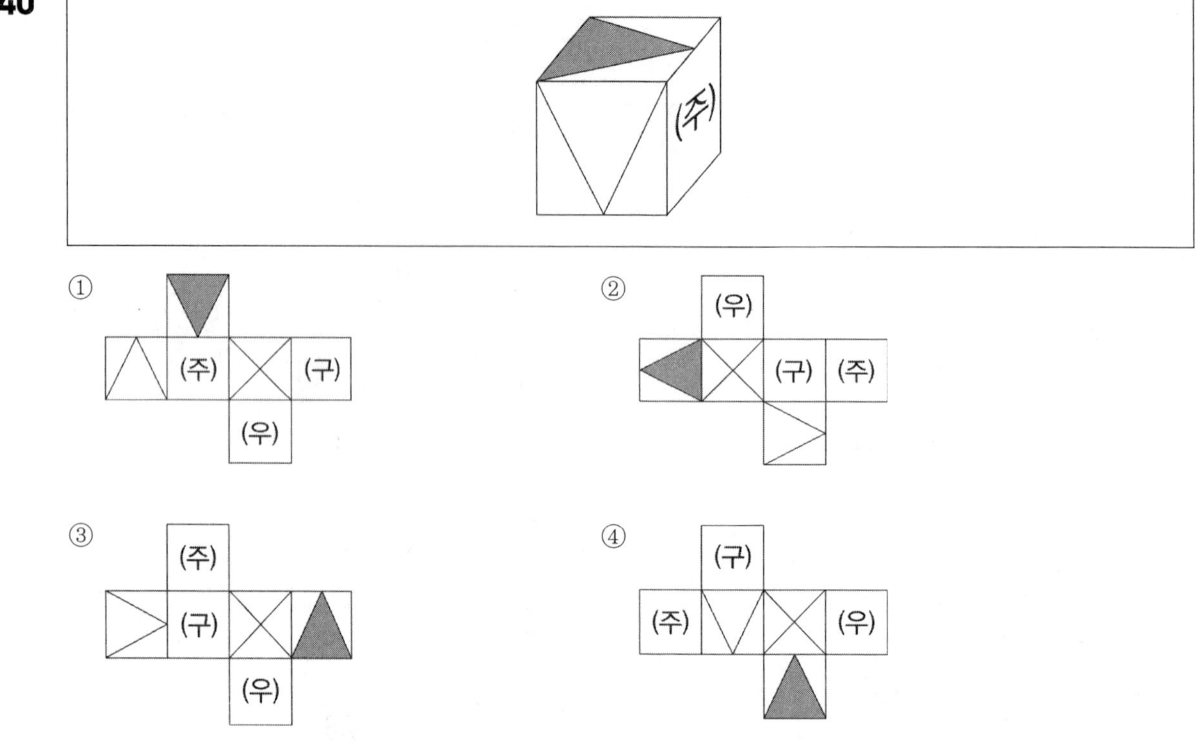

① ② ③ ④

✔ 해설 제시된 도형을 전개하면 ③이 나타난다.

│41~45│ 다음 제시된 그림을 화살표 방향으로 접은 후 구멍을 뚫은 다음 다시 펼쳤을 때의 그림을 고르시오.

41

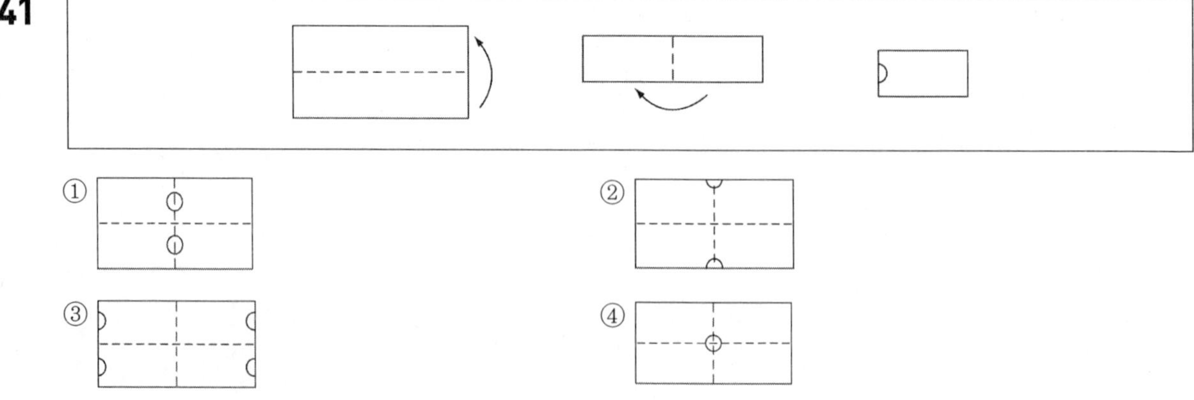

① ② ③ ④

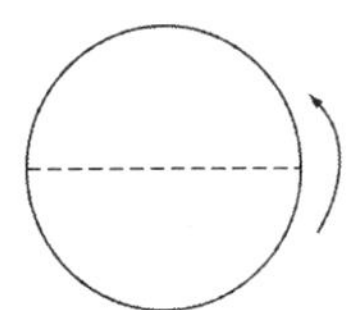 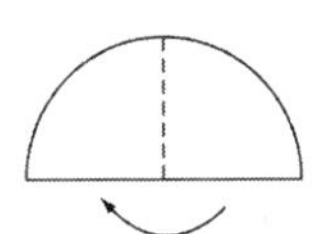 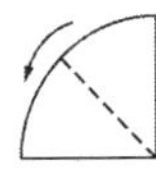 

① 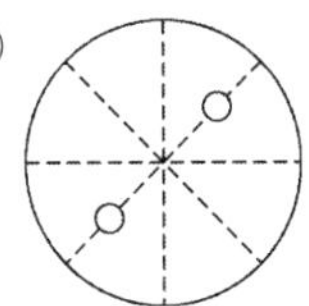　　② 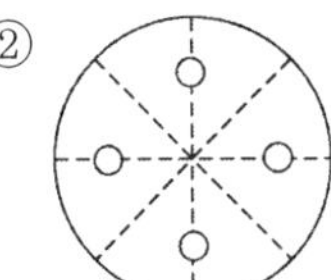

③ 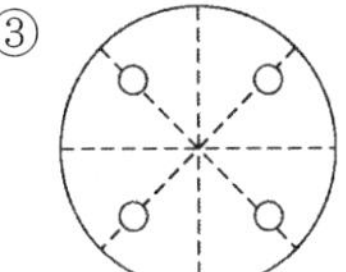　　④ 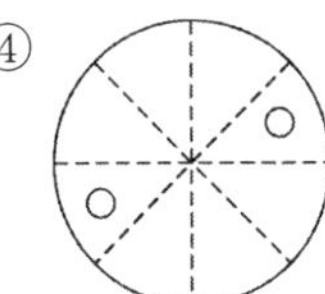

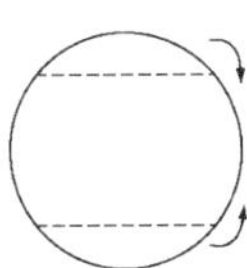 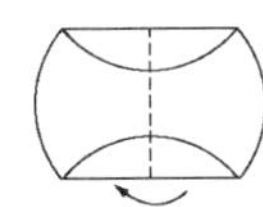 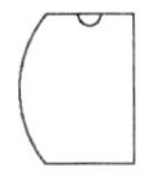

① 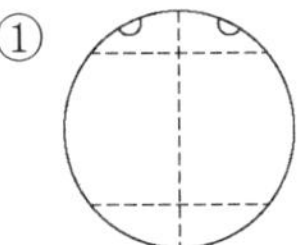　　② 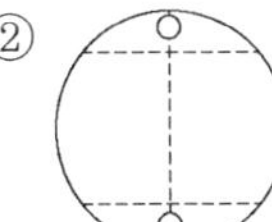

③ 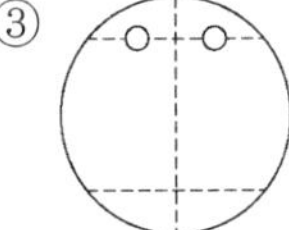　　④

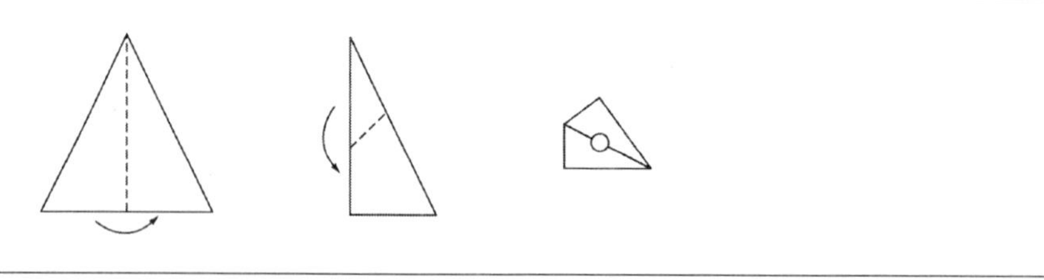

① 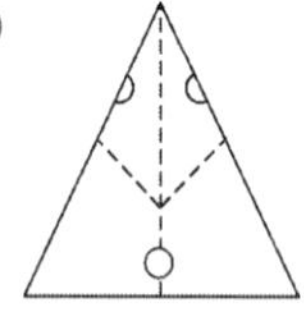

② 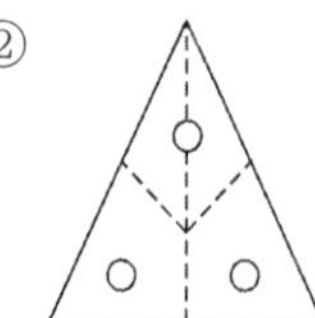

③ 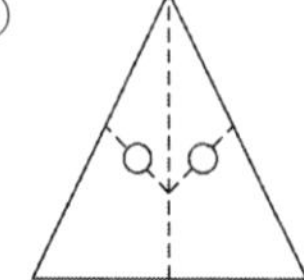

④ 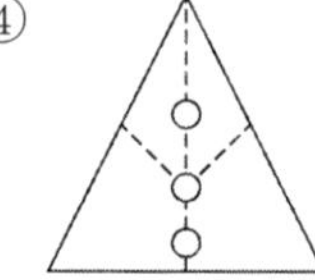

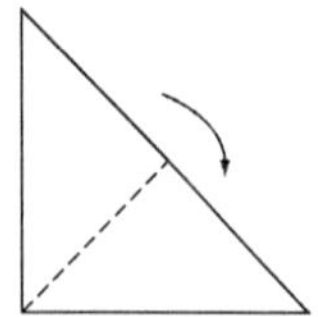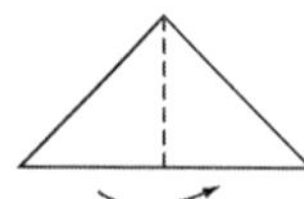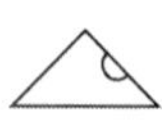

① 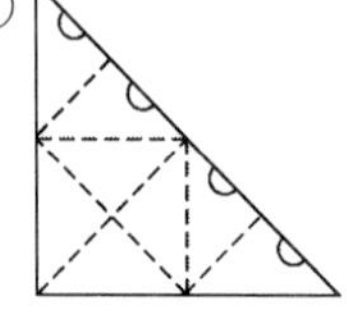

② 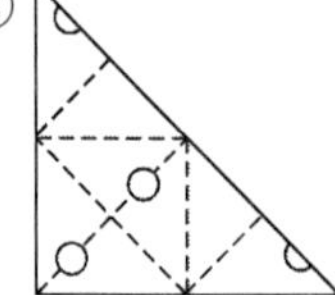

③ 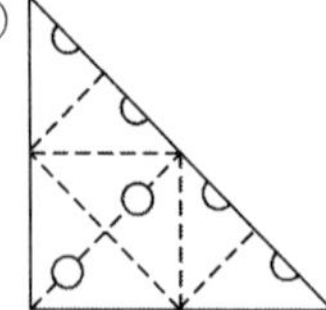

④ 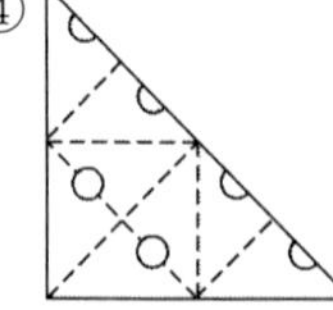

46

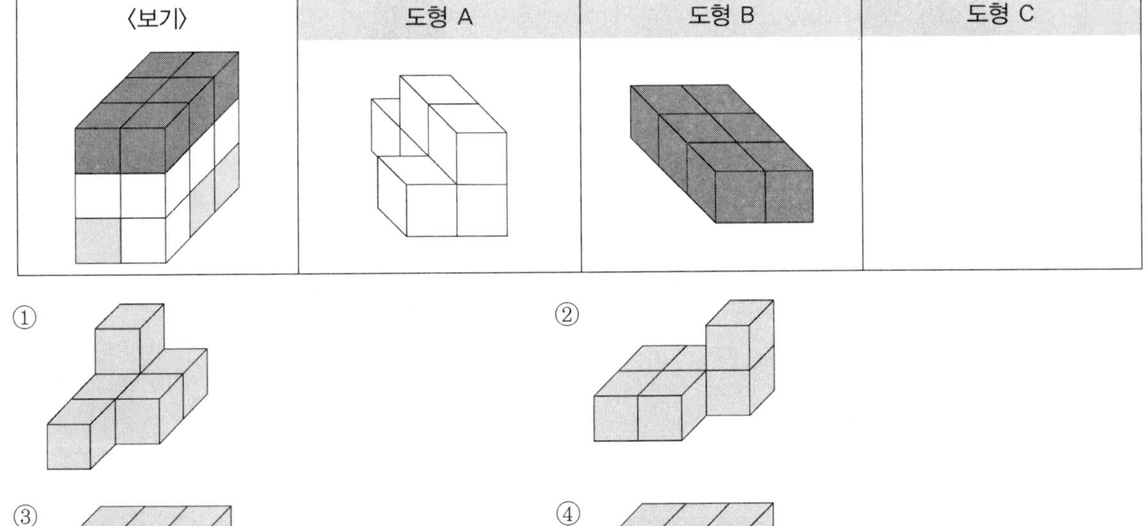

〈보기〉	도형 A	도형 B	도형 C

①   ②

③   ④

✔ 해설 〈보기〉에 제시된 블록의 총 개수는 18개이다. 도형 A의 블록 수가 6개이고, 도형 B의 블록 수가 6개이므로 도형 C는 6개의 블록으로 이루어진 모양이어야 한다. 따라서 ③, ④는 제외하고 블록의 모양을 판별하도록 한다. 특징적인 도형을 기준으로 삼아 회전 시의 모양을 유추하도록 한다.

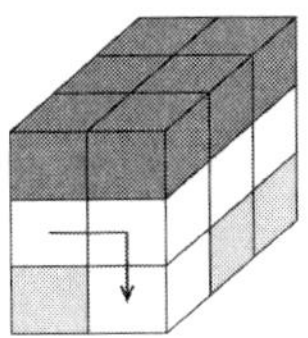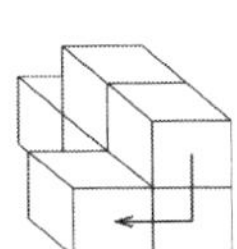

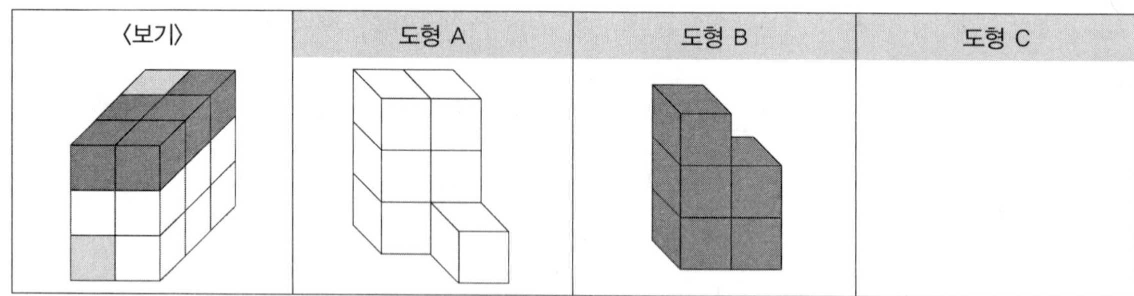

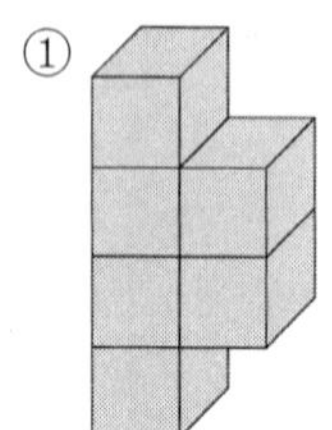
①

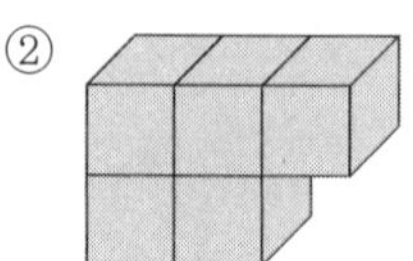
②

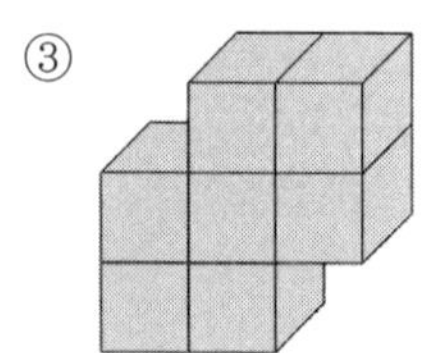
③

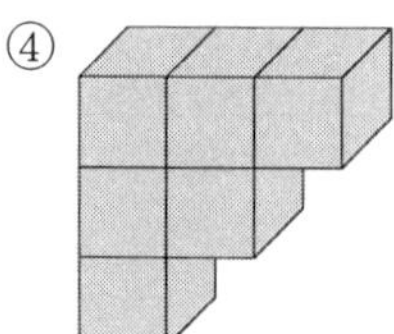
④

해설 〈보기〉에 제시된 블록의 총 개수는 18개이다. 도형 A의 블록 수가 7개이고, 도형 B의 블록 수가 5개이므로 도형 C는 6개의 블록으로 이루어진 모양이어야 한다.
① 블록의 높이는 최대 3개까지 쌓을 수 있다.
②③ 블록의 개수가 많거나 적다.

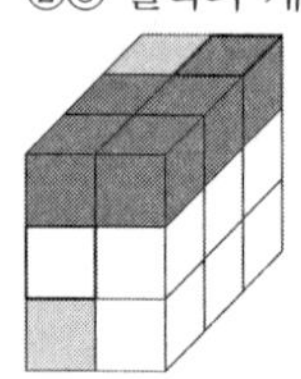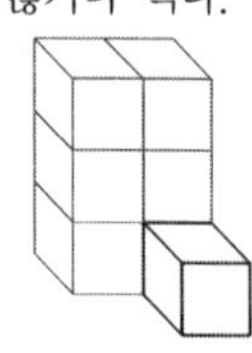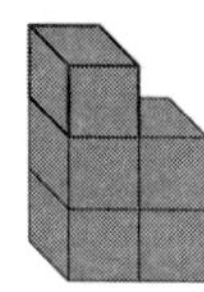

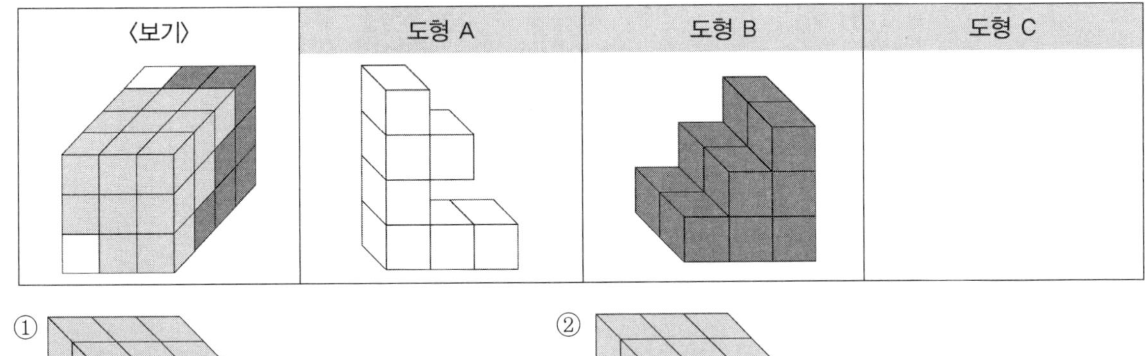

| 〈보기〉 | 도형 A | 도형 B | 도형 C |

48

① 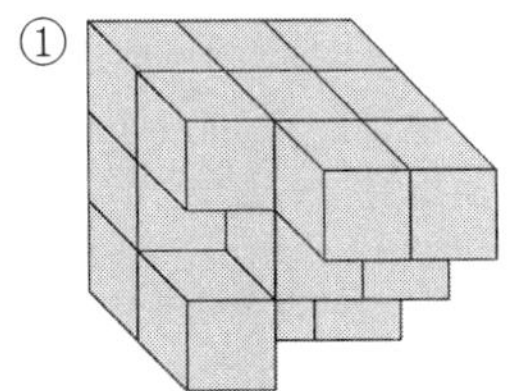

③ 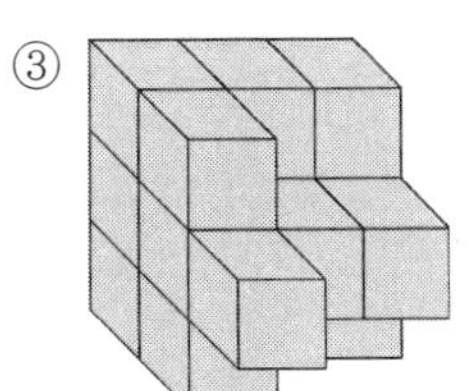

② 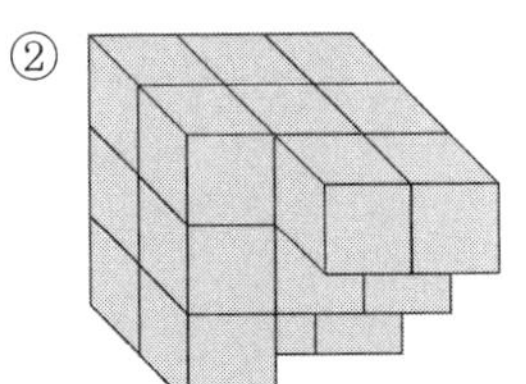

④ 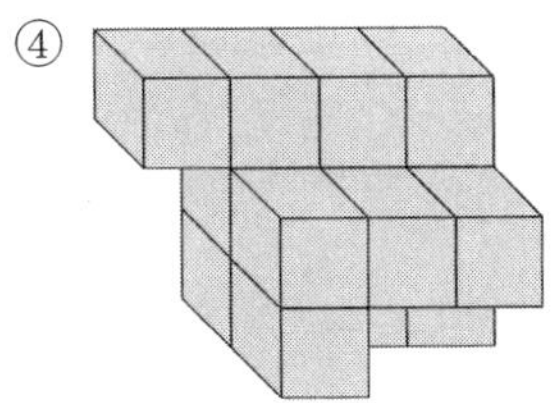

✔해설 〈보기〉에 제시된 블록의 총 개수는 36개이다. 도형 A의 블록 수가 7개이고, 도형 B의 블록 수가 12개이므로 도형 C는 17개의 블록으로 이루어진 모양이어야 한다.
② 18개 ③ 15개 ④14개

49

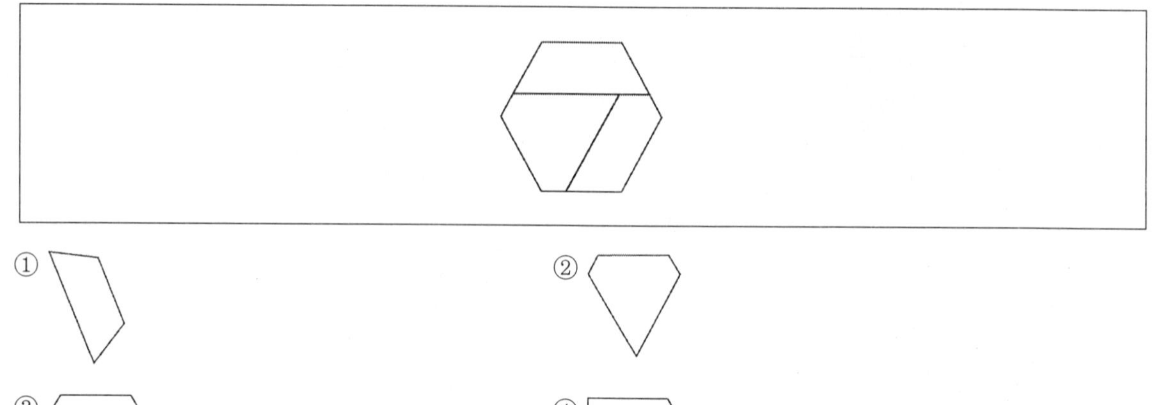

50

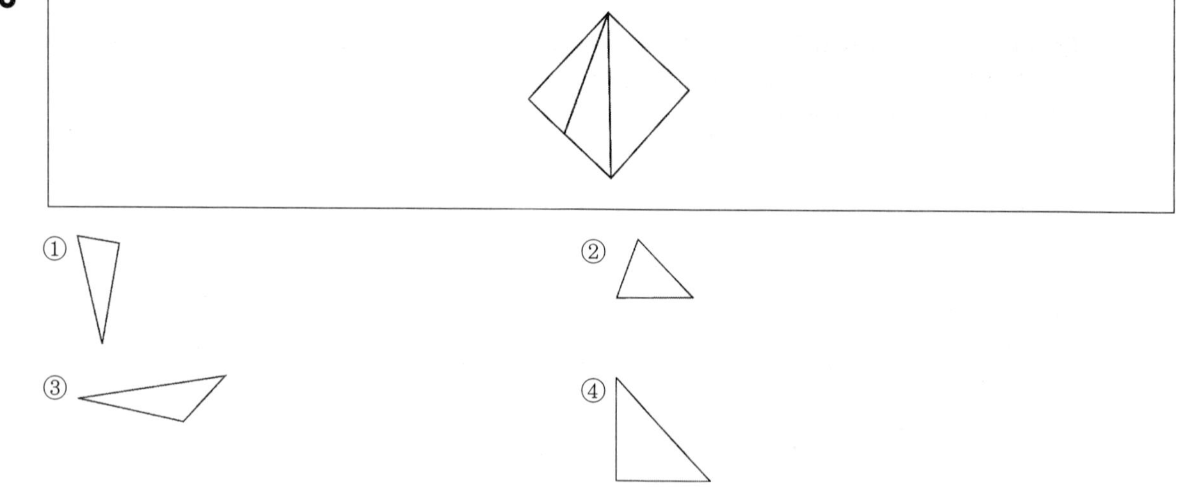

51

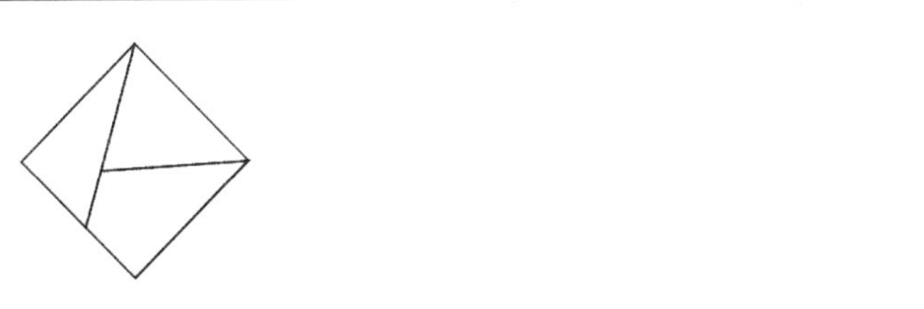

①   ②

③   ④

52

①   ②

③   ④

53

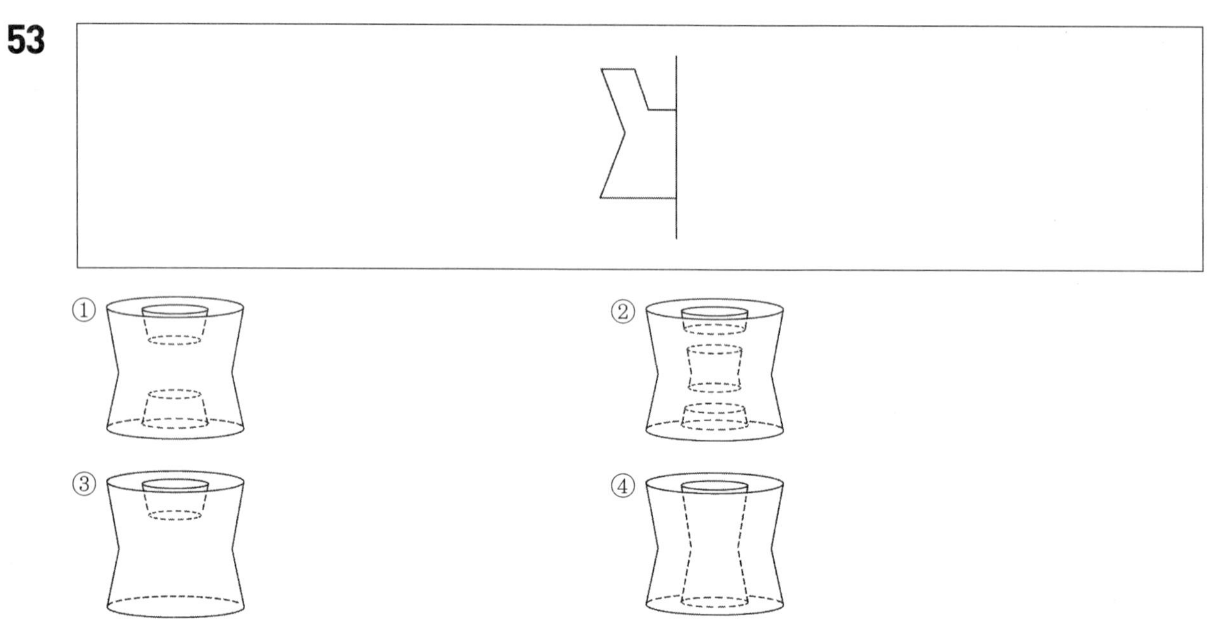

54

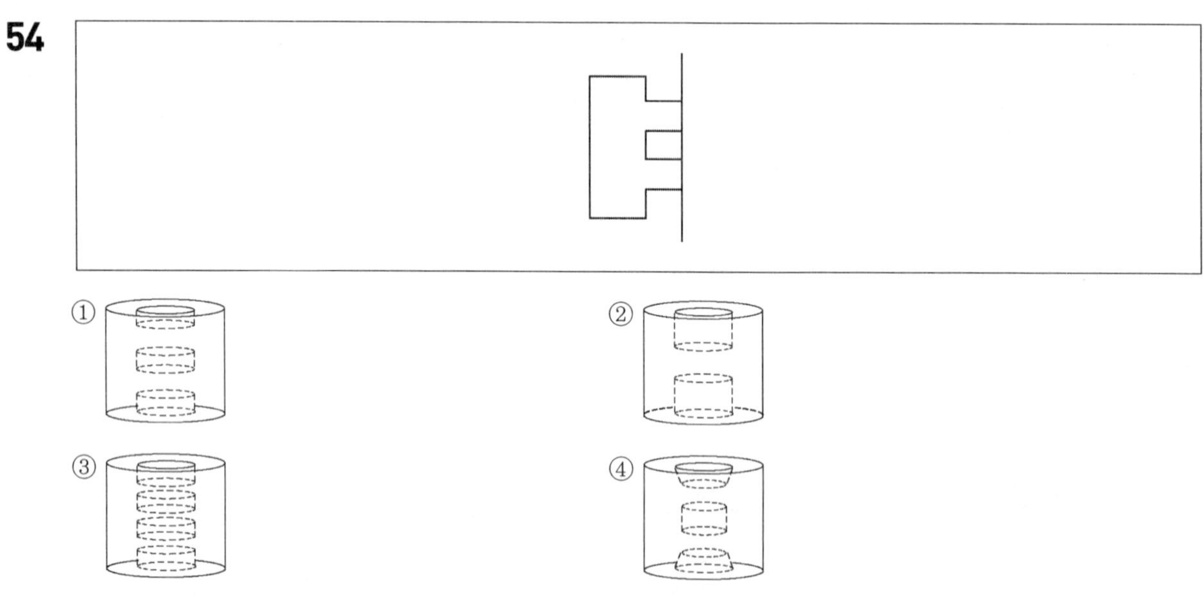

55

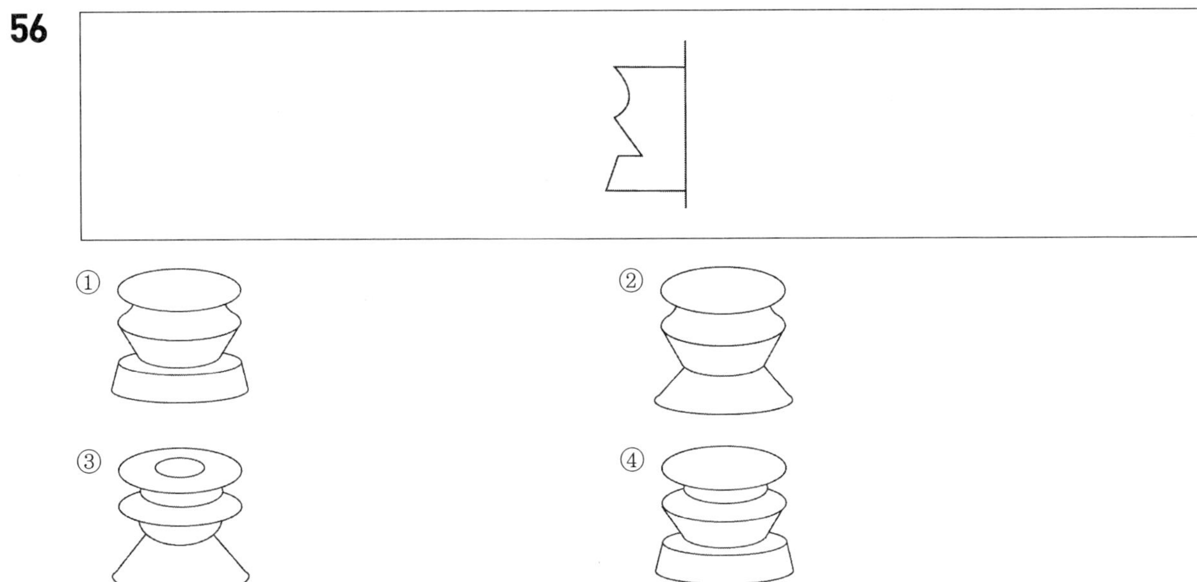

56

57

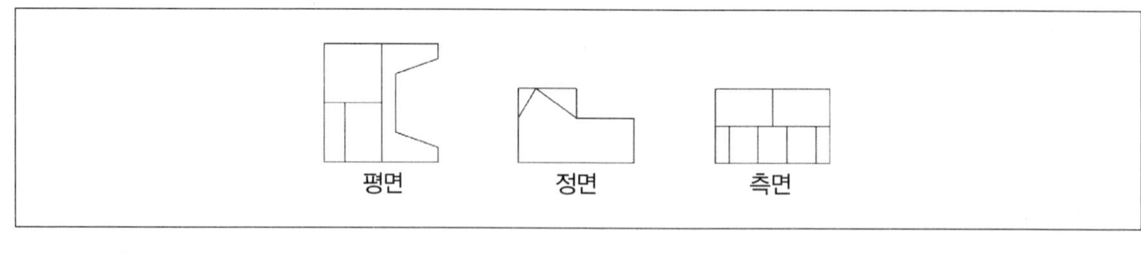

① 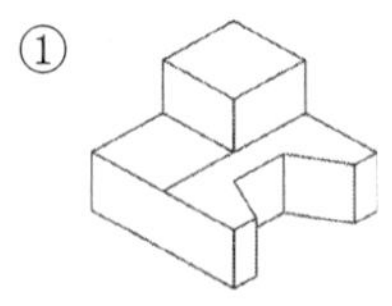　② 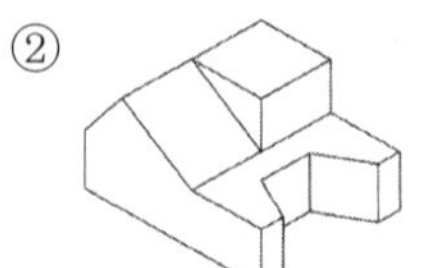

③ 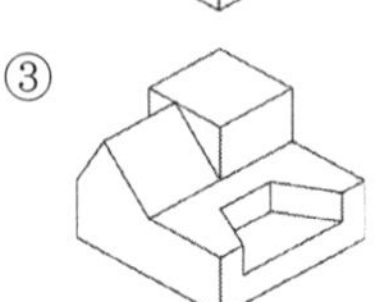　④ 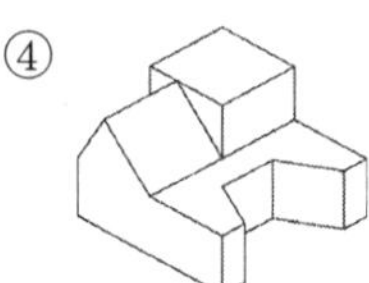

✔ 해설 ① 평면, 정면, 측면 모두 제시된 모양과 다르다.
② 평면, 정면의 모양이 제시된 모양과 다르다.
③ 평면, 측면의 모양이 제시된 모양과 다르다.

58

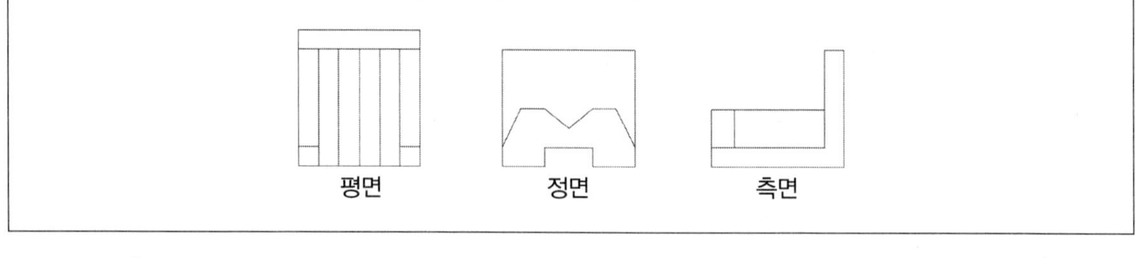

① 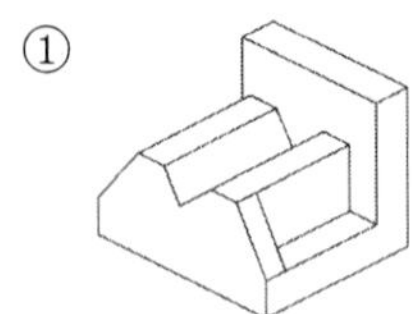　② 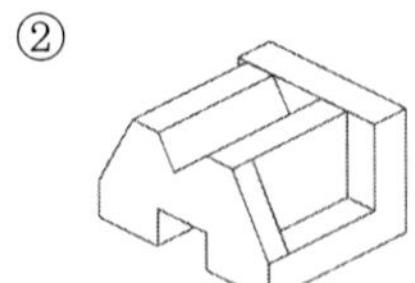

③ 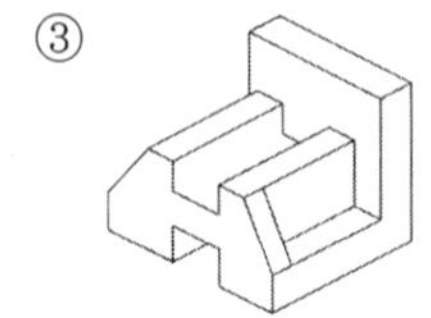　④ 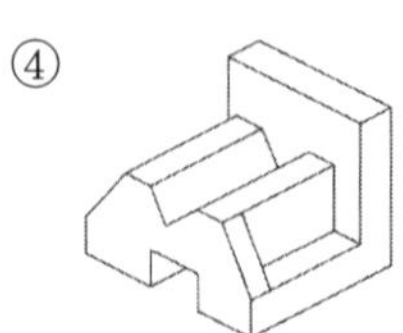

✔ 해설 ① 정면의 모양이 제시된 모양과 다르다.
② 정면, 측면의 모양이 제시된 모양과 다르다.
③ 평면, 정면의 모양이 제시된 모양과 다르다.

59

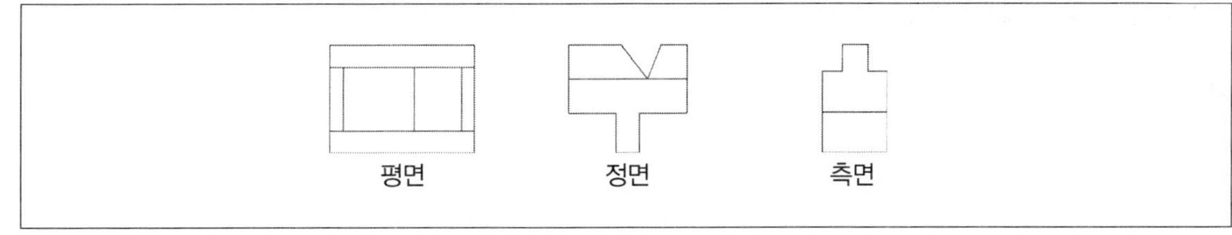

① 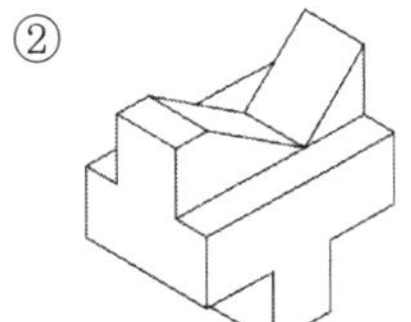

②

③ 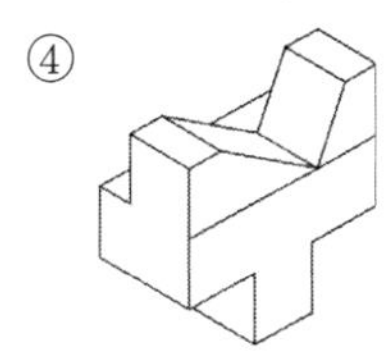

④

✔해설 ② 평면과 정면의 모양이 제시된 모양과 다르다.
③ 정면과 측면의 모양이 제시된 모양과 다르다.
④ 평면과 측면의 모양이 제시된 모양과 다르다.

60

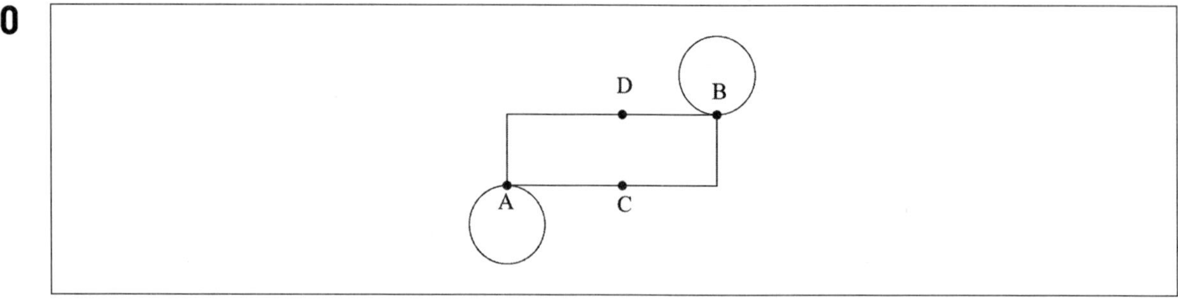

① AB　　　　　　　　　　② BC
③ CD　　　　　　　　　　④ DB

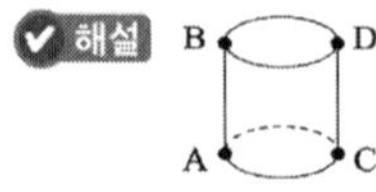 그림을 보면 BC의 거리가 가장 길다.

61

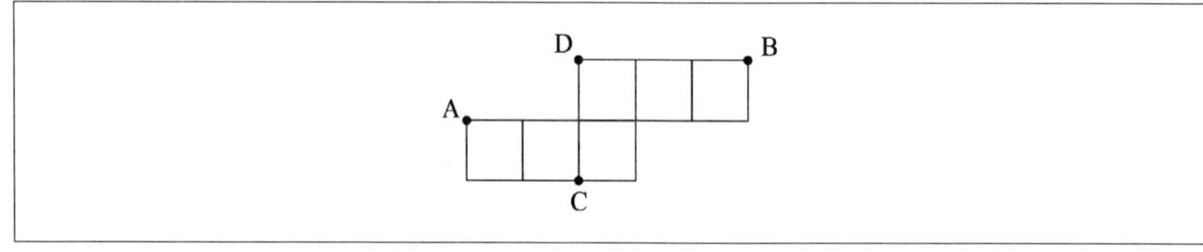

① AB　　　　　　　　　　② AC
③ BC　　　　　　　　　　④ BD

 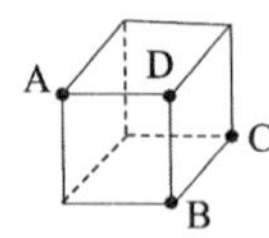 그림을 보면 AC의 길이가 가장 길다.

62

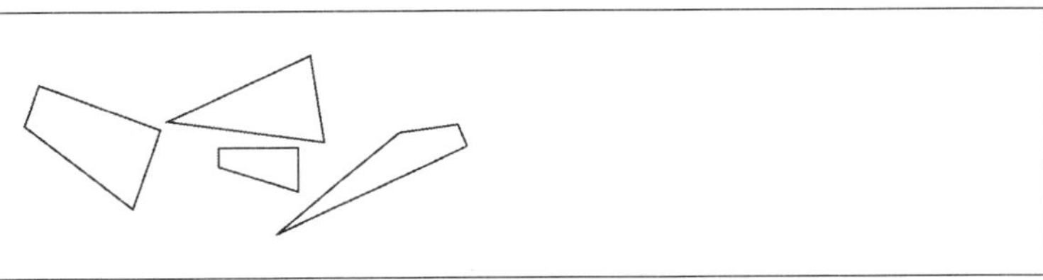

① 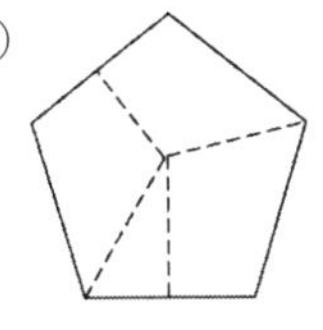　②

③ 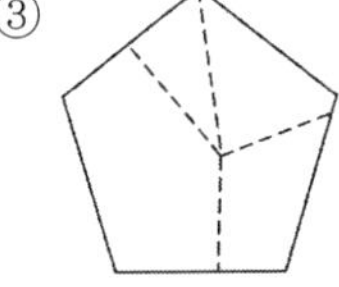　④

63

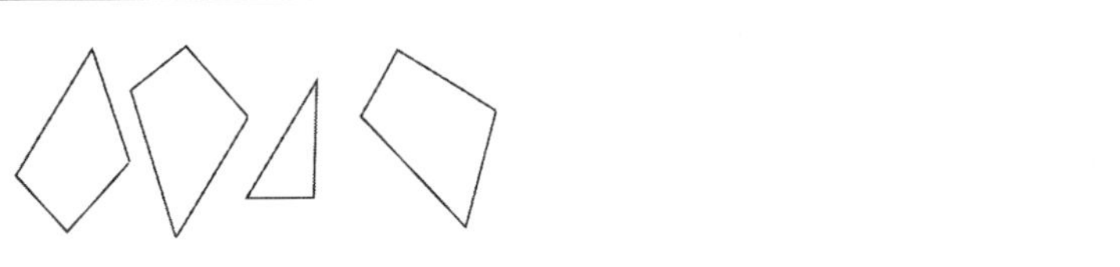

①　②

③ 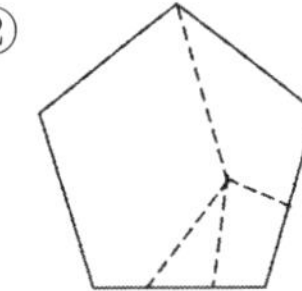　④

64

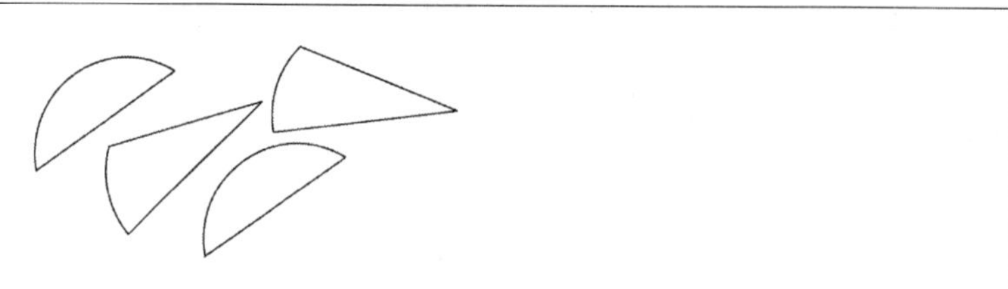

① 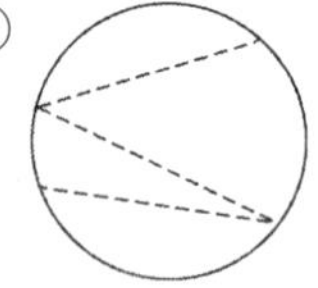

② 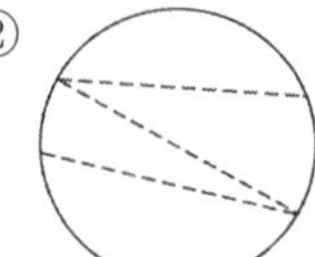

③ 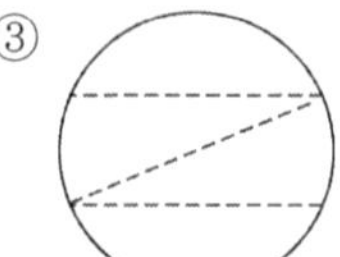

④ 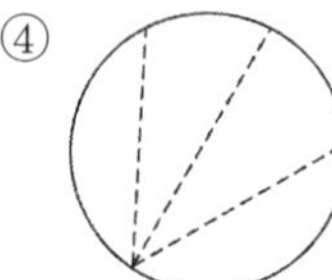

65

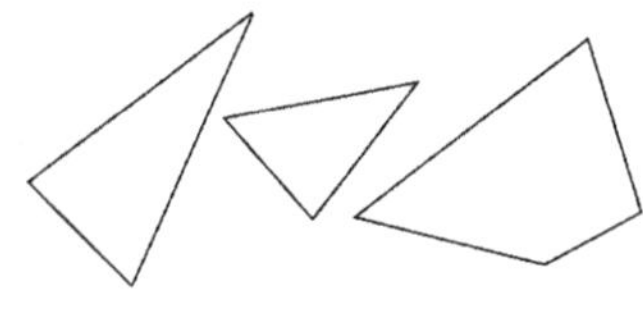

① 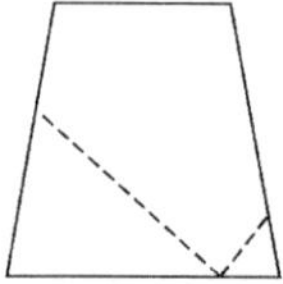

② 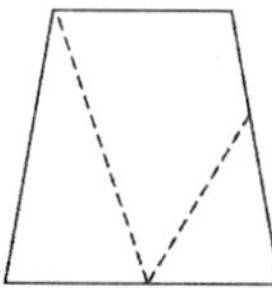

③ 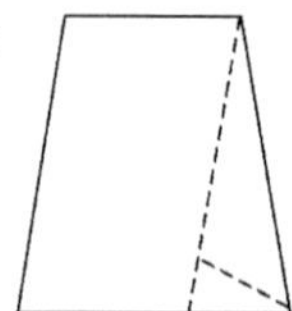

④ 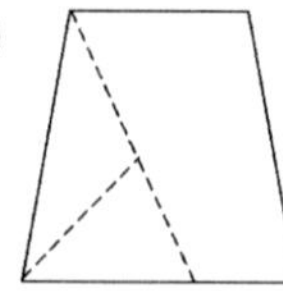

▌66~70 ▌ 다음 제시된 그림을 순서대로 연결하시오.

66

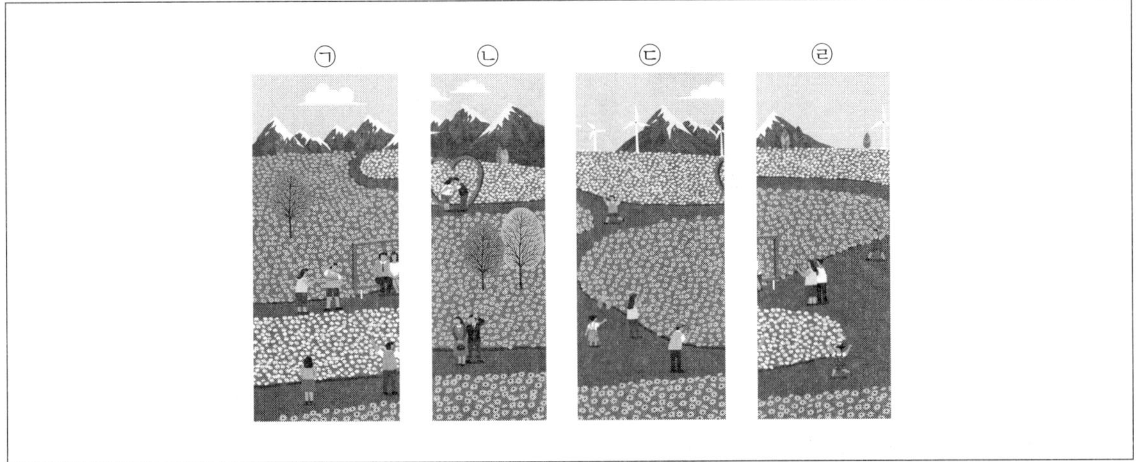

① ㉠㉢㉣㉡
② ㉠㉢㉣㉡
③ ㉡㉠㉣㉢
④ ㉠㉢㉡㉣

✔ **해설** 산의 모양과 길을 고려하여 연결한다.

① ㄱㄴㄷㄹ 　　② ㄴㄷㄹㄱ
③ ㄷㄴㄱㄹ 　　④ ㄹㄱㄴㄷ

✔해설　그림에서 가장 중심이 되는 다리의 모양과 폭을 기준으로 연결한다.

68

① ㉠㉢㉡㉣ ② ㉡㉢㉠㉣
③ ㉢㉠㉡㉣ ④ ㉣㉠㉡㉢

해설 난간, 다리, 배 등의 잘려진 단면을 보고 유추하여 그림을 배열한다.

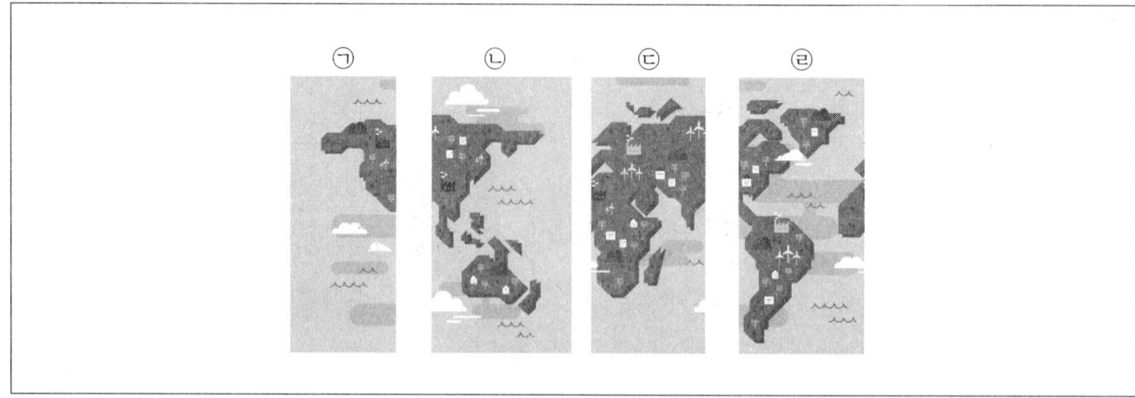

① ㉠㉣㉢㉡

② ㉠㉢㉣㉡

③ ㉡㉠㉣㉢

④ ㉠㉣㉡㉢

✔ 해설 지도의 단면을 고려하여 연결한다.

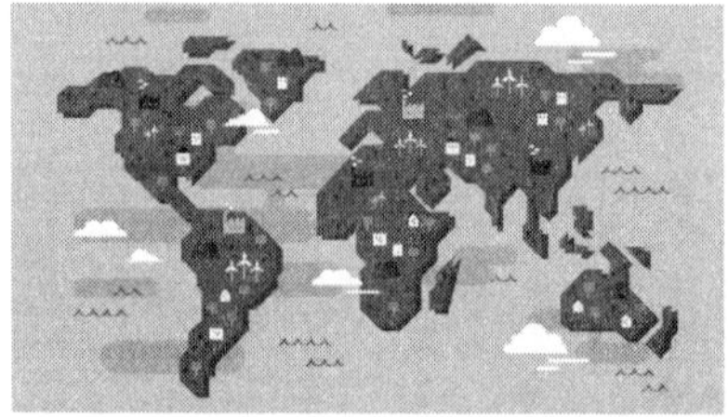

① ㄴㄷㄹㄱ   ② ㄴㄹㄱㄷ

③ ㄹㄱㄷㄴ   ④ ㄹㄱㄴㄷ

 해설

PART
04
면접

01 면접의 기본

1 면접준비

(1) 면접의 기본 원칙

① **면접의 의미** … 면접이란 다양한 면접기법을 활용하여 지원한 직무에 필요한 능력을 지원자가 보유하고 있는 지 확인하는 절차라고 할 수 있다. 즉, 지원자의 입장에서는 채용 직무 수행에 필요한 요건들과 관련하여 자신의 환경, 경험, 관심사, 성취 등에 대해 기업에 직접 어필할 수 있는 기회를 제공받는 것이며, 기업의 입장에서는 서류 전형만으로 알 수 없는 지원자에 대한 정보를 직접적으로 수집하고 평가하는 것이다.

② **면접의 특징** … 면접은 기업의 입장에서 서류 전형이나 필기전형에서 드러나지 않는 지원자의 능력이나 성향을 볼 수 있는 기회로, 면대면으로 이루어지며 즉흥적인 질문들이 포함될 수 있기 때문에 지원자가 완벽하게 준비하기 어려운 부분이 있다. 하지만 지원자 입장에서도 서류 전형이나 필기전형에서 모두 보여주지 못한 자신의 능력 등을 기업의 인사 담당자에게 어필할 수 있는 추가적인 기회가 될 수도 있다.

[서류·필기전형과 차별화되는 면접의 특징]

- 직무 수행과 관련된 다양한 지원자 행동에 대한 관찰이 가능하다.
- 면접관이 알고자 하는 정보를 심층적으로 파악할 수 있다.
- 서류상의 미비한 사항과 의심스러운 부분을 확인할 수 있다.
- 커뮤니케이션 능력, 대인관계 능력 등 행동·언어적 정보도 얻을 수 있다.

③ **구조화 면접** … 구조화 면접은 사전에 계획을 세워 질문의 내용과 방법, 지원자의 답변 유형에 따른 추가 질문과 그에 대한 평가 역량이 정해져 있는 면접 방식으로 표준화 면접이라고도 한다.

   ㉠ 표준화된 질문이나 평가요소가 면접 전 확정되며, 지원자는 편성된 조나 면접관에 영향을 받지 않고 동일한 질문과 시간을 부여받을 수 있다.

   ㉡ 조직 또는 직무별로 주요하게 도출된 역량을 기반으로 평가 요소가 구성되어, 조직 또는 직무에서 필요한 역량을 가진 지원자를 선발할 수 있다.

   ㉢ 표준화된 형식을 사용하는 특성 때문에 비구조화 면접에 비해 신뢰성과 타당성, 객관성이 높다.

④ 경쟁력 있는 면접 요령

  ㉠ 면접 전에 준비하고 유념할 사항
  • 예상 질문과 답변을 미리 작성한다.
  • 작성한 내용을 문장으로 외우지 않고 키워드로 기억한다.
  • 지원한 직군의 최근 기사를 검색하여 기억한다.
  • 면접 전 1주일간 이슈가 되는 뉴스를 기억하고 자신의 생각을 반영하여 정리한다.

  ㉡ 면접장에서 유념할 사항
  • 질문 의도 파악 : 답변을 할 때에는 질문 의도를 파악하고 그에 충실한 답변이 될 수 있도록 질문 사항을 유념해야 한다. 많은 지원자가 하는 실수 중 하나로 답변을 하는 도중 자기 말에 심취되어 질문의 의도와 다른 답변을 하거나 자신이 알고 있는 지식만을 나열하는 경우가 있는데, 이럴 경우 의사소통 능력이 부족한 사람으로 인식될 수 있으므로 주의하도록 한다.
  • 두괄식 답변 : 답변을 할 때에는 두괄식으로 결론을 먼저 말하고 그 이유를 설명하는 것이 좋다. 미괄식으로 답변을 할 경우 용두사미의 답변이 될 가능성이 높으며, 결론을 이끌어 내는 과정에서 논리성이 결여될 우려가 있다. 또한 면접관이 결론을 듣기 전에 말을 끊고 다른 질문을 추가하는 예상치 못한 상황이 발생될 수 있으므로 답변은 자신이 전달하고자 하는 바를 먼저 밝히고 그에 대한 설명을 하는 것이 좋다.
  • 지원한 직군의 인재상을 기억 : 답변을 할 때에는 해당 직군이 원하는 인재라는 인상을 심어주기 위해 지원 직군의 인재상 등을 염두에 두고 답변을 하는 것이 좋다. 모든 일에 해당되는 두루뭉술한 답변보다는 지원한 직군에 맞는 맞춤형 답변을 하는 것이 좋다.
  • 나보다는 학교와 사회적 관점에서 답변 : 답변을 할 때에는 자기중심적인 관점을 피하고 좀 더 넓은 시각으로 학교와 국가, 사회적 입장까지 고려하는 인재임을 어필하는 것이 좋다. 자기중심적 시각을 바탕으로 자신의 출세만을 위해 입직하려는 인상을 심어줄 경우 면접에서 불이익을 받을 가능성이 높다.
  • 난처한 질문과 정직한 답변 : 난처한 질문에 답변을 해야 할 때에는 피하기보다는 정면 돌파로 정직하고 솔직하게 답변하는 것이 좋다. 난처한 부분을 감추고 드러내지 않으려 회피하려는 지원자의 모습은 인사담당자에게 입직한 후에도 비슷한 상황에 처했을 때 회피할 수도 있다는 우려를 심어줄 수 있다. 따라서 사회생활에 있어 중요한 덕목 중 하나인 정직을 바탕으로 솔직하게 답변을 하도록 한다.

(2) 면접 준비 전략

① 면접 방식 및 판단 기준

- 면접 방식 … 인성면접은 면접관이 가지고 있는 개인적 면접 노하우나 관심사에 의해 질문을 실시한다. 주로 응시원서나 자기소개서의 내용을 토대로 지원동기, 과거의 경험, 미래 포부 등을 이야기하도록 하는 방식이다.
- 판단 기준 : 면접관의 개인적 가치관과 경험, 해당 역량의 수준, 경험의 구체성·진실성 등

② 특징 … 인성면접은 그 방식으로 인해 역량과 무관한 질문들이 많고 지원자에게 주어지는 면접질문, 시간 등이 다를 수 있다. 또한 응시원서나 자기소개서의 내용을 토대로 하기 때문에 지원자별 질문이 달라질 수 있다.

③ 예시 문항 및 준비전략

- 예시 문항

> - 자기소개를 해 보십시오.
> - 지원 동기는 무엇입니까?
> - 자신의 장점과 단점을 말해 보십시오.
> - 악성 민원 전화에 어떻게 대처하겠습니까?
> - 교육청의 주요 사업에 대해 말해 보십시오.
> - 교육공무직의 복무 의무사항은 무엇입니까?
> - 해당 직렬에 입직하고자 하는 이유는 무엇입니까?
> - 동료와 갈등이 생겼을 때 어떻게 대처하겠습니까?
> - 팀에서 본인이 제일 잘 할 수 있는 업무는 무엇입니까?
> - 내 업무는 끝났는데 동료의 업무가 남았다면 어떻게 하겠습니까?
> - 이전 직장에서 퇴사하고 교육공무직에 지원한 이유가 무엇입니까?
> - 원거리에 있는 원하지 않는 학교로 발령 받으면 어떻게 하겠습니까?
> - 내 업무와는 관련이 없는 타 업무가 주어진다면 어떻게 하겠습니까?
> - SNS에 학교와 관련된 좋지 않은 소문이 퍼졌습니다. 어떻게 대처하겠습니까?
> - 개인적으로 중요한 일이 있는데 학교에 급한 업무가 생긴다면 어떻게 하겠습니까?

- 준비 전략 : 인성면접은 응시원서나 자기소개서의 내용을 바탕으로 하는 경우가 많으므로 자신이 작성한 응시원서와 자기소개서의 내용을 충분히 숙지하도록 한다. 또한 최근 사회적으로 이슈가 되고 있는 뉴스에 대한 견해를 묻거나 시사상식 등에 대한 질문을 받을 수 있으므로 이에 대한 대비도 필요하다. 자칫 부담스러워 보이지 않는 질문이라고 가볍게 대답하지 않도록 주의하고 모든 질문에 입직 의지를 담아 성실하게 답변하는 것이 중요하다.

(1) 성공적인 이미지 메이킹 포인트

① 복장 및 스타일

최근에는 교육공무직 면접시험 복장이 점차 자율화하는 추세이다. 복장을 면접 점수나 합격 여부에 반영하지 않는 방향으로 기준이 변하고 있기 때문이다. 따라서, 소위 말하는 '칼정장'을 반드시 착용할 필요는 없다. 다만, 학교에서 근무하는 공무직을 선발하는 면접 자리라는 점을 고려할 때 단정하고 깔끔한 모습을 보여야 한다는 것을 잊어서는 안 될 것이다. 정장과 올림머리 등을 고집할 필요는 없지만 지나치게 격식 없는 복장은 피하는 것이 좋다.

> - 기본적으로 깔끔한 셔츠나 블라우스에 검정 슬랙스를 매치하는 것이 가장 무난하다. 여성의 경우 단정한 원피스도 좋은 선택지가 될 것이다.
> - 너무 화려한 액세서리나 넥타이, 높은 구두는 피하는 것이 좋다.
> - 헤어스타일 역시 복장의 일부다. 면접 자리에 맞춰 단정하게 정돈하도록 하자. 앞머리가 있다면 눈을 가리지 않도록 정리한다. 여성의 경우 너무 짧아 묶이지 않는 길이가 아니라면 깔끔하게 묶는 것을 권장한다.

복장이 평가에 직접적으로 반영되는 것은 아니지만, 면접관에게 TPO(Time, Place, Occasion 시간과 장소와 상황)를 구분할 수 있다는 점과 단정한 첫인상을 어필할 수 있다는 점은 중요하다. 복장에서도 면접에 임하는 자세와 준비된 모습이 보이는 만큼, 단정함과 예의를 갖춘 태도를 유지하는 것이 가장 좋은 전략이다.

② 인사

    ㉠ 인사는 모든 예의범절의 기본이며 상대방의 마음을 여는 가장 기본적인 행동이다. 처음 만나는 면접관에게 호감을 살 수 있는 가장 쉬운 방법이 될 수도 있기도 하지만, 제대로 예의를 갖추지 못하면 지원자의 인성 전반에 관한 평가로 이어질 수 있으므로 특히 주의해야 한다.

    ㉡ 언어적 표현

      - 인사말 : 인사말을 할 때에는 밝고 친근감 있는 목소리로 하며, 자신의 이름과 응시직렬, 수험번호 등을 간략하게 소개한다.
      - 목소리 : 면접은 면접관과 지원자의 대화로 이루어지므로 목소리가 미치는 영향은 상당하다. 답변할 때는 부드러우면서 활기차고 생동감 있는 목소리를 내는 것이 면접관에게 호감을 줄 수 있다. 또한 적당한 제스처가 더해진다면 상승효과도 기대할 수 있다. 그러나 콧소리나 날카로운 목소리, 자신감 없는 작은 목소리 등은 적절한 답변을 해도 답변의 신뢰성을 떨어뜨릴 수 있으므로 주의한다.

ⓒ 비언어적 표현

- **표정** : 표정은 면접에서 지원자의 첫인상을 결정하는 중요한 요소 중 하나이다. 표정은 사람의 감정을 가장 잘 표현할 수 있는 의사소통 도구로, 표정 하나로 상대방에게 호감을 사기도 비호감을 사기도 한다. 호감이 가는 인상의 특징은 부드러운 눈썹, 자연스러운 미간, 적당히 볼록한 광대, 올라간 입꼬리 등으로 가볍게 미소 지을 때의 표정과 일치한다. 따라서 면접 중에는 밝은 표정으로 미소를 지어 호감을 형성할 수 있도록 한다.
- **시선** : 인사는 상대방의 눈을 보며 하는 것이 중요하며, 너무 빤히 쳐다본다는 느낌이 들지 않도록 주의한다. 시선은 면접관과 고르게 맞추되 생기 있는 눈빛을 띠도록 한다.
- **자세** : 인사를 할 때에는 가볍게 목만 숙인다거나 흐트러진 상태에서 인사를 하지 않도록 주의하며 절도 있고 확실하게 하는 것이 좋다. 걸을 때는 상체를 곧게 유지하고 발끝은 평행이 되게 하며 무릎은 스치듯 11자로 걷는다. 보폭은 어깨너비만큼이 적당하지만, 치마나 원피스를 입었을 때는 보폭을 줄인다. 서 있을 때는 남성의 경우 팔을 자연스럽게 내리고 양손을 가볍게 쥐어 바지 옆선에 붙이고, 여성은 공수 자세를 유지한다.

ⓔ 앉은 자세

- 남녀공통

> - 앉고 일어날 때에는 자세가 흐트러지지 않도록 주의한다.
> - 시선은 정면을 바라보며 턱은 가볍게 당기고 미소를 짓는다.
> - 의자 깊숙이 앉고 등받이와 등 사이에 주먹 1개 정도의 간격을 두며 기대듯 앉지 않도록 주의한다.

- 남성

> - 양손은 가볍게 주먹을 쥐고 무릎 위에 올려놓는다.
> - 무릎 사이에 주먹 2개 정도의 간격을 유지하고 발끝은 11자를 취한다.

- 여성

> - 양손을 모아 무릎 위에 올려놓고 치마일 경우 치마 위를 가볍게 누르듯이 올려놓는다.
> - 무릎은 붙이고 발끝을 가지런히 하며, 다리를 왼쪽으로 비스듬히 기울이면 단정해 보인다.
> - 치마를 입었을 경우 왼손으로 뒤쪽 치맛자락을 누르고 오른손으로 앞쪽 자락을 누르며 앉는다.

(2) 면접 예절

① 행동 관련 예절

   ㉠ **지각은 절대 금물** : 시간을 지키는 것은 기본이다. 지각을 할 경우 면접에 응시할 수 없거나, 면접 기회가 주어지더라도 불이익을 받을 가능성이 높아진다. 따라서 면접 장소가 결정되면 교통편과 소요 시간을 확인하고 가능하다면 사전에 미리 방문해 보는 것도 좋다. 면접 당일에는 서둘러 출발해서 면접 시간 20 ~ 30분 전에 도착하여 면접장을 둘러보고 환경에 익숙해지는 것도 성공적인 면접을 위한 요령이 될 수 있다.

   ㉡ **면접 대기 시간** : 지원자들은 대부분 면접장에서의 행동과 답변 등으로만 평가를 받는다고 생각하지만 그렇지 않다. 면접관이 아닌 면접진행자 역시 대부분 인사 실무자이며 면접관이 면접 후 지원자에 대한 평가에 있어 확신을 위해 면접진행자의 의견을 구한다면 면접진행자의 의견이 당락에 영향을 줄 수 있다. 따라서 면접 대기 시간에도 행동과 말을 조심해야 하며, 면접을 마치고 돌아가는 순간까지도 긴장을 늦춰서는 안 된다. 면접 중 어려운 질문에 답변을 잘 했지만, 면접장을 나와 흐트러진 모습을 보이거나 욕설을 한다면 면접 탈락의 요인이 될 수 있으므로 주의해야 한다.

   ㉢ **입실 후 태도** : 본인의 차례가 되어 호명되면 또렷하게 대답하고 들어간다. 만약 면접장 문이 닫혀 있다면 상대에게 소리가 들릴 수 있을 정도로 노크를 두세 번 한 후 대답을 듣고 나서 들어가야 한다. 문을 여닫을 때에는 소리가 나지 않게 조용히 하며 공손한 자세로 성명과 직렬, 수험번호를 말하고 면접관의 지시에 따라 자리에 앉는다. 의자에 앉을 때에는 끝에 앉지 말고 무릎 위에 양손을 가지런히 얹는 것이 예절이라고 할 수 있다.

   ㉣ **옷매무새를 자주 고치지 말 것.** : 일부 지원자의 경우 옷매무새 또는 헤어스타일을 자주 고치거나 확인하기도 하는데 이러한 모습은 과도하게 긴장한 것 같아 보이거나 면접에 집중하지 못하는 것으로 보일 수 있다. 남성 지원자의 경우 넥타이를 자꾸 고쳐 맨다거나 정장 상의 끝을 너무 자주 만지작거리지 않는다. 여성 지원자는 머리를 계속 쓸어 올리지 않고, 치마를 끌어 내리는 행동도 좋지 않다.

   ㉤ **다리를 떨거나 산만한 시선은 면접 탈락의 지름길** : 자신도 모르게 다리를 떨거나 손가락을 만지는 등의 행동을 하는 지원자가 있는데, 이는 면접관의 주의를 끌 뿐만 아니라 불안하고 산만한 사람이라는 느낌을 주게 된다. 따라서 가능한 한 바른 자세로 앉아 있는 것이 좋다. 또한 면접관과 시선을 맞추지 못하고 여기저기 둘러보는 듯한 산만한 시선은 지원자가 거짓말을 하고 있다고 여겨지거나 신뢰할 수 없는 사람이라고 생각될 수 있다.

② 답변 관련 예절

   ㉠ **면접관이나 다른 지원자와 가치 논쟁을 하지 않는다.** : 질문을 받고 답변하는 과정에서 면접관 또는 다른 지원자의 의견과 다른 의견이 있을 수 있다. 특히 평소 지원자가 관심이 많은 문제이거나 잘 알고 있는 문제인 경우 자신과 다른 의견에 대해 이의가 있을 수 있다. 하지만 주의할 것은 면접에서 면접관이나 다른 지원자와 가치 논쟁을 할 필요는 없다는 것이며 오히려 불이익을 당할 수도 있다는 것이다. 정답이 정해져 있지 않은 경우에는 가치관이나 성장 배경에 따라 문제를 받아들이는 태도에서 답변까지 충분히 차이가 있을 수 있으므로 굳이 면접관이나 다른 지원자의 가치관을 지적하고 고치려 드는 것은 좋지 않다.

ⓛ 경력직의 경우 전 직장에 대해 험담하지 않는다. : 지원자가 전 직장에서 무슨 업무를 담당했고 어떤 성과를 올렸는지는 면접관이 관심을 둘 사항일 수 있지만, 이전 직장의 기업 문화나 상사들이 어땠는지는 그다지 궁금해 하는 사항이 아니다. 전 직장에 대해 험담을 늘어놓는다든가, 동료와 상사에 대한 악담을 하게 된다면 오히려 지원자에 대한 부정적인 이미지만 심어줄 수 있다. 만약 전 직장에 대한 말을 해야 할 경우가 생긴다면 가능한 한 객관적으로 이야기하는 것이 좋다.

ⓒ 자기 자신이나 배경에 대해 자랑하지 않는다. : 자신의 성취나 부모, 형제 등 가족들이 사회·경제적으로 어떠한 위치에 있는지에 대한 자랑은 면접관으로 하여금 지원자에 대해 오만한 사람이거나 배경에 의존하려는 나약한 사람이라는 이미지를 갖게 할 수 있다. 따라서 자기 자신이나 배경에 대해 자랑하지 않도록 하고, 자신이 한 일에 대해서 너무 자세하게 얘기하지 않도록 주의해야 한다.

3 면접 질문 및 답변 포인트

(1) 사회생활에 관한 질문

① 업무 과다로 인해 가정과 일의 양립이 어려워지면 어떻게 하겠습니까?

요즘 흔하게 사용하는 워라밸(Work-Life Balance)이라는 말은 일과 삶의 균형을 뜻하는 말이다. 많은 사람들이 워라밸을 중요한 근무 조건 중 하나로 꼽고 있다. 그만큼 면접 질문 중에서도 업무 과다로 인해 가정과 일의 양립이 어려워질 경우, 또는 퇴근 준비 중 추가 업무가 배당될 경우, 기존의 업무가 아닌 다른 업무가 하달될 경우의 대처법을 묻는 경우가 있다.

② 직장 내 구성원들과 갈등 상황이 발생하면 어떻게 대처하겠습니까?

학교는 교사, 해당 직렬 외에도 다양한 교육공무직원, 학생, 학부모 등 다양한 구성원을 마주하는 곳이다. 그만큼 다양한 갈등 상황이 발생하기도 쉽다. 이런 갈등 상황 또는 학부모의 민원 발생 등 곤란한 상황이 발생했을 때 어떻게 대처할지 역시 자주 나오는 면접 질문 중 하나이다.

(2) 성격 및 가치관에 관한 질문

① 강점 또는 장점을 말해 주십시오.

강점이나 장점에 관한 질문은 해당 강·장점을 어떻게 해당 직렬의 업무에 적용할 수 있을지를 함께 묻는 경우가 많다. 그러므로 자신이 단순히 잘하는 것, 자신의 좋은 점으로 끝날 게 아니라 업무와 어떻게 연결 지을지까지 고려해서 답변을 준비하는 것이 좋다.

② 그 강점 또는 장점을 어떻게 해당 업무에 적용할 수 있겠습니까?

실제 사례를 들어 답하는 것이 좋다. 해당 강점·장점을 살려 업무 또는 상황을 좋게 마무리했던 경험을 말한다.

(3) 지원 동기 및 이직 사유

① 지원 동기는 무엇입니까?

지원 동기는 직렬을 불문하고 거의 매번 빠지지 않는 질문이다. 솔직하게 대답하되 단순히 어떤 점이 좋아서 지원했다기보다 경험에서 비롯된 해당 직렬이나 교육공무직에 대한 장점을 강조하는 게 좋다.

② 기존 직장에서 퇴사하고 교육공무직에 지원한 이유는 무엇입니까?

전부는 아니지만 교육공무직 지원자는 많은 수가 경력자이다. 일부 직렬에서 관련 경력에 한해서지만 경력 점수가 있는 만큼 더더욱 그렇다. 만약 교육공무직 대체직 외에 다른 경력이 있다면 왜 퇴사했는지, 퇴사 후 교육공무직으로 지원한 이유가 무엇인지를 묻는 경우도 있다. 지원 동기와 비슷한 질문이지만, 그렇다고 해서 너무 흡사한 답변을 하지 않도록 주의해야 한다.

(4) 직업의식 및 사전 지식

① 공무직의 의무나 복무 자세는 무엇입니까?

자주 출제되는 면접 질문이다. 사전에 교육공무직의 의무, 복무 자세 등은 문항 및 내용을 모두 암기해 두는 것이 좋다.

② 공무원의 의무 및 복무 자세를 알고 있습니까?

드물게 공무직이 아닌 공무원의 의무 및 복무 자세를 질문하는 경우도 있다. 어느 정도는 파악해 두는 것을 권장한다.

③ 교육청의 지표나 주요 업무 계획, 이상 등은 무엇입니까?

해당 질문 역시 자주 출제되는 면접 질문이다. 교육청에 손님이 방문했을 때를 가정하여 교육청의 자랑을 한다면 어떻게 하겠냐는 질문으로도 등장하므로 사전에 교육청 누리집을 보고 파악해 두는 것을 권장한다.

1 공통 면접기출

(1) 인성 및 업무 관련

① 자기소개를 해 보세요.

② 지원 동기를 말해 보세요.

③ 교육공무직의 복무 자세를 말해 보세요.

④ 이전 직장에서 퇴사한 이유는 무엇입니까?

⑤ 교육청의 지표, 주요 업무 계획, 자랑을 말해 보세요.

⑥ 상습적인 학부모의 악성 민원에 어떻게 대처하겠습니까?

⑦ 원거리에 있는 원하지 않는 학교로 배정받을 경우 어떻게 하겠습니까?

⑧ 내가 맡은 업무와 관련이 없는 다른 업무가 주어진다면 어떻게 하겠습니까?

⑨ 교사나 동료 교육 공무직 등 교내 구성원들과 갈등이 생겼을 때 어떻게 대처하겠습니까?

⑩ 혹시 준비했는데 하지 못한 말이 있다면 말해 보세요.

Q. 교육공무직의 복무 의무를 말해 보세요.

A. 충청남도 교육공무직의 복무 의무는 다섯 가지입니다. 첫째, 직무를 충실히 수행하여야 하며, 업무상 명령을 엄수합니다. 둘째, 직무와 관련하여 직·간접적으로 사례, 증여, 향응을 받아서는 안 됩니다. 셋째, 법령 및 직무상 명령을 준수하고 친절·공정하여야 하며, 질서를 존중하여야 합니다. 넷째, 교육공무직원으로서 품위를 손상하거나 직장의 명예를 실추시키는 행위를 해서는 안 됩니다. 다섯째, 충청남도교육청 교육공무직원 윤리강령을 준수하여야 합니다.

Tip 복무 의무나 자세에 대한 질문은 자주 출제되는 질문이다. 복무 의무는 교육청마다 다르므로 사전에 해당 교육청의 누리집을 찾아 복무 의무를 숙지해 둔다.

(2) 일반 시사 관련

① 노란봉투법에 대해 어떻게 생각합니까?

② 교복자율화에 대해 어떻게 생각합니까?

③ 지역인재전형에 대해 어떻게 생각합니까?

④ 파업 또는 임시공휴일 지정 등으로 인한 돌봄 공백에 대해 어떻게 생각합니까?

⑤ 대전에서 있었던 교사에 의한 아동 살인사건의 예방책으로는 어떤 게 있겠습니까?

Q. 아동의 고카페인 음료 섭취에 대해 어떻게 생각합니까?
A. 아동이 고카페인 음료를 마시면 심혈관질환이나 우울 등 질환이 발생할 수 있고, 성인이 된 이후에도 카페인 중독에 더 빨리, 더 깊게 빠질 수 있습니다. 외국에서는 나이를 정해 몇 살 이하로는 고카페인 음료의 판매를 금지하는 경우도 있다고 합니다. 우리나라에서도 어린이, 청소년의 고카페인 음료 섭취에 대한 경각심을 가지고 정책을 마련해야 한다고 생각합니다.

Tip 면접 전에 아동·청소년과 관련된 시사 프로그램, 뉴스 등을 미리 확인하고 주의 사항이나 대처법 등을 생각해서 간다. 어떤 질문이 출제될지 예측하기 어려우므로 다양하게 조사하고 자신의 생각을 정리해서 조리 있게 말하는 연습을 많이 한다.

2 직종별 면접기출

(1) 늘봄실무사

① 늘봄학교의 중점 과제는 무엇입니까?

② 늘봄학교가 필요한 이유는 무엇입니까?

③ 늘봄학교의 도입 배경을 알고 있습니까?

④ 학생 1명이 사라졌습니다. 어떻게 하겠습니까?

⑤ 늘봄학교 운영 계획에 포함되어야 하는 내용은 무엇입니까?

Q. 늘봄실무사가 하는 일은 무엇입니까?
A. 늘봄실무사는 기존 방과후학교 및 늘봄학교 행정 전반 등 여러 교사가 처리하던 행정 업무를 전문으로 처리하는 늘봄전담인력입니다.

Tip 늘봄실무사의 역할은 자주 출제되는 질문 중 하나이다. 늘봄학교에도 다양한 직종의 구성원이 있으므로 정확한 업무 범위를 파악하고 대답하는 것이 중요하다.

(2) 특수교육실무원

① 지적장애아의 학습 특성 3가지는 무엇입니까?

② 완전 통합교육과 부분 통합교육의 장단점에 대해 설명해 보세요.

③ 특수교육대상 학생 지원이 일반 학생 지원과 다른 점은 무엇입니까?

④ 특수교육대상 학생 생활 지도에 있어 가장 중요한 점은 무엇입니까?

⑤ 식사 지도 중 특수교육대상 학생이 소변 실수를 했습니다. 어떻게 대처하겠습니까?

> **Q. 특수교육실무원의 역할은 무엇입니까?**
> A. 특수교육 교사의 지시에 따라 대상 학생의 학습 활동, 신변처리, 급식, 등하교 지도 등을 지원하는 것입니다. 학생지도나 상담 등은 할 수 없습니다.
>
> Tip 특수교육실무원의 역할은 교사의 지시를 받아 학생을 지원하는 것이다. 학생 지도 및 상담, 수업 등은 교사의 업무로, 특수교육실무원은 할 수 없는 업무이다.

(3) 초등돌봄전담사

① 초등돌봄전담사의 업무는 무엇입니까?

② 학대 또는 방치가 의심되는 아동이 있다면 어떻게 대처하겠습니까?

③ 만약 교사가 개인적이거나 부당한 업무를 지시한다면 어떻게 하겠습니까?

④ 초등돌봄전담사에게 필요한 역량은 무엇입니까? 그렇다면 그 역량을 어떻게 키우겠습니까?

⑤ 민원이 들어왔는데 교사, 학생, 민원인이 모두 다른 해결을 바라고 있습니다. 어떻게 하겠습니까?

> **Q. 프로그램 중 다른 아이와 장난치다가 한 아이가 다쳤습니다. 어떻게 대처하겠습니까?**
> A. 일단 아이의 상처를 살피고 치료 등 응급처치를 하고, 필요할 경우 보건실이나 병원으로 데려가겠습니다. 그 다음에는 함께 장난쳤던 다른 아이와 함께 위험한 또는 과격한 장난을 치면 안 된다고 주의를 주고, 다친 아이의 부모님께 연락을 드리겠습니다. 아이가 다쳤던 상황, 다친 정도, 어떻게 대처했는지, 아이들에게 어떻게 주의를 주었는지를 말씀드리고 장난치는 것을 말리지 못한 점과 아이가 다친 점에 대해 사과드리겠습니다.
>
> Tip 초등돌봄전담사는 방과후 초등학생을 돌보며 프로그램을 진행하기 때문에 돌봄교실 내 안전사고에도 유의해야 한다. 어린아이들은 통제나 사고 예측이 어렵기 때문에 다양한 상황이 발생할 수 있음을 생각하고, 실제 교실에서 사고가 발생했을 때를 가정해서 대처 방안을 준비해 두자.

(4) 교무행정사

① 공문서 작성법에 대해 설명해 보세요.

② 교무행정사가 되기 위해 어떤 노력을 했습니까?

③ 잘 모르는 업무를 맡게 된다면 어떻게 대처하겠습니까?

④ 교무행정사가 갖추어야 할 기본적인 덕목은 무엇입니까?

⑤ 동료가 휴가를 길게 가서 본인의 업무가 과중된다면 어떻게 대처하겠습니까?

Q. 3개월의 수습기간이 있는데, 이 기간에 계약이 해지되면 어떻게 하겠습니까?

A. 일단 제 어떤 점이 부족해서 계약이 해지되었는지 여쭙겠습니다. 그리고 그 점을 반성하고 구체적으로 어떻게 노력해서 고치겠다고 말씀드리며 계약을 해주십사 청하겠습니다. 그래도 안 된다면 다음번에 새로운 모습으로 다시 공무직에 도전해서, 그때는 정년까지 근무하는 교무행정사가 되겠습니다.

Tip 교무행정사뿐만 아니라 모든 교육공무직은 채용된 후 3개월의 수습기간이 있으며, 수습기간 중 평가를 통해 기준 점수가 미달되는 경우에는 수습기간 종료일에 근로계약이 종료된다. 이를 고려하여 채용되었다고 방심하지 말고 꾸준히 성실히 노력하는 모습을 보여야 한다.

(5) 교육복지사

① 교육복지사의 역할은 무엇입니까?

② 자신의 삶의 가치 세 가지는 무엇입니까?

③ 교육공무직은 협력 업무가 많은데, 협력 업무 시 중요시할 것은 무엇입니까?

④ 교육복지사에게 필요한 자세 한 가지를 말하고 그 자세가 필요한 이유를 설명해 보세요.

⑤ 한부모 가정의 청소년에게 어려움이 있을 때 가정, 학교, 지역사회 차원에서 어떻게 개입하겠습니까?

Q. 동료 간에 다툼이 일어났을 경우 어떻게 하겠습니까?

A. 일단은 다툼이 생긴 동료들과 각각 대화를 해 보겠습니다. 대화 중에는 해당 동료의 의견에 공감하며 경청하겠습니다. 그리고 두 사람이 진정된 것 같으면 그때 다 함께 모여 서로의 생각을 전달하며 중재하고 화해를 도모하겠습니다.

Tip 교육복지사는 업무 특성상 위기 상황이나 갈등 상황을 마주할 가능성이 높다. 현장에서 그런 상황을 어떻게 풀어 나갈지, 무엇을 우선순위에 두고 있는지에 대한 질문이 출제될 수 있으므로 자신의 가치 판단 기준, 우선순위 등을 미리 생각해 두고 지혜롭게 답변할 수 있도록 준비한다.

시사용어사전 1228

매일 접하는 각종 기사와 정보! 공기업/언론사/기업체/공무원 채용을 준비하는 수험생과
현대인이 꼭 알아야 할 최신 시사상식을 쏙쏙 뽑아 이해하기 쉽도록 영역별로 정리

경제용어사전 1050

주요 경제용어는 거의 다 실었다! 금융권/공기업/언론사/기업체/공무원 채용을 준비하기 전에,
경제 공부를 시작하기 전에 읽어보면 경제가 쉬워지도록 사전식으로 구성

부동산용어사전 1310

부동산에 대한 이해를 높이고 부동산의 개발과 활용, 투자 및 부동산 용어 학습에도
적극적으로 이용할 수 있는 교재, 공인중개사 출제용어도 수록

자격증

한번에 따기 위한 서원각 교재

한 권에 준비하기 시리즈 / 기출문제 정복하기 시리즈를 통해 자격증 준비하자!